赢单九问

策略销售实战秘籍

夏凯
田俊国
著

中国人民大学出版社
·北 京·

目　录

第三章

第二问：我的位置在哪里？

第四章

第三问：如何识别关键人？

第三篇 拆局

第五章

第四问：客户如何评价我？

第六章

第五问：究竟是谁说了算？

第七章

第六问：客户到底想什么？

第四篇　布局

第八章

第七问：如何应对关键人？

<<< 再版前言

廿年销售风雨路　十年潜心铸剑锋

整二十年。

我从 1999 年开始入企业信息化这行起，到 2019 年整二十年了。

一路走来，我不曾后悔甚至引以为傲的有两件事情。

在企业的电脑都还只能放在办公室里打字、发个邮件都要用 modem 拨号、攒台计算机可以挣几千甚至上万元的年代，我就开始从事企业信息化的研究和推广工作，从单机版到网络版，从 WEB 版到 SaaS，从 IT 到 DT……必须永不停息地奔跑才能不被甩在后面。什么样的行业才能在二十年内有如此蓬勃的发展？这个行，入对了！

从开机关机、单击双击、菜单操作开始培训，到供产销、人财物一体化流程梳理和系统配置，再到企业全面信息化规划……多年来聚焦在分析行业、学习产品、研究客户、应用推广，从服务到售前、从售前到销售、从销售到营销管理，再到独立创业，人生无处不销售。这个行，入对了！

感恩我们这个时代，感恩遇到新时代！

整十周年。

从 2009 年开始研究、推广销售方法论，到 2019 年，整十年了。

十年来，我始终关注和思考一件事，“如切如磋，如琢如磨”，不断讲授，不断验证，每次都有新的感悟、启发和收获。通过方法论不断总结、认识、理解、应用、升华，触类旁通，大道相通，这是非常美妙的人生旅程，这是极其难得的人生体验。

策略销售的思维和方法，也在不断思考、传播、实践、总结中优化升华，逐步形成一整套逻辑严密、结构完整、资源齐备的理论体系、工具体系和应用体系。

我见证了这套方法和体系助力世界级的央企数万名员工在智慧城市、数字政府、工业互联网等大单拼杀中识局取势、赢得大单，助力销售人把握大单销售要素、提升大单赢率。十年来我亲授课程近 500 场，有近 1 000 位导师参加认证，进行培训辅导分享超过 3 000 场次，累计分析大单金额超 2 000 亿元，使超过 15 万名销售人受益。

勿忘初心。

驻足回首，重整行装再出发。

为了什么

推开这扇门，偶然中的必然。

我从销售一线到总部拼杀奋战多年后，于 2009 年出任用友大学营销学院院长，负责全国营销训练体系的建设。要想找准业务难题、打造业界精品，必须找到关键突破点。回想我自 2000 年开始接触解决方案和顾问式销售，逐步应用和操盘大单，特别是2004年开始负责大区和全国业务条线后，感受到销售团队普遍存在的严重挑战是：在面对一个复杂大单时，销售人员往往没有统一的章法套路，都在根据自己的感觉和经验模索、判断，从而上演了一幕幕残酷的销售大戏。

很多兄弟见到大单兴奋、紧张，鼓足勇气、奋不顾身冲进去，常撞得满头包，纠缠其中迷茫无助，甚至因经验不足而被对手下套。那种用心经营半年多、最后痛失机会惨淡出局的场景，历历在目。内心强大些的，强打精神投入下一场战斗；但更多朋友自此一蹶不振，随后在江湖上销声匿迹。多少痛苦、多少迷茫，多少青春就这样埋葬其中，九死一生。

很多销售团队的成员来自不同业务背景的公司，各有一套打法。时间长了，同类相吸，有着相似打法的兄弟们聚成了一帮。就这样，团队中出现了这一帮派、那一绺子的情况。而同样的商机交给不同人，很可能效果和结果不同。新人来了，也不知道哪套方法是最适合的，于是不得已开始一个人的江湖，开始个人艰苦卓绝的修炼和运气之旅。

那些打下大单的少数英雄，切身体会到了操盘和赢单的感觉，冥冥中有了些自己的套路，可分享出来的经验却很难直接复制。大家听完他们的分享后，感觉都是些英模事迹，好像每个因素都很重要，似乎运气都被他一个人占了。

结合自己打单心得和推动全国业务的经验，我隐约感到成功背后一定有些规律、有套方法能指导销售，这些规律和方法能总结出不同行业业务的打单路径，形成集团、分公司和销售团队之间的统一思维和语言，能让销售人不再那么纠结、迷茫、时喜时悲、浴火难生……

带着这些问题和期望，我开始了探寻之旅。

做了什么

经验从实战中来

带着使命和责任，我思考到底应该如何破解以上的难题。

实践出真知。成功的方法，势必藏于那些成功的人身上。我们邀请和召集了当时那些叱咤风云的“销售精英”，现在他们中很多人已是多家公司的总裁、高管或创始人。他们身上有着太多的经验和伤疤。通过他们的经历，我分析经典打单案例，描述组织结构，研讨攻防对策，归纳成功经验，总结失败教训，梳理脉络和要点，探寻思维框架和打单方法。这些最初的积累弥足珍贵。

师夷长技以制夷

当年我在本土企业做销售工作，遇到的最强劲的对手莫过于那些外企了。结合与外企多年的大单争夺战的经验，我感觉到要想在高端市场正面迎击，必须了解、熟悉他们的打法，并且有应对的策略。按这个思路，我开始关注和研究各家的销售套路，顺藤摸瓜，逐步接触到了为其服务的世界级咨询机构。

几经考察后，我们决定直接与国外的知名销售咨询机构合作。业内朋友说，这是本土企业首次引入国外的销售咨询机构，之前他们更多服务于外企。折腾一翻后，我有两个重大发现。一方面，销售人员打单的成功确有共通之处，并且很多世界级企业正在使用这些方法，我经过复盘多张大单验证了这些方法的有效性。另一方面，这些方法的导入训练要求很高，不仅对老师要求非常严苛，对学员要求也很高。

相较于外企销售人员入职选拔严格，入职训练时间较长，训练机会与个人情况更加匹配，资源丰厚，本土很多销售人员没有经过严格选拔，也没有得到专业训练。从外部聘请的一两位老师很难满足全国数千人的大规模培训需求，而精致小班教学、抽象理论讲解、工作坊式研讨很难适应本土基层销售人员的实际情况。

必须找出一条适合本土实际情况的路。

学我者生，像我者死

不能结合本土实际、不能考虑一线人员现状，单纯照搬，再好的理论方法也行不通。基于顶级理论，结合自身实践构建符合应用人群和对象的模式和方法，才会有效果。

我们通过长期研究探索提出，训练内容结合训练对象和业务实际重新梳理，教学方式以案例教学推广行业大单打法，通过沙盘对抗激活旧知，面向问题重点教学；还要改变老师讲解为主的方式，让学员展开对抗讨论，老师用对抗讨论结果结合理论进行点评教学。通过显性的教学过程设计、精细的教学资源与工具设计，确保企业能认证、复制自己的内训师，达到规模化覆盖；同时必须有落地应用工具并形成机制，纳入管理制度。

模型是理论研究的核心。大客户复杂销售是差异化很强的抽象任务，没有任何两个客户或项目是相同的。研究理论模型、形成评估模型、做沙盘对抗的思路，受到很多人质疑。即便如此，我们仍笃信不移、义无返顾。长期对销售各要素与相互之间逻辑的分析梳理，为之后我多年的研究和实践奠定了重要基础。

历练琢磨，渐自成器

2011 年，集团组建了教育业务板块。

这套方法随之走向市场。走向市场需要精品，从事教育行业不能外行。这期间，我有机会接触组织绩效模型和教育教学理论，有机会找到组织绩效提升、管理体系构建、个人行为改变、教学方法与过程设计等诸多方面的理论依据。这套方法随之不断成熟和体系化。

从企业培训到院校教育，从职场精英到院校学子，从军工到制造，从通信到金融，从传媒到服务，所到之处皆有历练机会。这套方法在不同行业得以验证，被多所高校纳入教学计划，被多个知名学府总裁班、营销班所采纳。

2013 年，移动互联网一夜爆发。

互联网、云计算、大数据随之扑面而来。平台战略、大数据、生态带来深深的思考和巨大的冲击。我一直在想，这套方法如果只靠个人讲授，一年讲 100 场，一场 50 人，一年最多也才覆盖 5 000 人。全国有 3 000 万名大客户销售人员，5 000 人的覆盖面如沧海一粟。有没有办法让更多人讲、更多人学、更多人用呢？大量的对抗数据，蕴含了多少经验和秘密，如何收集和分析？有没有更简洁易用的分析工具让大家上手？如何提升组织销售能力、改变销售人员的生存现状？……

2015年，我开始了创业之路，不断探索。

我聚焦B2B销售领域，从头梳理，潜心重构模型，寻找创始伙伴，投资研发互联网平台，开发在线对抗工具和分析软件。几个月后，得知我所做的事，考察过平台和产品原型后，用友集团投资公司和教育公司两位老东家联合进行了战略投资，令人备受鼓舞。

以“开放、众创、共赢”为文化，以“用软件做培训、让培训更落地”“用培训做软件、摆脱应用困境”“数据颠覆权威、智能驱动销售”为模式，我在创业路上不断探索前行。至今，销售罗盘已在业内小有名气，随着深入研究和潜心研发，公司获得几十项软件著作权和产品著作权。

数年来，我服务了数百家企业，包括中国电信、华为、平安等500强企业，中国建研院、中国纸业、科大讯飞、明源软件等央企，以及诸多行业龙头和创业新秀，在实践中不仅形成了更加完善的理论体系、适用不同行业的分析模型，而且衍生出在线微课学习、在线考试测评、定制业务案例对抗训练、workshop实战工作坊、在岗双周实战辅导、全国营销技能竞赛、大数据分析报告等系列应用和服务。

通过定制行业案例，平台积累了500多个行业对抗案例。通过培养导师和教练，平台聚集了500多位精英导师。通过技能培训、在岗辅导、技能竞赛，逐步形成项目化、标准化运营模式，销售罗盘形成了技能训练平台、工具应用平台、运营平台、协同平台等系列应用。通过规模化训练和实战应用，销售罗盘支撑了大型组织战略与业务策略落地，成为客户赋能与绩效提升的运营伙伴。而策略销售这套方法论，也随之更加有血有肉、有思想有灵魂，已成为包括赋能平台、精品课程、工具应用、绩效诊断在内的数字化销售赋能第一平台。

这一切，才刚刚起步。

能做什么

无客户，不成功。

客户价值驱动，随需而变。

体量庞大的超大型企业，需要建立自己内部专业、大规模、持续的赋能体系，内生造血培养内训师和教练，紧贴业务开展规模化训练和实战辅导，销售罗盘将开放全套资源，助力战略变革落地，提高组织绩效，“让销售成为变革驱动力”！

高速成长型组织，需要逐步建立完善的营销体系，训练销售团队，突破关键业务，提升团队业绩。销售罗盘提供训练辅导方法的一体化方案和平台，“一切只为业绩超额”！

中小微创业企业，需要基本的销售模式和套路，需要低成本导入基本方法，销售罗盘直接帮个人打单、直接产生业务结果，提供工具与服务，是“您的赢单神器”！

为成为企业级营销领域顶级的体系构建者、方法赋能者、绩效提升者，成为“组织战略变革与销售绩效提升第一运营服务商”，我们一直在努力！

我偶然踏上了销售之路，从最基层的销售员做起，二十年来，困惑过，纠结过，怀疑过，迷茫过，痛苦过，也快乐过。有幸在这样的平台上接受训练，有幸得到师长高人的指点，不断成长。真心感恩平台和师长带给我的一切。

而更多的销售人可能难遇这样的平台和机会，难以接触到专业方法和训练，只能在实践中不断摸索。他们祈望靠自己的勤奋努力和辛苦付出，去赢得尊严和未来。他们更需要帮助。

还有些销售人，十几年、二十年来身经百战，战功赫赫，作为过来人，何不去做导师教练帮助正在困惑、迷茫中的年轻销售人？想想看，我们自己在 25 岁孤立无助时，若有位 40 岁的“老江湖”指点一二，那是什么感觉？成己达人，岂不快哉！

你帮助的不是别人，而是 15 年前的自己。

二十年一路走来，一路风景，一路情。

未来二十年的路，一起走，可好？

夏　凯

2019 年 11 月

<<< 前 言

客户经营和专业销售

- 该做的都做了，客户不签单，我也没办法。
- 精心培养的 Coach，竟和我玩“无间道”。
- 煮熟的鸭子，怎么突然就飞了。
- 产品没优势，怎么能赢下大单。
- 单子是签了，可不得不和客户“躲猫猫”。

……

如果你遇到过上述情况，那就应该关注本书。

市场竞争日益激烈，营销环境越来越复杂，特别是在移动互联浪潮冲击下，买者可以轻松获得需要的信息，销售人员很难再靠握有信息而赢得先机，甚至客户掌握的信息可能比销售人员更多、更专业。特别是大客户销售，产品本身差异越来越小，买方越来越成熟，客户需求越来越复杂化和个性化，客户内部管理制度和采购流程越来越标准，传统营销方式和关系营销手段已很难适应如此复杂的环境。如何提高销售人员的专业销售能力、赢得与客户的长期战略合作，就成为高级销售人员和销售管理者的困惑。

从远古的货货相易，到先秦时期的自由商人，人类的生产生活一直没有离开交易。不同于个人的购买，在社会经济价值流动的过程中，组织与组织之间的交易构成了社会经济行为的重要环节。这种组织间复杂的交易行为，就是我们通常所说的复杂销售。

复杂销售是客户做出购买决策时由多人表示赞同或提出意见从而达成交易的过程。

从组织上来讲，复杂销售是“多对多对多”的关系，客户是多部门和多人参与采购，每家销售机构也有多部门和多人参与销售，同一个项目会有多家销售机构同时参与。

从客户购买的产品或方案来讲，复杂销售中，客户需求的复杂性往往导致会有多个方案可供选择，销售方也有多个方案可以提供。

从销售的周期和过程来讲，复杂销售周期较长，过程也很复杂，并且局外人很难看清这种复杂性。正是这种复杂因素，使得项目局面变得扑朔迷离。

从客户内部来讲，对同一项目或事件，不同的人往往会因为立场和利益的不同，意见相左，甚至做出相互矛盾的决策。客户内部的这种利益关系，让局势变得复杂、充满未知。

复杂销售项目正是因为金额大、销售周期长、涉及角色多、决策流程复杂，才更具有独特的魅力。在日常的复杂销售中，经常存在以下情况。

大项目跟着感觉走，缺少系统分析和赢的策略。不同的销售人员有着不同的经历和经验，对同一个项目的视角和看法不一样，操作方法也不一样，而且每一单都不一样，至于应该怎么做，更多是依靠经验判断和潜意识的“感觉”。这就导致很多销售人员缺少系统性、结构性的分析和策略制定方法，未能识局取势、谋篇布局，无法制定赢的策略。

销售行动目标不清晰，为行动而行动。我们开始关注客户购买流程，对销售流程、阶段划分、各阶段要做的工作已有了较深入的认识。恰恰是因为了解各阶段要做的工作，在听到风声或得到信息之后，销售人员很少进行形势分析判断，在没有策略的情况下直接行动，第一时间做完认为应该做的动作，经常忽略客户的态度和看法，很少考虑客户在想什么。

习惯看点和线，不习惯看面。我们希望支持自己的人从头至尾都支持自己，“依靠”支持者并“陶醉”于这种状况，忽略那些不支持我们的人和一些负面评价，更忽略支持竞争对手的人，不愿或不敢去想那些角色及其影响，希望自己的支持者能够左右局面，把自己的成败下赌注于客户的权势角逐和内部斗争。如果人或事发生变化，我们便慌了手脚，而使项目处于失控的状态。

把“我认为”作为行动目标，不去探索客户的真正需求。我们常常习惯于根据自己的经验判断采取行动，而缺少对客户的真实需求的“探索”“倾听”“确认”过程，不能“对症下药”，导致很多资源投入之后才发现放了空枪甚至起了反作用。加强分析每个角色的最新变化，每个角色关注的重点、真实看法和内心的真实感受，是我们最需要的。很多有经验的销售人员也是依赖于经验和感觉，没有成熟的套路和方法。

当遇到未知或搞不定的情况时，习惯把总经理或专家顾问推在前面。我们习惯做自己能搞定的事情，对搞不定的事情则束手无策。比如遇到“客户某关键角色不认同”“客户某关键角色不支持”“某位高层领导不信任”之类的情况，我们很少自己去探索客户为什么不认同、不支持、不信任，而是希望寻求资源直接解决问题，比如请专家改变客户认知，请顾问把技术和方案讲明白，或请总经理出面表示重视等，而忘记了在大项目中销售人员才是总指挥官、总导演。

没有资源投入和费用的概念，投入不看效果。我们之前很少针对一个项目统计所投入的所有资源，比如总经理、专家、顾问、客户经理等投入的时间，样板参观、高层会面、商务活动等消耗。我们可以管理项目发生的直接费用，而资源等间接费用实际上大得惊人。这是影响我们的工作效率和效果的关键因素。

按竞争对手的行动采取行动。往往是因为“竞争对手提交方案了”“竞争对手与客户高层会面了”“竞争对手报价了”，我们就要急着做同样的动作，希望不落在竞争对手的后面。关注竞争对手而不关注客户的感受，是销售领域比较严重的问题之一。更有效地关注客户的认知和感受，关注竞争对手所做动作对客户产生的影响，探索客户的认知和真实感受，往往比跟着竞争对手行动更有效。

在销售管理和咨询培训的过程中，很多从事复杂销售的朋友提出了以下问题：

- 如何知道客户的真正需求？
- 如何全面找到影响结果的相关人？
- 如何避免接触没有决策权的人员？
- 如何获得固执的技术负责人支持？

- 如何应对真正影响决策的人？
- 如何处理纷繁复杂的内部关系？
- 如何应对反对自己的关键角色？
- 如何控制好销售进程和周期？
- 如何面对突如其来的变化？
- 如何发现存在的危险信号？
- 如何在弱势情况下取胜？
- 如何有效使用内外部资源？
- 如何处理进退两难的单子？
- 如何预防竞争对手的暗算？
- 如何实现客户的长期经营？
- ……

经过系统研究和分析，我们将这些汇总成九个最关键的问题：

- 第一问：客户究竟要什么？
- 第二问：我的位置在哪里？
- 第三问：如何识别关键人？
- 第四问：客户如何评价我？
- 第五问：究竟是谁说了算？
- 第六问：客户到底想什么？
- 第七问：如何应对关键人？
- 第八问：如何有效用资源？
- 第九问：面对竞争怎么办？

在复杂销售中，“赢单九问”虽然看似简单，却为我们带来了无尽的思考。

“赢单九问”告诉我们，关注“面”而不仅是“点”和“线”，时时刻刻关注每个角色和决策影响力，关注决策影响力的结构，关注每个决策影响力的认知和变化，以客户的认知和内心感受为导向，以帮助客户以及客户中的每个角色实现价值为出发点，有效制定针对每个角色的每次行动的目标，选择最优的行动类型和行动方案，动用完成这个任务最合适的资源，以赢得客户全面长期的支持为最终结果，来开展我们的销售工作。

本书将重点探索在客户经营时代如何打造最有价值的专业化销售，如何更加关注以客户为中心、客户认知导向、面向长期经营的双赢策略，从传统的营销“推”动，到客户认知和需求的“拉”动，从而赢得客户的长期信任和合作。

第一篇>>>

认识销售

第一章

销售是门艺术

销售是门艺术，是人和人打交道的艺术。

销售是门艺术，是人和人打交道的艺术。

销售和其他艺术一样，源于生活，又高于生活。所以，大家公认没有任何一个销售高手是培训出来的，相反，他们是在血雨腥风中一路拼杀不断成长起来的，每当他们俯首舔舐自己的伤口时，他们都会有新的感悟。

成功的销售不是西装革履、油腔滑调，不是满腹经纶、滔滔不绝，也不是仅仅掌握了销售流程和技巧，更不是常人所理解的尔虞我诈，而是一种严谨的逻辑、一种结构化的思维、一种坚忍不拔的性格、一种积极的人生态度，这些是从事复杂销售所需要具备的能力和特质。

有位朋友说过，如果你爱他，就请他做销售；如果你恨他，就请他做销售。

销售是行走在天堂和地狱之间的生活。

亲身经历的经典案例

十多年前，我担任行业总监，负责一个行业的全国业务规划和大客户销售。我们在S省的地级市有个非常好的项目：一家产值20多亿元的制造企业想上一套信息系统，主要用于解决供应链和财务方面的管理问题。

我们早在一年多以前就通过当地的合作伙伴进入该项目。从前期的技术交流、需求调研，到方案讲解、样板客户参观等工作都很顺利，我们不仅为企业做了分析诊断，还对每个管理细节问题都做了深入分析，并提供了针对性的解决方案。在整个过程中，我们与客户方的主管副总以及经营、财务、企管、信息等项目涉及的部门都有很好的沟通，各部门都十分认可我们的专业能力。客户总经理是从控股母公司调过来的，因为他到任时间不长，我们专程安排专家为总经理和所有中高层做了一次企业管理的讲座。总经理听了很满意，并当众表示这个项目对公司意义重大，是企业发展的必经之路，表示十分支持。

为了巩固销售成果，赢得更多人更坚定的支持，我们特地安排了主管副总带队的项目选型小组外出考察，全程由我们接待。该小组先到了我们同行业的全国样板客户现场参观，通过样板客户高层亲自出面介绍、双方互动交流，大家对系统应用价值频频赞赏。该小组到总部与样板客户高管会面时，也得到了热情的接待，小组中每个人都十分愉快。

记得那是一个初夏的晚上，北京北部的温泉山庄里，足球场般的大厅中央有一块巨大的水幕从十多米的高空落下，屏幕上变幻着美妙的画面，幕前的舞台上俄罗斯姑娘在欢舞着，强劲的音乐让在场的每个人都不自觉地扭动着身体。我陪着主管副总带队的一行十二人——基本所有参与选型的人坐在观众席上。那晚大家玩得都很尽兴，有不下五人拍着或搂着我肩膀说：“放心，这个项目就是你们的了！”“你们的报价可不要太高啊！”“实施的时候你们一定要派最好的顾问啊！”……

接下来的几天，我陪着他们到几家硬件厂商去确定网络和硬件方案。客户谈到所有硬件需求时，都会转头和我确认：“你看这个能满足软件需要吗？”客户最后购买的服务器、存储器和网络配置，正是我们当时推荐的方案。

在送客户去返程车站的路上，我问主管副总：“您对此行感觉如何？”副总说：“不错，很多该确认的都确认了。”我问：“那您看下一步……”副总说：“等我们回去准备启动招标吧！”

一周后，我把帮客户设计起草的招标书、招标参数和招标流程发给了对方。又过了一周，标书如期按我们的计划发下来了，参数和标准几乎原封没动。

回顾整个过程，在我们的精心运作下，客户与我们有多方面的共识，对我们也非常认可。并且，到这时都还没有任何一家竞争对手参与，到手的标书又都是我们起草的，还有那么多朋友支持我们，整个销售过程控制得非常好，甚至可以说非常完美，让我不禁想起了一句广告语：“一切尽在掌握。”

去现场投标之前，公司主管副总裁问我：“这个项目怎么样？”我说：“没问题，这个项目肯定是我们的了。”有销售经验的朋友都知道，项目玩到这个层次，不是我们的还会是谁的啊！

评标那天我们起得很早，当时通知说是八点半到，我们是八点二十左右到现场的，那时很多投标厂商都已经到了。国内几家比较大的软件公司基本上都来了，还有几家国外公司。当时我们就觉得，它们无非是来陪标的，国外的产品都贵，有它们参与，我们会有价格优势。

八点半，评委都落座了。

总经理没出现，那个主管副总主持，还有其他几个副总和部长，基本上都是“我们的人”。有一个人坐在最边上，以前我们没见过。这个陌生面孔不是这家公司的，而是他们的控股集团——S省某企业集团的人。不过，我们事前得知控股公司会来个人，因为我的朋友前一天晚上在电话里已经告诉我了。

他们上面有个控股集团的事，我们早就知道了，也意识到了这里面的风险。我们也通过当地省级分公司和其控股集团有关负责人沟通过，得到的答案是那边不会干预此次选型，这个项目完全由这家公司自己做主。在投标现场看到这个人时，我们就想，请上级单位来个人，无非是向上级表个态度，或者充充门面罢了。

接下来是各家交标书、当众唱标、逐一述标答疑，然后就是漫长的等待。投过标的人都知道，这种等待是最痛苦的。人生最痛苦的时候就是该做的都做了，等着别人宣判。

当时正值夏天，大约等到下午三点多的时候，跟我拍过胸脯、印象中最诚恳的一个人出来跟我们说：“其实你们挺有实力的，别着急，再等等。”

过了二十多分钟，又过来一个人，拎了一兜冰棍，说：“来来来，吃冰棍，这天太热了！”

过了半个多小时，又来了一个人，进门就低头坐在椅子上，自言自语地说：“其实，你们真的挺有优势的……”

大约五点多的时候，有个人踱着步进来说：“今天就别等了，回去吧。”

当时大家感觉不太好，问情况怎么样，那哥们儿摇摇头说：“不好说。”后来我才知道，那哥们儿就是和我“好”又和别人“好”的家伙。

回到酒店，大家也是熬着。打了好几个电话，都不通。直到晚上九点多，我收到一条短信：“出结果了。”是一个最老实、最不爱说话的“朋友”发的。

怎么办，要不要回短信问一下“结果如何”？

当然不用问了，如果结果是我们中标，我的“朋友”们巴不得抢着第一个来向我“表功”。

经过考虑，我回了三个字“为什么”。

随后再打电话，都关机了。

中标的是那家外国公司，以最高价中标。

来听听不选择我们的理由。

他们说是因为我们迟到了十分钟，别人八点十分到，我们八点二十到。还有个理由，说我们没有生产管理系统。我们解释说当然有生产管理系统。对方说我们没有讲，我说在总体规划里讲了。他们又嫌我们没有当成重点讲。我说，明明是一个财务供应链的项目，为什么要详细讲生产管理呢。对方说，因为他们是个生产企业，当然要讲生产管理，为什么不讲呢？并且他们又嫌我们比别人晚到十分钟。

蛮不讲理，真是无言以对！

这难道就是传说中的靠感性决策，用理性找依据？

这个上千万元的项目就这么丢了吗？为什么？

苦心经营一年多，客户对我们的方案高度认可，还参观过样板客户；而竞争对手既没有调研也没有组织参观样板客户，甚至连方案都没有给客户看过。客户为什么选择了我们的竞争对手？

前期运作那么到位，几乎所有人都支持我们，关键时刻怎么不帮我们说话了，为什么？

难道是因为评标过程中发生了什么？

难道是因为那张陌生的面孔吗？

…………

销售就是这样，从天堂到地狱，只有半步之遥，冰火两重天。

我们每天都在承受这种蹂躏和痛苦，过的就是这种生活。

后来我听说，赢单的那家外国公司把“策略销售”做进了销售管理系统，每个重要项目他们都用“策略销售”的方法和思维模式分析，所有的策略和行动计划都源于此。我们现在要揭开的，就是“策略销售”的神秘面纱。

销售男的公众印象

销售人员饱受折磨与煎熬，公众怎么看他们呢？

我问过很多销售人员，他们大多以在某某知名 IT 公司工作为荣，说起公众对他们的看法很是自豪，比如：很职业、很白领，衣着光鲜，每天拎着电脑包，开着自己的车，出门坐飞机、火车坐一等座，住的都是五星级豪华酒店，昂头挺胸地和很多社会上层人士打交道，如此云云。我也曾这样看自己。

就在前段时间，我从某网站看到一个很有意思的调查，题目是："姐妹们，你们愿意嫁给销售男吗？"

这个调查的结果大大出乎那些自诩为白领的销售人员的意料。

选择最多的一项是销售男"经常出入娱乐场所、出差，没有安全感"，比例为27％。

确实是这样的，做销售的人对哪儿建了个高档会所、哪个KTV最豪华，甚至哪儿的洗浴条件最好、哪儿正在装修、哪儿被查封了，都清楚得很。

排第二位的是"油嘴滑舌，戴着面具生活，不可靠"，比例为25％。

这两项合计已经超过了50％！

排第三位的是"掌握人脉资源，潜力股"，比例为20％。

做销售的人都知道，那些所谓的人脉资源、朋友，有多少是真正的朋友，而又有多少是建立在利益基础上的朋友？隋末大儒王通说得好："以势交者，势倾则绝；以利交者，利穷则散。"

排第四位的是"底薪低，收入不稳定"，比例为13％。

再有就是"任劳任怨，吃苦耐劳"，比例为10％。

针对这个调查题目，最终的结果是，只有18％的女人选择了"很情愿，我就喜欢销售男"这一项，82％的女人则"不太愿意，有其他选择还是要观望一下"。

这是多么悲惨的事情！销售男不仅受着身心的折磨，而且在公众眼中是"经常出入娱乐场所、油嘴滑舌、戴着面具生活"的形象，有超过80%的女人不愿意嫁给我们！

不要否认了，很多销售人员的确是这样的，特别是在所谓“关系营销”时代，他们已经把那些“公关”手段用到了极致。

当然，可能大众不了解销售这个行当，也不了解什么是真正的“顶尖销售”，可这就是销售男实实在在的公众印象！

为什么长期以来社会公众，甚至我们自己，对销售人员有这样的误解呢？究其原因，主要有以下几点：

第一，忽悠。小品《卖拐》很好地演绎了“创造需求”，成了诸多销售人员的必修课。很多销售培训课程也告诉我们，要能够帮助客户发现他们的问题，主动发掘并创造需求，从而卖出自己的产品；见了客户要能说会道，学会引导客户；介绍起自己的公司和产品要像媒婆一样，妙语连珠、喋喋不休，见客户就介绍自己的产品有什么功能，有什么特点，能给客户带来什么价值等，必须要让客户知道产品价值，客户才会购买。

第二，谋略。有段时间很流行销售小说，那些小说中讲了很多如何利用各种手段和谋略做销售，怎么用尽心思搞定竞争对手和客户，无形中都宣扬了一个观点：为达目的，不择手段。为了签单，为了捞到更多的钱或谋到更高的地位，销售人员带着一脑袋的“谋略”与“技巧”，不惜使用各种手段，不管是欺骗、哀求、威胁，或是死缠烂打，还是让客户难堪。有次我去拜访一个客户，客户直接丢给我一本当下流行的销售小说，然后问：你们就是用这样的手段来算计我们的？几乎可以说，有些小说的面世，将销售这个行业搅成一潭黑水，令公众对销售人员的信任度大大降低。

第三，勤快。我们经常被教导：在所有的目标客户中总有一定比例的客户会购买，既然有这个比例，就要通过增加漏斗数量、提高目标客户基数来提高成功的量，这就需要努力地增加拜访客户的数量。正是这种想法让我们无法将精力放在分析每一个客户不同的购买原因上。有些销售人员非常勤奋，整天“忙碌”着拜访客户，但收效甚微。

第四，自信。“我们要有绝对的自信和激情，要在每天出门之前对着镜子握紧拳头喊‘我是最棒的’”，这是在销售培训里经常听到的话。如果自信和激情可以让我们获得成功，那么在赌场里和赛马场上，每天会诞生多少位百万富翁？正是这种自信，让我们失去了与客户的有效互动，过于以自我为中心，不去有效地关注和倾听客户的真实想法。

第五，控制。销售人员要控制客户的选型过程，为客户确立选型标准，消灭客户的反对意见，把客户的每次“脱轨”拉回到正确的轨道上来，并有效地控制客户，直至签单。这是另一个误区。在信息技术等新兴行业中，十年前或五年前这样做可以，因为当时没有互联网，客户也不懂，我们把最新的技术讲给客户，客户就会相信甚至购买。现在的客户对新技术已不是一无所知了。还寄希望于给客户讲讲技术或理论就试图给客户建立标准、牵着客户走，已经不太可能了。如果见你之前，客户没有上网查这个领域的最新信息或关于你公司正面或负面的新闻，那就只能有个假设：客户没有想法，客户是愚蠢的，会无限度地顺从。当我们强迫客户认同和购买时，我们或许忽略了一个问题：人们喜欢购买，但讨厌被推销，因为他们感觉属于自己的选择和决定的权利被人剥夺了。

以上种种都是由很多错误的假设做支撑的。在错误的假设支撑下，很多销售人员仍然满怀激情、乐此不疲地忙碌着，所以，他们在社会公众眼中会是上面所提到的那样几种形象。

丢单的迷惑与赢单的迷茫

“我们已经做了需求调研，也提交了方案，还带客户参观了样板客户，该做的都做了，客户不签单，我也没办法!”销售经理和销售团队沟通项目时，经常听到这样的“抱怨”。

销售是有流程的。很多公司的销售流程会与客户的购买流程相吻合，有的是按销售阶段来划分的，这就是我们常说的销售漏斗。

在销售漏斗的每个阶段，都有该阶段的特征、内容、成果、标准等，这些就成为很多销售人员的工作指南。某个阶段的动作完成了，项目就会进入下个阶段；所有动作做完了，客户就会签单。可有时候我们做到漏斗的最下层，眼看马上就要成交了，客户就是不签单，或是出了这样那样的小变故，或是项目范围被重新界定，或是需求有所调整，总之又返回到前面的阶段。

在很多复杂项目中，我们都会发展坚定支持并能指导我们的人，但真正到决策拍板的时候，这个人在领导面前或评委会上的表态却并不像我们期望的那样，他并没有投我们的赞成票，甚至还帮助我们的竞争对手——和我们玩起了“无间道”!

我们历尽千辛万苦，终于签了单子。可是，我们在销售过程中做出了过多的承诺，或使用了不应该使用的技巧，甚至不得已得罪了客户公司中的一些人，如果再给他们一次选择的机会，他们可能就不会选我们了。从此，我们不敢再去见客户，不得不玩起“躲猫猫”!

相信每个销售人员都有这样的故事：“一切尽在掌握”的大单突然化为泡影，销售人员没有把关键工作做扎实，在错误的时间做了错误的事情，把自己的方案或承诺给了错误的人员，请错了专家或顾问，或对项目中出现的问题抱有侥幸心理，总是在心里默默祈祷那件事情千万不要发生，甚至捂住自己的眼睛，不敢面对那点不利，等待着幸运之神的降临。无论经验多丰富的销售人员，在眼看到嘴的肥肉被竞争对手无情夺去的时候，都会有钻心的痛苦和惋惜，可总不能清晰准确地分析出丢单原因到底是什么。

有时候丢单朦朦胧胧，可究竟为什么赢单呢?

在复杂多变的大项目销售中，我们赢得了一张大单。在总结为什么赢得这个单子时，我们总是发现有太多的原因，可能是因为我们进入的时机很好，可能是我们“勤奋”的结果，也可能是我们的产品方案很棒，刚好满足了客户的关键需求，或者我们选择的“支持者”在客户的内部博弈中获得了胜利。说到底，可能是我们的“运气”好罢了，或者归功于我们和客户某个关键角色有着很好的“关系”等。分析总发现，“勤奋”“运气”“关系”是我们赢得这个单子的因素，而这些因素有太多的偶然性。如果我们不能总结成功的规律，就无法复制成功。

在复杂销售中，胜利或失败往往不是取决于价格或产品功能，我们无法靠单一因素赢得最终的胜利，而是需要在客户显性的组织结构和隐形的内部关系的迷宫中，识别出微妙的关系并获得不同人的支持，所以只有制定特殊的策略才能应对这种复杂的局面。

策略与战术

发生在公元208年的赤壁之战是历史上经典的战役。曹操猛将如云，兵多粮足，号称八十万大军（实际大约有二十多万），却败给了约有五万兵的孙刘联军。孙刘联军在强敌面前冷静分析形势，制定了有效的策略，加上赵云、黄盖等虎将的冲锋陷阵，以少胜多，创造了中国军事史上以弱胜强的著名战例，一战而奠定了三国鼎立的局面。反观孙刘联军，如果仅仅依靠关羽、黄盖、赵云这些名将，是无法获得这场战争的胜利的，他们胜利的真正原因是制定了有效的策略!

策略是什么?

“策略”一词在《现代汉语词典》中的解释是：根据形势发展而制定的行动方针和斗争方式。

在复杂项目的销售中，销售团队就好像一个战斗团队。策略是有效分析形势、制定作战计划，是排兵布阵的艺术，是制定战略、解决为什么做的问题。而销售中的策略就是让自己在正确的时间、正确的地点，会见正确的人，讲正确的话，做正确的事，只有这样才能有效地运用“战术”。“战术”是那些武艺高强的将士骑马射箭、舞刀弄枪的基本能力和技巧，是解决战略落地和怎么做的问题。具体到销售而言，战术主要指拜访沟通、演讲呈现、商务谈判、专业的产品知识应用和咨询能力等基本技巧，这些是销售过程中的关键能力。

我们有时会发现，销售人员尽其所能与一位项目负责人搞好了关系，达成了攻守同盟，但这位负责人在最终决策中分量不够，未能说服业务部门同意购买这家公司的产品。销售人员可能在搞定这个人上得了满分，但在赢下单子上却得了零分。

我们有时会发现，客户高层答应听取我们的方案汇报，我们也精心准备了方案讲解，但当准备开始精彩的演讲时，却发现来的只是一个中层经理，不是我们希望的客户方董事长或总经理。如果我们停下此次演讲，或匆匆完成此次讲解去拜访真正的“关键人”，这个中层经理心里会怎么想，他又会给我们制造出什么样的麻烦？可能此次演讲很成功，我们在战术上得了满分，但是在战略上却得了零分。

方向错了，跑得越快，离目标越远。

所以，刀枪保命，策略制胜！

当然，不是说策略优于战术技巧，或者比战术技巧更重要。策略和战术是确保复杂项目销售成功同等重要的因素，也是不可分割的因素。这两者就像《周易》中提到的“阴”与“阳”，策略销售是“阴”，战术技巧和解决方案是“阳”，一阴一阳，一静一动，互相推演转化。如果无视策略和计划，就无法有效地运用战术和技巧；同时，只有在战术和技巧应用中获得真实有用的信息，才能制定并实施有效的策略与计划。

在中国传统典籍中，把策略发挥到极致的莫过于《孙子兵法》。

《孙子兵法·始计第一》中讲“夫未战而庙算胜者，得算多也”。意思是说，开战之前通过推演分析预计能够取胜的，赢的概率大，因为筹划周密，胜利条件充分。很多销售人员在行动之前缺少“庙算”，对项目形势缺少有效的分析判断，也就没有更加有效的策略，只是为完成特定阶段的动作而行动。

《孙子兵法·谋攻第三》中讲“知彼知己者，百战不殆”。这一点同样适用于复杂销售。这里的“彼”指的是什么呢？从某个角度来讲是指“除了自己的外在因素”。那么，“彼”是指竞争对手，还是客户呢？很多销售人员认为它指的是竞争对手，因为我们在和竞争对手博弈。从策略销售的角度来讲，这是个很可怕的观点，因为赢得销售的最终胜利是客户做出决策选择我们，而不是竞争对手。当然，不是说不关注竞争对手，我们应该关注的是竞争对手所做的行动在客户身上产生的影响。

《孙子兵法·军形第四》中讲“胜兵先胜而后求战”。这是指能够取得胜利的军队在投入战斗之前，往往先要“庙算胜”，对如何取胜做反复的推演和分析，制定取胜的策略，然后才会投入战斗。而很多销售人员往往是“先战而后求胜”，听到消息马上冲上去采取行动，或讲解方案，或演示产品，或参观客户，劳民伤财，折腾许久，从战斗中退出来才发现“我怎么还没有赢呢”。这就是兵法中说的“败兵先战而后求胜”。

之所以如此强调策略，是因为策略经常被人所忽略，兵马未动而败于先，我们还不知道。

真正的成功之道

签单至上，回款为王，这是长久以来我们这些做销售的人被教育的黄金定律。

基于这样的认知，在很多关于营销的培训中突出强调知识和技巧的重要性，很多销售人员也在日常工作中应用了各种各样的技巧，取得了看似不俗的业绩。

很多公司积累了大量的客户资源，但随着环境变化和自身的发展，客户对产品服务提出了更全面、更细致、更个性化的需求。如果公司不能有效地响应和满足这些需求，那么客户迟早会离开。很多销售人员经过多年开疆拓土的拼杀，具备了丰富的销售经验，但是，当他们面临客户持续购买需求的时候，既往的销售方式已经无法适应。对于这些销售人员和客户来讲，过去的成功并不能代表未来的成功。

在复杂销售中会有短期目标和长期目标。短期目标可能是赢得订单、取得销售业绩；长期目标可能是与客户保持长期健康的合作关系，双方在未来的日子进行更多的交易。

我们可能有过这种经历：在向某客户销售产品时，明知客户根本无法有效地使用我们的产品，甚至我们根本没有产品方案可以满足客户提出的需求。遇到这种情况，我们该怎么办呢？

如果销售人员只关注短期业绩，只希望完成短期内的任务，就会目光短浅，使用各种签单技巧，寻求立竿见影的回报——合同和首付款，还有自己的提成或奖金。这样做可能会掩盖自己产品不能满足客户需求这一事实，或给客户做出产品本来不具备的功能的承诺。一旦客户发现产品并没有自己想要的功能，在后续的服务中我们又不能提供，过不了多久我们就会失去这个客户，再也别想让这个客户购买我们的产品。不仅如此，客户还会将他受骗的经历告诉他认识的人。特别是在互联网时代，客户体验成为销售能否成功的关键要素，以前能捂半年的事，现在估计很快就被同行知道了。那样一来，战术上的胜利终导致了战略上的失败。

我不由想起电视剧《潜伏》里的一句话："有一种胜利叫撤退，有一种失败叫占领。"

销售真正的成功取决于客户是否愿意持续合作、重复购买、对产品服务由衷满意，并且是否非常情愿无条件地向他的朋友热情推荐，从而发展长期合作关系等一纸合同之外的事情。这源于每笔业务都是与客户的相互承诺，销售人员和客户共同面对挑战、承担风险，共同探寻解决方案，实现"双赢"的合作，这才是真正的客户经营之道。

"维护好这家客户"远比"拿下这笔单子"更重要！

为了实现客户经营的目标，我们就要提升专业销售能力，着眼于全局和长期经营，避免"只见树木，不见森林"，兼顾长期目标与短期目标，将技巧与策略有效融合，在销售中真正关注客户。

所以，策略销售就要以客户为出发点，照顾客户感受，有着真正发自内心的与客户实现双赢的销售态度，探索并形成一套有严谨的逻辑、有结构化的思维、能够反复运用、有计划有意识的销售方法，而不再把“运气”和“关系”作为赢单的关键。

本书以“从客户角度出发、为客户着想”为宗旨，真正把销售的成功建立在客户成功的基础上。唯有如此，才会成为真正的专业销售人员，也才能创造持续的成功。

赢单九问开篇言

赢单九问为何物？打单操盘必理清。
复杂销售缘何胜？策略精准再执行。
赤壁决战先庙算，沙盘推演计谋定。
先定策略后战术，排兵布阵有序动。
遇到大单莫慌张，罗盘助你断吉凶。
策略分析重逻辑，应对方法因人性。
流程步骤逐分析，磨刀不误砍柴工。
胜兵先胜再求战，败兵先战难有赢。

第二篇>>>

识　局

第二章

第一问：客户究竟要什么？

“知止而后有定”，目标决定行动。如果你知道去哪里，全世界都会为你让路。

复杂销售中的“销售目标”从广义上讲，是通过销售和帮助客户采购的过程所需要实现的双方的有形和无形价值。它包括两方面：一是客户的满意和愉悦体验，以及带给供应商的品牌价值和能力提升等回报；二是带给双方可量化的经济价值和回报。

从狭义上讲，销售目标的显性结果，就是满足客户真正需求所需的产品与解决方案。销售目标决定我们的作战区域会有多大，决定销售的具体行为与动作，决定我们提供给客户什么样的建议，决定我们采用什么样的销售推进流程、动用什么样的资源来完成各项工作。

如果不知道客户究竟想要什么，销售目标就不会清晰。在销售目标不清晰的情况下采取行动，寄希望于在行动中发现目标，就成了“先战而后求胜”。最终我们会发现，做了很多工作，目标竟然搞错了，甚至只是销售“自认为”或“一厢情愿”的目标，和客户的真实需求大相径庭。这时候，销售的所有努力都成了“南辕北辙”。

明确销售目标

我们经常遇到这种情况：客户可能会选择我们的 A 方案，但觉得 B 方案也可以；如果 A 产品性能和价格好，可能会在全公司范围内应用推广，也有可能先买一部分产品在某个部门试用，根据试用情况再决定是否推广。在这种情况下，我们会发现这些销售目标相互交织关联，常常由不同部门负责选型和决策，目标的不清晰给我们带来极大困惑，让我们不知道应该从哪里开始，重点应该放在哪里，或者如何取舍。

销售目标就是战斗中希望占领的山头。没有清晰的目标，我们的枪就不知道往哪儿打。这种目标不是泛泛地指“赢得这场战斗的胜利”，也不是“我们要消灭敌人”，而是每个战斗团队所要完成的具体任务。这个任务应该是清晰、具体、可以实现的，这样士兵才知道如何移动、如何掩护、如何进攻，“占领山头”的任务才会转化为每个人的具体行为和动作。

同样，销售目标不是“我要签下这家客户”或“我要实现的回款”，而是面对这家客户一次交易所要购买的具体产品服务，包括可能的数量、成交金额，以及预计成交的时间。我们把这样一个清晰具体的目标叫作“单一销售目标”（single sales objective，SSO）。

在明确单一销售目标时，我们要问自己以下问题。

◎ 跟我有关系吗？

客户的这次采购是不是和我们能够提供的产品与解决方案直接相关？我们的产品或服务是不是可以满足客户的需求？有些销售人员听说客户有计划或有预算，就不遗余力地冲上去向客户介绍自己的产品方案，或者在漏斗和销售计划中将道听途说或是猜测的信息作为“销售目标”。

某省级分公司的客户经理跟踪一家高校的购买需求，听说这个学校有 200 万元预算来实现学校的信息化管理。这位客户经理投入了全部的精力和心思，面向学校的很多选型和决策的角色做了大量工作。由于客户经理的销售能力比较强，因此他的“销售动作”赢得了学校的认可。当负责选型的人抛出需求的时候，这位客户经理才发现这是一个他们的产品方案根本无法满足甚至与之毫不沾边的项目。

◎ 目标清晰具体吗?

客户这次购买的产品或服务具体给哪些部门使用？解决什么问题？需要有什么样功能的产品或方案？具体到我们的产品方案是什么？数量是多少？如果这些问题不清晰，就无法准确定位要开展工作的“客户角色”，也就不知道对那些人做什么样的动作。与其指望“在运动中发现目标”，还不如先去“定位目标”。接下来的销售动作就是尽快把这些“未知信息”变得“明确、清晰、具体”，这比盲目冲上去一通扫射更有效。

◎ 客户有预算吗?

客户的预算是支撑项目启动的关键。当前企业管理比前些年规范了许多，很多客户实行计划和预算管理，预算外支出的决策流程复杂，难度很大。所以，明确单一销售目标时，我们要清楚客户有没有预算支持此次采购，会有多少钱用在这个“清晰具体”的销售目标上。

在销售培训中，我们多次遇到过这样的情况：在某个项目的初期，销售人员得到的信息是“这家客户今年有专项预算 600 万元”，很多销售人员就把自己的漏斗预测收入标记为 600 万元。没错，这家客户是有预算的，但这 600 万元和我们有关系吗？都会用来买我们的产品方案吗？有没有其他的产品服务？所以，即使发现客户有预算，仍然要问“跟我有关系吗？”“目标清晰具体吗？”。

◎ 项目有期限吗？

客户采购的期限一般是签下这笔合同预计的时间。客户计划截至什么时间完成这笔采购？什么时间确定选择哪家供应商？什么时间完成签单和付款？期限的紧迫程度，结合我们的位置和处境，将是制定策略的关键，也是销售漏斗管理、销售预测的关键。

清楚地回答以上问题，便可以明确“单一销售目标”了。

销售目标应该是“相关的、具体的、单一的、真实的、可量化的、有时间限制的”。比如，我们可以用这样的话来表述：“我将努力在今年 9 月 30 日前卖 20 套 A 产品（或服务）给凌风集团总部，预计合同额 320 万元，年内实现销售收入 220 万元。”

明确销售目标时，销售人员要反复问自己：“这是我的认知，还是客户的认知？”

这是一个非常关键、非常具有迷惑性，甚至很多销售人员回避的问题。有时候，一些销售目标、销售预测、可能的成交机会，并不是客户的真实想法，也没有证据证明是真实的，而是销售人员自己的一种推测、期望甚至梦想，是“一厢情愿”。他们不愿意直接去问客户，甚至不敢直接询问，担心被客户拒绝，担心自己“直面惨淡的人生”。

目标是决定策略与战术的关键，定了什么样的目标，就会有什么样的战略决策，就会配备什么样的火力。假如目标是根据“小道消息”而不是真正的“情报”来制定的，或是“盲人摸象”般地得到的片面信息制定的，再或者是自己想象出来的，那么打赢这场战争的可能性多大、结果又将如何不言而喻。

客户的购买动机

为了探讨客户为什么要购买，我们来看一个案例。

在一个漆黑的夜晚，你突然被打了一闷棍，眼前一黑，晕了过去。不知道过了多久，你迷迷糊糊睁开眼睛，四周依然漆黑，看不到任何东西。你下意识慢慢起身伸手四处摸索，摸到一个开关，轻轻一按，灯亮了！你发现自己原来是在一个黑屋子里。在黑屋子里打开灯的过程，先让自己看清了处境。

在一个陌生的黑屋子里，出于本能，你要出去。你一边环顾四周，一边想办法。怎么出去呢？跳窗户？没有窗户。在墙上挖个洞？没工具。挖地道？更难！怎么办呢？本着出去的目的，你想了各种办法和可能。

你发现身后的屋门，推一推，发现被锁着。你决定想办法打开这把锁，现在的问题就是通过什么方式打开。这时，你基本上已经确定了最佳行动方案：打开锁，最好用钥匙。

你给配钥匙的人打电话："我想配把钥匙！"这是你对外传递的采购需求。那边说："我需要和你确认一下，你是要配钥匙吗？"这位朋友有销售经验，知道"确认客户需求"。你说："是的，配把钥匙。"

那朋友说："既然配钥匙，你算找对人了。我配钥匙二十多年，是本地最大的服务商。我这里有各种各样的钥匙：金钥匙、银钥匙、铜钥匙、铁钥匙，不知道你想要哪种呢？"他知道介绍产品特点和自身优势，他满脑子都是自己的产品——钥匙。

这朋友还可能说："我还有多功能钥匙，能打开各种锁，如果不信，我可以给你演示钥匙是如何开锁的。对了，我们还赠送开锁服务，开锁时我免费送你一次门锁保养，我们的服务是最棒的！"

相信这种销售人员的形象大家历历在目。

但是，如果你不告诉他，他将永远不知道你最关键的需求是想从一个黑屋子里逃出来。

我们发现，"打开灯——看清处境""想出屋——想尽各种可能""找钥匙——选择最佳方案"三个过程，正是客户"感知（环境与变化）——形成动机""发散——寻找可能""聚敛——确定方案"的过程，这个过程正是客户从动机、标准到决策的形成过程。这是心理学家吉尔福德在他的《人类智能的本性》中对人类意识决策过程的论述。

我们再来看一个生活中的案例。

小明结婚两年多，住着一套两居室，感觉很温馨、很舒服。有人说："小明，有钱了换个大房子吧！"小明却觉得梦想一下可以，眼前没必要。这一年，小明的老婆怀孕了，马上要迎来自己的小宝宝，小明和老婆很兴奋，积极做着各种准备。随着时间推移，父母也从外地赶来，照顾家人。

照顾新生宝宝是一个“专业活儿”，小明的老婆说：“我们找个月嫂吧！”小明也不想让父母太操劳，觉得应该找月嫂。可有个问题，怎么住呢？小明隐约感到房子有些小了。小宝宝降生后，月嫂晚上照看小宝宝，和老婆住一个卧室，父母住一个卧室，小明只能抱着被子每晚在客厅凑合……想想以后，随着孩子长大，孩子需要自己的独立空间，小明也需要有一个看书、处理工作的地方，父母照看孩子也会一直在。这种感觉和压力，让小明换房子的想法越来越强烈。

从那时起，小明走在大街上，会不经意地留心广告牌，看哪里有了新楼盘，也会到网上去看新楼盘地段和价格。他不经意地开始收集各种信息，也在盘算手里有多少钱，需要办多少贷款……

经过实地考察，小明和老婆都倾向于一个较为理想的区域，有幼儿园、小学，周边配套设施也不错，价位也适中。于是，他们准备在附近两三个楼盘中做出选择，比较具体户型、室内功能分区、小区绿化、首付、贷款……

小明买房的过程，也经历了“感知——形成动机”“发散——寻找可能”“聚敛——确定方案”这三个过程，我们总结购买逻辑的三个词：Why，How，What。

Why，即客户源于什么动机购买？客户的采购是一种行为，这种行为源于外界变化带给人的某种动机，通俗地说就是欲望。对企业而言，动机的形成是由于外在环境变化。可能是经济和竞争环境，可能是技术更新或客户需求变化，也可能是组织发展战略与岗位职责要求，这些变化被感知，积累到临界点，就会形成改变现状的动机或想法。

How，即客户如何改变？如何解决问题，实现愿景？动机形成之后，目标逐渐明确，客户开始聚焦问题或障碍，在想适应变化需要解决什么问题、如何解决，需要有什么样的标准、有哪些可选方案。

What，即客户需要使用什么、需要购买什么？这时，客户应该清楚供应商产品方案的优势，应用哪些产品的什么特性，需要多少成本或预算（或许有了数量和金额）。这就形成了清晰具体的“单一销售目标”。

所以，“单一销售目标”是客户基于对变化的感知，触发产生个人动机，与业务需求结合形成解决问题的方案、实现特定目标所需工具资源（厂商所提供的产品或服务）的外在表现。

而很多传统的销售过程则逆着这个人类的意识决策过程。当我们知道客户有“配钥匙”“买房子”的需求时，就迫不及待地开始介绍自己的产品，呈现自己的优势和能力，讲如何能满足客户需求，因为我们一直被教育要控制客户决策流程、告诉客户总有一款产品适合他，并努力说服客户。这样销售是在和人类的本能思维习惯抗争。

我们介绍自己的产品方案，幻想客户会将我们的产品与他的需求做匹配，自己会“削足适履”。在销售人员强大的攻势下，如果客户在没有想好，没搞明白 Why 和 What 时，没有按一套逻辑认知清楚、想明白，只是被销售人员拼命“忽悠”而被迫做出购买决定，那么他可能会有各种担心和顾虑，制造层层障碍，直到销售人员开始不断解释、努力说服、不断退守。这时，销售已经和客户相背而行。一旦到了这个地步，就不会有赢家。

我们来看一个有趣的话题。

有一只鸡在横穿马路。鸡为什么要过马路呢？

这个问题我问过很多人，答案也有很多个，诸如“马路对面有食物”“马路对面有水”“后面有人追鸡”“鸡在散步”“对面有母鸡”等等。然后，我又问：“你怎么知道的呢？”答案还是很多，诸如“我觉得”“我猜的”“我看到的”……

鸡为什么过马路，这个答案谁知道呢，我们看到的都是表象，然后根据自己的经验做出推测或判断，而真正的动机，估计只有鸡自己知道。这只鸡横穿马路一定有它的理由，我们不知道可能是我们没去问，或者不懂鸡语罢了。

这种动机只是销售人员的一种愿景，是期望的感受或想法，是一种买了电视装在家里之后搂着老婆看片子的温馨，是一种买车之后的安全感和优越感，是一种买房子住进去之后的归属感、安心和踏实……这种感觉，远非电视是看的、车是开的、房子是住的这种功能那么简单，也不是电视画面多精美、汽车多安全、房子多宽敞这些优势的感知。客户产生购买动机，是自己内心的想法或隐约的理由，是对购买后的预期和蓝图。

客户的购买动机，与讲出来的购买需求是两回事。客户告诉你的购买需求是冰山上的部分，是可以清晰表达的；而客户购买动机是冰山下的，是客户不能或不愿意说出来的，甚至连客户自己都无法清晰表达的，而这正是客户做出采购行为的内在动力。

大家都有过购买经历，无论是房子、汽车、家电，还是书或者水杯。试着回忆我们购买之前是否有个模糊想法：我要买的东西是什么样的，用来干什么，甚至自己住上房子、开上车子、用上家电之后的感觉是如何美好。

小丽是个漂亮的公司职员，有个朋友出差从香港给她带了一条非常漂亮的裙子，她很喜欢。可是，她在家里试穿所有上衣，发现都没办法和这条裙子完美搭配。于是，小丽决定到商场买一件上衣来搭配这条价格不菲的裙子。

小丽来到一家知名的品牌服装经营店，店员礼貌地说："欢迎光临！"小丽的目光扫过几个模特身上的上衣，停留在其中一件上。店员注意到小丽停留的目光，紧接着说："喜欢可以试一下！"小丽在心中默默地把这件上衣和家里的那条裙子做了匹配，不尽满意，转而看下一件。

店员注意到小丽的一举一动，走上前来问："您好，您是看上衣吗？"小丽回答道："嗯。"店员经过销售技巧培训，开始提问："您是做什么工作的？"小丽说："在 IT 公司。"店员心中暗喜，因为这个客户应该是有购买能力，随口说："哦，白领啊！这几件是今年的新款，很适合白领的。很多白领着装都讲究职业与个性的结合……"店员懂得询问背景，也想为客户"建立标准"。

店员看到小丽有了购买需求和购买行动，但不知道小丽购买上衣的真正原因是想搭配那条裙子。

当我们不知道客户的购买动机、不知道客户的选择标准时，任何的推销都是在“乱枪打鸟”，企图能够迎合客户的需求。很多时候，我们在日复一日这样“误打误撞”地做着销售。

销售的任务就是要和客户一起找到他们购买的动机理由，一起创造那种心中的愿景和美妙的感觉，将我们的产品、服务与客户的购买动机和标准有效地关联起来，让我们的产品、服务成为客户实现目标的必备品。这要求销售人员和客户一起经历“打开灯”“想出屋”的认知和思考过程，探索客户真正购买的原因，与客户一起制定解决方案。滔滔不绝地介绍产品，甚至想强行为客户设置标准，往往是无效的。

很多销售人员一见到客户，上来就想介绍自己的公司、自己的产品方案，强调自己的优势。因为在拜访之前销售人员做了大量的“准备工作”，该怎么说都已经想过很多遍，所以他们见到客户说话就像机关枪扫射一样滔滔不绝，不管对方在想什么，总要把自己准备的说辞说完，觉得这样才算完成任务。或者，销售人员担心无法应对客户提出的其他问题，担心局面失控，希望掌握主动权、控制议题。很多销售人员把“主导沟通过程”“我该说的是否说完了”作为沟通效果评价标准，恰恰成了“乱枪打鸟”，要为此付出惨重的代价。

只有成功发掘客户的购买动机和标准，知道客户购买的真正原因，我们才能做到有的放矢。

销售目标是定盘星

销售目标为什么如此重要？

一家集团为某次会议购买 100 支签字笔，可能办公室一位职员就能决定。如果这家集团集中采购全年办公用品，要确定 10 万支签字笔的品牌和供应商，可能行政主管、财务主管会参与，甚至小组评议。如果这家集团采购 10 万支签字笔融合到其产品中，形成礼包产品推向客户，那么可能市场主管、销售主管、质量主管等都会参与采购决策。同一家客户，销售目标不同，即使买同样的产品，参与人员、客户决策流程、决策复杂度差别也可能极大。

在项目跟进过程中，很多销售人员对“客户究竟要什么”和“客户会买什么”一直朦朦胧胧，更多是靠自己的感觉和猜测，甚至将自己的意愿强加在项目上：“我觉得客户认为我们方案很好，很有意向！”

而单一销售目标中，涉及“使用部门”“产品服务”“数量”等信息，恰恰是客户业务需求范围的外在表现。如果销售人员能够把客户为什么买、购买的标准是什么这类“Why”和“What”的问题搞清楚，那他对客户的理解深度、客户对他的信任程度将大不一样，当然，后面销售策略的制定也会不一样，销售的赢率也不一样。

有时候，销售人员主动确定单一销售目标，是一种有效策略。

早年我们有个项目，面向的是家特大型国有企业。那家企业的规模非常大，内部关系也非常复杂。我们当时和财务部门接触，希望卖给他们一套全集团进行财务集中管理的系统，帮助集团总部管理各家下属公司的财务情况，提高财务透明度，简化报表流程，提高集团资金使用效率。

当时，我们接触到集团总部的财务处长，处长表示这个工作比较重要和复杂，需要总会计师做决定。后来，我们又去找了集团总会计师，总会计师说这个事情涉及多家公司，不仅要看上面领导的意见，也要看各家下属单位的意见。就这样，我们转来转去，这个事情像一个烫手的山芋，谁都不愿意主动接。

后来，我们与财务处长在一次吃饭时聊起来，他说："你们这个事情搞这么大，董事长不发话，谁敢动啊！"我们问："那我们应该怎么办?"处长说："其实从集团管理来讲，这事是该做的，对企业有价值，对大家都有帮助。可每个人都认为是在从他们身上拿走什么东西，而不是给他们带来什么东西。"我们又请他指导。处长说："你们要想办法先让大家看到这事有什么好处，然后再慢慢推广……"

后来，经过与处长的反复交流，我们将这一次的销售目标确定为"固定资产集中管理试点项目"，选择了集团总部和下属两家公司，业务范围锁定在固定资产档案信息和折旧业务报表集中管理上，先进行试点。这个目标确定后，我们得知这个项目属于财务领域，总会计师就可以决策，合同金额也在他的审批权限范围之内。就这样，处长和下属单位提出需求和方案，总会计师审批，合同很快签署了。

这个项目应用简单，效果很明显。半年后，我们又以这个项目试点总结会、实施价值总结呈现的方式，讲了集中管理的流程和好处，通过进一步精心运作，拿下了财务集中管理的项目。

这个项目，从项目销售来讲，通过调整第一次销售目标，将合同金额和涉及范围缩小，降低决策难度和风险，围绕与此目标相关的人员和流程制定策略，顺利达成销售。从总体客户经营角度来讲，先签约实施，形成既成事实，步步为赢，后面集中管理的大项目也就有了先机和优势，是典型的分而化之、以退为进的策略。

当然，在实际销售中，原本我们有优势的销售机会，被客户内部或竞争对手将范围和目标放大，从而丧失领先优势甚至丢掉项目的案例，也屡见不鲜。

在大客户销售中，销售目标是策略制定的起点和关键。

销售目标关系到项目范围、客户购买历史与经验，关系到参与决策的角色、决策流程复杂度、客户对成本和风险的敏感度，由此带来对销售的赢率、业绩预测、策略布局以及资源部署的直接影响。销售目标可能会受到外在变化或竞争的影响而发生改变，也可能因为我们的销售策略而主动改变。关注外在变化，关注变化的影响，盯紧销售目标，围绕目标制定策略，是第一步。

所以，销售目标是制定销售策略的“定盘星”。

要点小结

单一销售目标（single sales objective，SSO）

- 是每次销售所实现的具体目标

- 与我们的产品方案或服务直接相关
- 是具体、清晰、简洁的
- 可定义、可衡量，如有明确使用部门、应用范围和应用目标等
- 有明确的预算
- 有时限，如在某时间段内完成

表达方式

将在（何时）卖（多少）数量的（什么）给（谁）以实现（多少）收入

实战演练

请结合单一销售目标的标准，选择你正在跟进的 2～3 个项目填入下表。

单一销售目标（SSO）			
客户名称		所在行业	
使用部门		产品服务	
数量		预计合同额	
预计成交时间		本次预计回款	
单一销售目标（SSO）			
客户名称		所在行业	
使用部门		产品服务	
数量		预计合同额	
预计成交时间		本次预计回款	
单一销售目标（SSO）			
客户名称		所在行业	
使用部门		产品服务	
数量		预计合同额	
预计成交时间		本次预计回款	

从上述项目中选择一个最真实且较为复杂的项目，作为后续实战演练的项目。

独家秘籍

扪心自问：

1.【客户所在行业有趋势】我们是否分析、研究了客户行业政策、趋势、技术等给客户带来的外在影响？客户的项目与哪些行业变化趋势有关？客户中的谁和你直接交流过？

2.【使用部门会参与决策】这次项目的业务部门和使用部门有哪些？它们为什么要用这些产品和服务？具体场景是什么？有谁和你交流过吗？你直接接触过业务部门吗？

3.【产品解决方案有优势】单一销售目标中的产品和解决方案，是源于客户的需求和应用场景提出来的，还是源于我们自己的产品和标准解决方案提出来的？我们清楚方案中哪些功能满足哪些人的什么场景需求、实现什么目标吗？

4.【预计金额决定决策者】单一销售目标中的这个预计金额，需要什么层级的人审核和决策？还要经过谁审批？客户认为花这些钱解决那些问题值得吗？

5.【预计时间关联急迫度】预计成交时间距现在还有多久？客户真的这么着急（或不着急）吗？你知道客户为什么着急或正常推进吗？在紧急或正常推进的情况下，你是相伴同行者，还是客户节奏的紧跟者？

即使上面的问题不是确定的，有未知情况，也不必惊慌，这很正常。

知道自己不知道，比不知道自己不知道好，也比自以为知道好。

赢单口诀

识别变化目标清

时过境迁皆有变，识别当下是何情。

先看客户何处境，购买动机源此生。

What 与 How 皆因 Why，决策逻辑有过程。

动机问题与障碍，解决方案有愿景，

逐步推理有先后，搜集信息互验证。

分析项目目标定，3W2H 要素清。

谁用谁买何时定？数量与钱多少明。

单一目标定盘星，此物一变天地惊。

高手变此局势变，起死回生输变赢。

第三章

第二问：我的位置在哪里？

要想到达目的地，先要知道自己在哪里，才知道去那里的路怎么走。

什么时候该踩刹车

和大家分享一次我出游的真实经历。

那一年，我们为开发一门精品沙盘实战课程投入了太多精力，连续两三个月都没有好好休息。有人提议找个地方好好放松一下，得到了大家的积极响应。接下来就是确定目标，因为大家知道行动之前确定目标有多重要。

有了放松的动机，我们开始为目标选择标准和条件：去的地方要有山有水、环境优美；要有吃有住，可以游泳、打台球等；不超过两个小时车程。根据这个标准，最后选定了密云水库边的一个度假村。

目标确定之后，接下来就是制定行动计划。

一位同事用自动导航设备规划了路线，非常清晰：从软件园出发——右转上北清路——右转上清河一街——左转上八达岭高速（7.3公里）——右转出清河一街出口（12.9公里）——顺沙路（13.4公里）——右转岔路口（19.8公里）——右转321省道（20.1公里）——六环高速（20.3公里）——京承高速（73.6公里）——密顺路出口（74.4公里）——滨河路（78.7公里）——密溪路（81.1公里）——205省道（82.5公里）——岔路口

（85.7公里）——目的地（86.1公里）。全程86.1公里，每个标识后面的公里数代表从公司出来至此的里程。

这位同事提供了如此详尽的路线，我们为他的用心而感动。

那天下午，踏着夕阳，呼吸着春天夹杂青草味道的清新空气，我们一行人出发了。虽然约好几辆车同时出发，但仍有早有晚，大家并没有一起出门。车辆以每小时70公里的速度行驶在北清路上，在即将到达八达岭高速的时候，坐副驾驶座的哥们儿拿着打印出来的路线图，和开车的哥们儿争论起来。原来，从打印出来的统一路线来看，在前面应该右拐上清河一街，一系列左拐右拐之后，目标就是要上北六环高速；而北清路前面直接左拐可以径直上北六环高速，这是条捷径。

在销售工作中经常遇到这种情况，根据现场情况分析，达到目标的捷径很可能与销售标准流程中要求的做法大相径庭。

开车的哥们儿的意见是别管“标准路线”，直接左拐，理由是这条路他熟，左拐是捷径，没必要绕远走弯路，反正是到达北六环高速，以最快的速度达到目标就可以了。他的考虑是对的，目标明确了就要以最快的速度行动，没有必要浪费时间和资源。

坐在副驾驶座上那哥们儿的意见是按“标准路线”走，因为脱离团队统一行动路线、分道而行毕竟是有风险的，再说万一走错了怎么办？他还说，如果大家走到一半时计划变了，甚至目标变了，那我们岂不是脱离团队了？他的意见也没错。销售过程中，不是经常发生销售目标改变的事情吗？这个担心不多余。

是左拐还是右拐呢？他们还在争论。

当时车速是70公里/小时，没有明确清晰的路线时，一定是要么左拐、要么右拐吗？一定要继续向前走吗？正确的选择应该是：刹车，停下来！

对自己的位置做一个判断，明确“我在哪里”，用电话和团队同事沟通一下“我们要去哪里、应该怎么去”，根据实际情况制定行动“策略”，从而确定最佳的行动方案。眼前这件事必须停下来才可以。可是当时我们没有停，而是选择了捷径。

因为选择捷径，同伴被远远地抛在了后面。当我们以120公里/小时的速度在京承高速上一路狂奔时，发现远方有个路牌，上面标识着“顺密路出口”。开车的哥们儿说：“终于到了！我们马上就下高速了！”坐在副驾驶座上的哥们儿却拿着打印出来的路线图说：“不对，我们是要在‘密顺路’下，不是在‘顺密路’下！”

现实再次与计划出现偏差！

以120公里/小时的速度直接向前冲过去，在前面寻找“密顺路出口”，这当然可行，但是如果前面没有怎么办？在高速路上是不可以调头逆行的！

如果直接从这个出口冲下去，万一不是我们所要下的那个路口，前面还有个“密顺路出口”，怎么办？

是冲过去呢，还是冲下去？

当时车速120公里/小时，正确选择还是：紧急刹车，停下来！

一次简单的出行都有这么多的意外，路线的不同选择、计划与实际的不符，都要求我们在极短的时间内做出判断，否则带来的不仅是时间和资源上的浪费，还会带来高速上紧急减速、临时停车的潜在危险，后果多可怕！

在战争中，目标是制定所有军事行动计划的关键。如果一名指挥官不清楚敌人的情况、不知道自己所处的位置和所处的环境，包括地理位置、敌方兵力部署、火力强弱、运粮供给线，甚至天气，没有综合考虑这些因素制定有效的策略而直接投入战斗，那就等于让他手下的士兵去送死。在战场上，在错误的时间出现在错误的地点，就意味着犯了致命的错误。

大项目复杂销售更是变幻莫测，在销售过程中随时会出现种种不确定信息，甚至随时都会发生很多意外。面对突发或异常情况需要做出选择时，我们是否会按惯性在极短时间内想当然地做出决定呢？这就如同开着120公里/小时的车在飞奔中做出选择。销售人员都很忙，整天要忙着拜访客户、忙着准备材料、忙着给客户讲解方案，经常按照自己的"经验"想当然地在瞬间做出判断，以极快的速度确定每次行动的目标。这样的判断有多少是合理准确的？这样的行动会导致什么样的后果？

很多销售人员忙着做他们认为应该做的事情，于紧张忙碌中做出决定，往往是对随时出现的新变化进行快速反应判断，是根据本能和经验做出决定。这样的决定，是谨慎周全的最佳方案吗？同时，复杂销售成功与否是由多个关键人、多因素影响决定的，这些角色、因素之间有着纷繁复杂的关系。如果只针对眼前的问题，只针对单一变化而采取解决这个问题的行动，是否容易忽略全局的影响呢？

欲速则不达。面对各种变化，如果希望随时判断自己的位置，对项目做出全局性、结构性的分析，而不是根据随时出现的变化本能地直接采取行动，就要时刻提醒自己：刹车，停下来！

销售漏斗会误导吗

现在很多公司用销售漏斗来管理销售进程。

在销售漏斗中，销售过程被划分成几个阶段，比如从定位和发掘目标客户开始，通过收集客户信息加以分析、拜访客户赢得好感发现销售机会，进入引导并确认客户意向阶段。在此阶段，要积极发现客户的问题，并不断探索客户需求，引导客户认识问题并鼓励其采取行动，让客户对我们的产品、服务感兴趣，这样就进入立项阶段。在立项阶段要确认需求，面向客户的关键角色制定销售竞争策略及关系策略，拜访客户高层赢得信任之后，进入为客户提供个性化解决方案的阶段。方案赢得认可之后会进入商务阶段，排除客户疑虑、报价并进行商务谈判，直至成交，实现收入，完成销售。

这是一个销售过程的漏斗，但并非一个客户购买过程的漏斗。也有一些公司建立了面向客户的采购流程和漏斗管理系统，这样能够站在客户的角度，与客户共同完成某次采购，更加体现了以客户为中心和客户认识决定采购的思想。在这里，我们暂以上面谈到的漏斗为例。

销售漏斗中“目标”“意向”“立项”“方案”“商务”“成交”这些阶段的定义和划分，让销售的过程更加清晰、进程更加明确，所以销售漏斗一直指导着销售过程。销售漏斗的阶段划分对项目判断和把控、销售管理、销售预测等工作起到了关键的作用，对将销售予以标准化运作具有极大的参考价值，是销售人员的必修课。

但是，在判断项目所处的阶段时，很多销售人员将是否完成了这个阶段应该做的动作作为判断标准，结果有时候发现该做的都做了，客户就是不签单，甚至这个项目莫名其妙地消失了，客户不做了！

下面分享一个掩耳盗铃的故事。

有家中型流程制造企业使用了我们很多的管理软件，包括全公司的供应链、财务、办公自动化等管理系统。这家客户和我们合作多年，总经理几次出席我们重要的活动并和其他企业分享经验与感受，公司主要的副总、部长也都是我的老朋友，彼此经常走动并小聚。

那次听说客户希望将生产管理起来，也就是说要选购一套生产管理系统。我得到这个消息后很高兴，因为几年来我持续卖给他们很多东西：生产管理系统当然要和供应链系统整合，这样才能管理生产原料与产品入库，并且要和财务系统整合才能管理生产成本。再说他们对我们的产品、服务如此满意，这次的生产管理系统肯定是买我们的。

我们向来非常重视客户，客户有需求要尽快行动。我迅速组织公司的优秀顾问帮客户做调研、设计方案；方案设计出来之后，又向客户的管理层做了方案汇报，客户并没提出什么异议。紧接着就是报价，我的目标是一举拿下，没什么可犹豫的！

因为我们的生产管理系统比较成熟，方案也得到客户认同，并且价格不贵，特别是又有这么长时间的合作关系，没什么其他问题了，就等着和客户进行商务谈判了。

这时，我已经把这个项目录入了销售漏斗的商务阶段。

报价是要有技巧的，既要照顾市场价格，又要照顾自己的公司和产品的价值，还要照顾客户的“面子”。所以，我在报价时用了心思。听说客户的预算在 70 万元左右，我报了 78 万元，那 8 万元就是留给客户的“面子”。接下来的任务就是在商务谈判过程中，把这个“面子”顺利地给客户，然后把钱拿回来。

进行商务谈判时，我们成功地把“面子”给了客户的主管副总，因为他被总经理授权负责此项目，我只要把这个副总“搞定”，问题就不大了。当我把报价连同方案交给负责的副总时，副总觉得没什么问题，对方案没什么意见——价格方面有优惠，又有合作历史，彼此如此信任——“我们买软件还能买别人的吗？就差走个合同审批流程了。”

几天后，我给主管副总打电话问：“合同处理得怎么样了？”副总告诉我：“差不多了，就等总经理签字。”我问：“总经理在吗？”副总说：“应该在，我一会儿去看看。有消息我通知你。”

两天过去了，副总没有通知我。这家客户很忙，我是知道的：因为是民营企业，总经理事无巨细，桌子上总是摞着厚厚的合同和文件，等待他签字，晚一两天是很正常的事情。

可我心里着急啊，马上就到季度末了，这笔款收回来，我就可以拿季度超额奖。所以，我又给副总打电话问：“总经理在家吗？”副总说：“不巧，昨天总经理出差了。”我问：“那合同怎么样了？”

副总说："总经理回来，我马上找他签字，完了我们就抓紧实施！"我又追问了句："那总经理什么时候回来啊？"他说："三天后吧。"

又过了三天，我知道总经理应该回公司了，又给副总打电话问："老兄，怎么样啊，总经理签字了吗？"他说："我马上去，我马上去！"当这位副总拿着合同找总经理时，总经理问了一句话："我们这次买的生产系统能和底层的自动控制系统接口匹配，自动采集生产数据吗？"副总听了犹豫一下说："这个事情我得问一下。"

当我正在给老板拍胸脯，保证月底之前再回款40万元、超额完成任务时，副总的电话来了。他问："你们这个系统能和控制系统做接口、自动取数吗？"我说："能啊，肯定没问题，这点你放心好啦！"销售人员要像狼一样，咬住就不放松，此时此刻我当然要追杀一下，紧接着问："合同什么时候能签？"副总说："我马上和老板说一声。"

副总回去和老板汇报"他们可以做"之后，老板又问了一句："你确定？真的可以吗？类似项目他们做过哪家啊？"副总虽然和我关系很好，但他对我们是不是能做或做过哪家客户没有考察过，心里没底。如果这时候他说"可以"，那么他将承担说"可以"的风险，万一后期出现问题，就是他的责任。当然，他也不能说"不可以"，更不能说"老板你等一下，我再去问问"，那样会显得他办事不力。

见副总犹豫不言，总经理递过来一本印刷精美的宣传册和一张名片，说："我去上海出差三天，参加的就是自动化控制大会，有个专门做生产控制的公司不错，他们讲的就是我们想要的。这是他们的资料，你联系联系！”

一周以后，合同签了。

心中的“她”结婚了，但老公不是我。

副总不知道这家公司的背景，也不知道这家公司和老板是什么关系，也没法和我说什么，所以在经过一次方案沟通后，快刀斩乱麻，直接和那家公司签单了。而我给老板月底回款 40 万元的承诺，化为了泡影。不仅我的老板被我忽悠了，我老板的老板也被我的老板忽悠了！

虽然我在后期努力签回了 20 万元的系统接口开发费，但是那个 70 万元的“单一销售目标”与我已经失之交臂了。

大家有没有发现，当我接到那个副总“你们这个系统能和控制系统做接口、自动取数吗”的电话时，我认为这是客户的疑虑，我必须排除这个疑虑并帮客户树立信心。但事实上，客户的应用需求发生了变化，特别是客户关键人的需求发生了变化，我已经不是在商务阶段，而是回到了方案阶段甚至意向阶段。也就是说，有时候我们的项目在漏斗中是上下跳动的！任何微妙的变化都可能改变项目的阶段。

从销售漏斗来讲，我的销售过程和动作是没问题的！但在应用销售漏斗的过程中很少出现逆向移动，除非是项目丢了，或者重新成为下一个项目。有时候，我们按照销售漏斗推进时，要求的动作都做了，也都做对了、达标了，但是，我们很容易忽略一个极其重要的问题，那就是所做动作的对象——客户的角色！

项目阶段是根据“客户”这个总体和组织结构划分的，而客户决策角色、决策流程，甚至客户内部政治关系，都被忽略了。

有时候，我们与一位项目联络人接触，从初步联系、意向确认开始，我们得到的信息是“领导明确表态，我们这个项目肯定要做”。当我们和他说，希望安排拜访高层或会见其他采购角色时，他会说“这事我说了算，按我说的做就行了”，还会给我们很多积极信号。有些销售人员信以为真，在他们看来，这个人已经是最有力的“支持者”，便开始进一步进行需求了解、提交方案，直到报价、不断降价，然后坐等成交。漏斗每个过程都走了，并且每个动作都高质量完成了，结果，这样的单子往往还是签不下来，因为我们只是吊在一棵树上而已。

有时候，企业内有两个观点，一个“主张购买”，一个“不主张购买”。如果我们和“主张购买”的角色关系好一些，那么我们的项目阶段就处在立项阶段；如果我们和“不主张购买”的角色关系好一些，我们的项目阶段可能处在意向阶段。而这两个不同的阶段，竟然是出现在同一家客户、同一时间、同一个项目上！

正如前面的案例：给客户讲完方案并报价之后，我以为项目处于商务阶段，而在总经理的意识中，可能项目还处于方案阶段，这就导致了“掩耳盗铃”。

老子在《道德经》中讲“为之于未有，治之于未乱”，就是告诉我们要想到各种可能。项目阶段的判断，不仅要考虑我们当下所做工作的内容和重点，还要考虑我们是在为谁做，还会有谁处于不同的阶段需要我们去“补课”。同一时间的同一个项目，可能要面向不同的角色去做不同的工作！

客户的采购是结构化的，不同的人在不同的阶段以不同的方式参与。销售人员不能迷信于漏斗要求完成的各项动作和任务，而是应该关注客户的角色，关注不同阶段哪些角色参与，真正依每位客户角色的认知和反馈来做出判断。

复杂销售可以借鉴通用的漏斗模式，把项目阶段简化成“意向”“方案”“商务”“成交”四个阶段，来标识这个项目的总体阶段。而对客户关键角色，则要关注他们在不同阶段的活跃度与参与度，观察不同角色的不同表现和态度，判断漏斗所处的阶段、销售所处的形势，从而制定有效策略。项目的总体阶段取决于每个关键角色的态度和参与度，而不是取决于销售人员做了什么动作。

对销售来讲，销售漏斗和项目阶段这些有形的行动和流程，正如手中的剑。

对江湖高手来讲，可能手中无剑，而剑已在心中！

客户紧迫程度如何

“客户不着急，我有什么办法啊！”客户不着急的时候，我们很无奈。“客户要得太急，是不是竞争对手提前做好局了，只是拉我们陪个标啊？”可是，一旦客户着急了，我们又担心是个圈套。当面临这些情况时，很多销售人员往往不知所措。

销售的成功，不是销售人员想卖了，而是客户要买了。我们之前谈到了“客户为什么买”的话题。客户购买是因为自己经历了形成动机、制定标准、采取行动的过程，已经清楚了自己要做什么和要什么。销售人员的作用，就是帮助客户推进这个进程。而这个进程，有急有缓，有快有慢。

分享一个我作为甲方亲身经历的案例。

在我负责事业部那年，公司确定了一项关键任务，要开发一套综合实战训练系统，基于企业真实案例，讲授很多实用技能和方法，不仅要有角色体验，还要形式新颖，让受众乐于参与和学习。除了案例和对抗的精心设计，我们决定将枯燥艰涩的几十个知识点做成动漫视频，与训练平台和其他教学资源一起，形成一整套可以复制推广的综合训练课程。

这个系统设计开发量巨大，而当时给我们的研发周期只有六个月，九月份必须进入客户验证阶段。当完成总体设计、开始选择动漫开发商时已是六月，也就是说，我们选供应商、编写脚本、动漫开发、检验审核、平台测试等必须在三个月内完成。如果延期，产品将不能按期上市，我们给公司的承诺将无法兑现，不仅影响考核，市场推广节奏也会出现问题，后果很严重。

在这种情况下，我们通过多种渠道，迅速联系了四五家供应商到公司面谈。第一轮见面很简单，就是了解各家供应商的实力、背景、做过的案例，然后讲解我们的想法和要求。了解过各家优势和特点之后，我们开始制作需求说明书和招标书，第二轮就直接发出标书，进入了招标流程。

第二轮的交流很直接。各家供应商针对需求做了深入讲解，然后我们来自各个部门的评委进行了提问，并要求各家提供了最低价格。随后，我们针对各家供应商做了选型对比报告。在各家供应商通过电子邮件再一次报了最终也是最低价格之后，我们将选型报告提交了公司审批流程，当然，也推荐了首选供应商。就这样，一个几十万元的项目，只经过两次面对面接触，就在极短的时间内定了下来。

如果从对方销售的角度看，他们的销售漏斗仅仅是发现了一个“兴趣”或“意向”项目，没想到一周后竟然招标了！很多厂商觉得这不合逻辑，但是，他们不知道我们有多么急迫！

当然，也有一些与此相反的情况。很多时候，客户自己还没有想明白、内部还没有启动、还没有到急迫的程度，更多是开始接触一些厂商，获取和了解一些信息，借机分析自己的需求，判断这件事情的必要性和可行性，然后再决定做与不做；或者借助外部的力量去影响和推进内部工作。而此时的客户，不会明确告诉销售人员“我们只是看看，做不做不一定！”因为他们也想把厂商拉住，担心供应商知道他们的项目“不是真有”而冷落了他们，他们一定会想办法给销售人员信心，让销售人员“看到希望”。

不仅如此，还有些项目热火朝天推进了一番，主要人员都参与了，都表示了极高的热情和认可，可到后来因为种种原因热度下来了，进程也变得十分缓慢。或许此时，客户内部已经否决或无限期延缓了这个项目。而联络人对销售人员前期大量的付出心存愧疚，有时不好意思直接告诉销售人员“你换一家吧”。此时的销售人员仍然认为只是因为一些小事暂时延期，仍然抱有足够的信心和希望，殊不知这项目已经成了“嚼过的口香糖”，除了耗去更多资源，赢的希望已经十分渺茫。

销售的策略，必须围绕客户展开。

销售的节奏，必须与客户紧迫程度关联。

我们将客户的紧迫程度分为四类：紧急、正在做、着手引入、以后再说。

◎ 紧急

客户有内存或外在的压力，很急迫地要达成目标或改变现状，希望尽快完成采购并付诸实施。在这种情况下，客户会聚焦关键需求，不会花费太多时间和精力在无效的采购行为上。

◎ 正在做

项目正在按部就班进行，一切按时间或计划符合常理地推进着，没有太多外在压力和时间限制；客户相关人员已经形成了明确动机或明确需求，已经认识到这件事情的重要性和必要性。

◎ 着手引入

项目刚刚开始导入，或许只是少部分人“先知先觉”，需要更多的人参与进来。或许需要明确更多需求、坚定更多人的信心，推动立项或流程的向前推进。

◎ 以后再说

或许热火朝天过了，或许刚露尖尖角，但因种种原因项目延期或被否决。在这种情况下，“以后再说”可能是客户中一部分人的观点，而销售人员是否去了解更多人的看法、是否全力争取重新启动这个项目，就要结合总体策略甚至自己漏斗中的项目数量和质量决定了。

把客户认为不重要的事情运作成重要的事情，让看似不紧急的事情紧急起来，有很多方法。但是，从形势分析和策略制定来讲，如果不了解或无法洞察客户的处境和紧迫程度，销售很容易成为剃头挑子——一头热，或者自以为还要按销售流程按部就班进行，结果不能急客户所急，丧失了好机会。

面对一个销售机会，客户的紧迫程度直接影响了我们的形势和处境，甚至直接影响接下来的策略乃至赢率。

如何判断竞争形势

物竞天择，优胜劣汰，这是自然规律，也是销售的规律。

公司在竞争中长大，也是依靠竞争而生存。一家公司大到没有竞争对手时正是危险的开始，所以竞争是复杂销售无法避免的。我们制定策略时，竞争是要考虑的重要因素，但一定不是唯一的因素，因为过度关注竞争会导致忽略客户。

销售人员经常被经理问："我们和竞争对手相比怎么样？"回答大部分是"差不多吧""不太妙啊"之类的泛泛之词。相信所有的销售人员对"竞争态势究竟如何"都会有一种直觉，并且这种直觉是很准确的。直觉很重要，但证据也一样重要，分析竞争态势有必要用充分的证据来证明；否则针对同一个项目，乐观自信的人总是感觉项目态势比较好，悲观胆小的人总是感觉危机四伏。

为了制定有效的策略，我们把竞争态势分为四类：劣势、平手、优势、单一竞争。

◎ 劣势

我们在这个项目的竞争中面临很多不利的因素。可能是我们还没有掌握客户的购买动机或关键需求，而竞争对手已掌握，对手的方案已经赢得了客户关键人的认可；可能我们的方案针对客户的需求有明确的缺陷；可能是客户的某个关键人支持对手而对我们做出负面的评价，或者支持我们的关键人处于内部斗争的下风。总之，竞争对手已遥遥领先。这些因素都会影响项目走势，如果照此发展下去将是一个可怕的结果，我们必须为之做出策略性的改变。

◎ 平手

我们和竞争对手在项目中旗鼓相当，大家都有获胜的机会，客户的某个决策关键人或多个关键人综合起来，没有明确的倾向。在平手的情况下，我们必须找到能够让客户认为我们更有价值的地方，或者认为我们具有独特的不可替代的优势，从而将我们与竞争对手区分开。

◎ 优势

在客户的认知中，我们领先于竞争对手。客户认为我们的产品方案能够比竞争对手更好地满足他们的需求，或者我们占领了更多的“高地”可以控制局面等。在优势情况下，我们要尽可能加强自己的优势，把项目向成交的方向推进，同时关注自身劣势和竞争对手可能的行动，以自身优势平衡客户已知或未知的劣势。

◎ 单一竞争

目前，客户只和我们一家在谈这个项目，没有其他竞争厂商的介入。在过去，我们对老客户的再销售过程会碰到这种情况。而现在这种情况越来越少。碰到一个没有竞争对手的单子，客户首次购买遇到单一竞争，这些都是可遇不可求的情况。

大家看到单一竞争，都会想到“除了我不可能选别的”。

我有个朋友销售医疗器械，这是一种植入心脏的高端产品，专门用于治疗一种极难治愈的心脏病。经过多年研究，植入这种仪器治疗这种心脏病的成功率是100%，否则这种心脏病就会在短期内夺去人的生命。因为技术垄断，全世界只有此一家公司可以生产这种产品。我的朋友把这种技术推荐给了主治医生。

恰恰有个得了这种心脏病的人，经过详细的诊断之后，医生说：“你这种病随时有生命危险。”病人说：“医生，救救我！”医生说：“只有一种方法可以治愈你的病，就是给你植入这种仪器，它可以让你跟正常人一样。”病人问：“有什么危险吗?”医生说：“不危险，这个手术百分之百成功。”病人问：“那要多少钱?”医生说：“50万元。”

这个病人穷得家徒四壁，他试着四处借钱但没有借来，向热心人和慈善公益机构求助但没有人能帮他，这个病人也不想借高利贷给儿女留下什么巨额债务。没有钱，怎么办？要不要做手术？50万元能买到自己的一条命，他知道不做的后果是什么，但他确实拿不出这些钱。他最后的选择是不做了！对他来讲，选择不做等于“选择死亡”！

同样的情况，只有我们发现了这家客户，只有我们在做销售；客户已经使用了我们的产品，是我们的老客户，不可能选择别人；客户只和我们一家进行商务谈判，也只能和我们谈，因为它的需求只有我们能满足。这样的客户一定会和我们签单吗？只有一家供应商参与竞争，就没有竞争吗？客户会不会像那位心脏病病人一样“选择死亡”？

单一竞争中，我们的竞争对手可能是客户放弃这次采购的“不作为”，可能是客户将预算移作他用，也可能是由客户内部的团队提供本应该采购的产品或服务。

在单一竞争的情况下，我们没有看到潜在的“竞争对手”，以为真的没有竞争，不考虑客户的情绪和心理，甚至和客户进行“心理博弈”以吓唬客户——你如果不以这个价格签约，我们就不做你这个项目了。忽略竞争对手会是什么后果呢？

我们有个项目经过长时间精心运作，成功地在国内外竞争中脱颖而出，客户“一把手”和主要负责人对我们都非常认可。在最后关键时刻，我们的操作依然很谨慎，客户最终选择了我们，通知我们到他们公司签合同。

在接到通知前一天，客户方项目负责人打电话问我："你们这个项目 600 万元能不能做?"当时我们报价是 800 万元。经过与领导沟通，在客户减少需求的情况下，600 万元是可以的，并且客户也已经同意减少需求，客户的"一把手"也明确认同 600 万元的价格。

当到达客户公司确认产品目录和报价单、准备签合同时，我们当中有人以为客户选定了我们就不可能选择其他人，是单一竞争，坚持要按 800 万元签约，理由是客户已经认可我们的方案和产品，也认可 800 万元的价值。

客户有种上当的感觉，当即决定"报复"我们，便请来竞争对手，按竞争对手的报价直接签约了。据了解，客户选定的那套系统实施三年还不能成熟完整地应用。这是一个双输的项目，我们输了，客户也输了。

当路到尽头时，条条都是路。

单一竞争不是客户只能选择我们，客户随时有其他选择，甚至这种选择要比有明确的竞争厂商的时候还要灵活随意，客户除了我们之外的其他任何选择，都将是我们潜在的"竞争对手"。

竞争态势是一种总体态势，在策略销售中判断竞争态势不是简单的优势和劣势的判断，而是更理性、更系统、更全面的判断。判断的关键，首先要知道"竞争对手"是谁，这需要我们找到明确的、具体的、真实的证据。再次强调，这些证据应该是来源于客户的认知，来源于客户的关键角色对我们的认知。

如何感知项目温度

经理在与销售人员一起检查项目漏斗时，经常问："你这个项目现在感觉如何?"我们发现，大多数销售人员的回答是"还行"。

"还行"这个答案来自销售人员对项目信息的把握（获取了部分关键人的认知），或者来自自己的信心。如果我们再继续追问："哪里还行?"销售人员会有些心虚，因为他无法说出自己"还行"的具体理由。"还行"的判断对制定下一步的销售策略不会有更清晰具体的指导作用。为了将项目的状态和位置量化、标准化，我们在这里为每个项目设定一个"项目温度计"。

◎ 什么是项目温度

项目温度范围为 0 度到 100 度。当项目处在 0 度的时候，销售人员对项目的感觉坏到了极点，已经没有任何信心，很有可能随时失去这个项目，内心处于极度恐慌与茫然中。当项目处在 100 度的时候，说明销售人员对这个项目已完全在掌握之中，没有任何危险，销售人员陶醉于这种极佳的状态中。

在中国传统文化中，道家对"阴阳"的关系有这样的论述：阴阳是互换的，当阴到极点时就有阳生，阳盛之极就会有阴气生发，所谓泰极生否、否极泰来，世界上的事物是没有绝对的。所以，在我们的项目温度中，100 度和 0 度其实是一个点。也就是说，当没有任何机会时，条条是路；当我们陶醉的时候，正是危险的开始。

我们把 100 度和 0 度之间每 10 度标为一个阶段，这样就会有 10 个阶段，再对这 10 个阶段加以“感觉”的描述，分别是：陶醉、幸福、安全、舒服、还行、顾虑、不舒服、担心、害怕、恐慌。

◎ 怎样判断项目的温度

如果听说自己正在做的项目客户现在就要做出决策，很多销售人员心头会为之一颤。有人可能说：“坏了，如果客户就这样做出决策，对我很不利。”也有人可能说：“好啊，如果客户现在能做出决策，对我是再好不过的事情了。”还有人可能说：“不好说，如果客户现在做出决策，什么事情都有可能发生！”

每个销售人员都会有这样一种感觉，这种感觉是最直接的，就像感受自己身体的疼痛一样。你对感觉只能描述出个大概，恰恰最直接、没有经过外在因素加工的感觉才是最真实的。

销售人员在接受销售经理检查漏斗时，都会有一种压力，或是“自圆其说”的本能，或是“自我欺骗”的侥幸，或是“嘴硬心虚”的固执，甚至是“鸵鸟销售”——总习惯享受自己在项目中的优势，而不愿去想甚至捂着眼睛不敢去看那些致使他丢单的现实因素。

销售人员这时候汇报给经理的项目判断往往会掺杂很多个人的、外在的因素，而这些因素会导致形势判断的偏差甚至策略制定的失误。其结果就像我们明明感觉自己脚很疼，却还要用止痛药来暂时消除疼痛，咬着牙坚持踢完剩下的半场足球赛，直至脚伤愈加严重，甚至在医院中结束自己的足球生涯。

在判断项目温度时，销售人员可以问问自己："客户此时此刻做出决策，我的感觉如何？"他们心中会有一种突如其来的感受，一种没有抱有任何幻想、最直接、最真诚的感受，这种感受能够在上述10个阶段中找到，或者细化到45度、57度等具体刻度上。

◎ 为什么要判断我的位置

销售人员通过对项目"形势"的直接情感反应来判断项目的温度，对自己的项目做出准确的定位，也就是找到自己准确的位置。这个位置是不欺骗自己的位置，是最真实的感受。只有准确地找到自己项目的位置，才能够制定有效的应对策略，找到达成特定销售目标的方法。如果温度在50度以下，就要问自己："要如何改变现状，才能减少担心和焦虑？"如果温度在50度以上，就要问自己："为确保成功，我是否需要改变，要做哪些改变？"这些改变就是销售的策略和下一步的行动计划，也就是找到做什么事情才能取得成功。

项目处于什么阶段？我们的位置在哪里？这不是某一个选项决定的。

一生二，二生三，三生万物。"我的位置"在哪里，不是由"项目阶段"或哪个要素决定的，而是由"项目阶段""紧迫程度""竞争态势"多个维度相互组合而成。试想，一个处在商务阶段、客户很紧急、领先对手的项目，与一个处在方案阶段、客户着手引入、劣势的项目，我们对之采取的策略会一样吗？

这些理性的分析，再加上"项目温度计"这个感性的判断，多种维度和要素组合，形成销售人员对项目位置的判断。

知道了自己的位置，才能知道要达到目的下一步应该怎么走。有了所处位置、项目温度的准确判断，结合项目所处阶段、竞争态势，我们在项目中才能有效地分析形势、明确目标、制定策略。

缺少“我在哪里”“我想去哪里”的判断和思考，采取的任何行动都是没有目标的行动。为行动而行动，是直接冲进敌军阵地的冒险做法。

要点小结

确定销售位置时要考虑

- 项目阶段：意向阶段、方案阶段、商务阶段、成交阶段
- 紧迫程度：紧急、正在做、着手引入、以后再说
- 竞争形势：单一竞争、优劣、平手、劣势

项目温度计

- 90～100 度：陶醉
- 80～90 度：幸福
- 70～80 度：安全
- 60～70 度：舒服
- 50～60 度：还行
- 40～50 度：顾虑
- 30～40 度：不舒服
- 20～30 度：担心
- 10～20 度：害怕

● 0～10 度：恐慌

实战演练

请针对之前所选项目，分析并选择所处位置和态势。

项目态势判断		竞争对手：		
项目阶段	意向阶段	方案阶段	商务阶段	成交阶段
紧迫程度	紧急	正在做	着手引入	以后再说
竞争态势	单一竞争	优势	平手	劣势

请结合上述位置判断，确定该项目的温度。

100	90	80	70	60	50	40	30	20	10	0
陶醉	幸福	安全	舒服	还行	顾虑	不舒服	担心	害怕	恐慌	

独家秘籍

扪心自问：

1.【阶段与解决方案清晰度】你所描述的销售阶段，与单一销售目标中解决方案的清晰度以及客户预算对应吗？客户真的到了（或者还在）这个阶段吗？

2.【紧迫度与预计成交时间】客户紧迫度真的如你所说吗？看看单一销售目标中的预计成交时间，这段时间完成这个项目的工作，紧迫度真如你分析的那样吗？

3.【温度计与三维形势分析】三维对应之后有优有劣，那么你的感觉与这个形势对应吗？形势、竞争、进度都正常或有利，你的感觉真在 50 度以上吗？你心中那个小隐忧是什么？你心中那个小得意是什么？

赢单口诀

判断形势估温度

形势判断有三维，三者组合定位生。

客户已在何阶段，意向方案商务成。

紧急活跃亦延缓，有利与否看竞争。

我与对手谁更优，单一领先平手劣。

要问机会真感觉，扪心而问自有灵。

真实直觉有温度，零到一百别“还行”。

第四章

第三问：如何识别关键人？

获取信息或开展工作要尽量覆盖所有角色，对任何角色的忽略都有风险。

复杂销售就像身处迷宫，不仅很难判断我们的位置在哪儿，也很难看清楚销售的目标在哪儿。

复杂项目中，客户往往有多人参与决策，甚至有意想不到的局外人参与，影响决策。而人与人之间的关系是世界上最复杂的事情。分析所处位置之后，接下来就要在这个迷宫中找到对象和目标，找到销售过程中决定成败的那些关键人。

有哪些人影响决策

在销售中经常遇到这种情况：历尽千辛万苦终于赢得了客户认可，董事会却不同意出钱；总经理明明拍着胸脯说“这事我说了算”，可就是不签单；根本就没这人的事儿，他最后却跳出来指东说西，一个小角色的刁难竟让我们如此被动；好不容易签了合同，却被卡在法务部……

大家都听过“一叶障目”的故事，很多销售人员也在项目中因“一叶”而“障目”。你以前和某人有过良好的合作历史，他帮你在内部推广产品、服务并取得了成功，实践证明他有足够的影响力，是可以办成事的。后来的新项目你都希望依靠他推进，从而实现更长期、更全面的共赢。但是你没有发现，这次的采购范围超出了他的权限，或者他已经不再是那个能把你推荐给老板的人，甚至这次的项目可能和他毫不相干。

有些销售人员喜欢和自己的朋友在一起，愿意和自己喜欢或喜欢自己的人打交道，费尽心思发展了所谓的“朋友”支持自己，认为有他的支持就可以拿下项目，根本不用去接触其他人，甚至主观认为没找的那些人根本不重要，这个“朋友”一定可以“搞定”那几个人。在这种情况下，销售人员可能隐隐感觉有问题，但不知道问题在哪里，要往深里想是“剪不断、理还乱”，再想想便“抽刀断水水更流”。做销售是靠运气的，随缘吧！

有些销售人员总习惯接触有头有脸、在别人看来可望不可即的人物，并把与这些高层的接触视为无与伦比的公关能力。每次穿着锃亮的皮鞋在众人的眼光中自信地挺胸穿过办公大厅，直接推开最里面那扇众人不敢轻易敲开的门，每次当着缩头缩脑的下属和那位高层有说有笑，每次在高尔夫球场和客户的“一把手”挥杆，他们都陶醉在这种虚荣所带来的美妙感觉之中。然而，这些销售人员虽然与那位别人无法触及的老大有着这层关系，但对那个项目能否成功，心头总是隐隐地掠过一丝莫名的不安。

多年前，我曾经支持过一个项目，客户方有着悠久光辉的历史（如今依然非常厉害）。我们区域总经理经过周密不懈地工作，为我们成功安排了一次到客户方交流方案的机会。我们做了非常充分的准备，调动了公司最牛的专家团，包括各应用领域的专家和行业专家，由高层亲自带队。客户方也非常重视，董事长亲自接待，总经理携主要副总全部出席。在进行了半天的整体交流之后，各领域专家分别对相关业务部门单独进行了方案讲解并与其进行了深入沟通，大家一致反应很好。晚上的欢迎宴会非常气派，气氛相当融洽。

我们知道，凡是发展得好的企业都有个被视为神明的领导人，这个领导人在公司里有绝对的威信和影响力，他的性格决定了这家企业的文化。对我们做出如此的安排，作为全国人大代表的客户方董事长能够有倾向性的表态，等于说已经向有关人员传达了对我们很有利的信息。

可谁曾想，在这样大好的局面下，偏就有两三个在当时看来极不懂眼色的中层干部，竟然敢违背董事长的意思，站出来反对我们并支持竞争对手！后来我们才知道，背后撑腰的是这家公司的“二把手”——总经理。一来二去，几个不起眼的小角色竟然主导了项目局面……

我们被教育要 Call High（拜访高层），只要赢得对方大老板——“拍板的人”的认可，项目基本上就差不多了。所以，我们有时候把心思和精力放在那个所谓的最终做出决策的人身上，觉得老板同意了，下面的人就会顺着老板的意思来，是不会反对老板意见的。可能有些企业的项目是这样：搞定老板，赢得订单。但事实上，很多老板越来越信奉专业的力量，做决策时也愿意听取下属或专业人士的意见，公司越来越规范，搞“一言堂”的老板越来越少了。

大家经常玩“斗地主”，“大王”是单张牌中最大的；就组合牌来讲，“大王”和“小王”在一起形成了威力无比的炸弹。在现实中，如果“一把手”和“二把手”能搞到一起，那真是天大的造化；岂不知在中国做“二把手”的艺术远远高于做“一把手”。所以，“大王”被手下四个“2”或其他四个什么东西炸掉的情况比比皆是。

即使“一把手”支持我们，他也很难直接做出决策。

首先，这种决策是有风险的，特别是新技术的应用充满了未知，“一把手”会尽可能降低这种决策给企业带来的风险。其次，这种带有未知的决策往往是一种责任，一个精明的领导人不会把决策的责任顶在自己脑袋上。再次，“一把手”的决策是要下面的人去执行和落实的，不征求执行人员的意见而强行压下去难免受到抵制。最后，在组织中，“一把手”经常利用“派系”这个东西来平衡局面、牵制下属，有时候会利用内部的不同意见让真理“越辩越明”，然后他的意见成为最后那一根稻草。

所以，即便老板做决策选择我们，他也必须有做决策的“支撑”!

在复杂销售中有太多的人会随时出现，以各种理由来评论各家厂商的产品方案，提出很多条件或要求，甚至用一些毫不相关的功能或标准来质问厂商，直到厂商“黔驴技穷”、筋疲力尽。我们也时时提心吊胆，总怕半路杀出个程咬金。当务之急就是尽可能找到所有影响决策的人，这是任何一次销售都必不可少的。

客户决策的形成是一个长期复杂多变的过程，有的人支持选择我们，有的人反对选择我们，甚至在不同时间，同一个人的意见也会不同。我们把那些凡是能影响到“拍板”过程和结果的、影响决策形成的力量叫作决策影响力，把对项目有决策影响力的人称为购买影响者，即我们所说的关键人。

业界对购买影响者的划分方法是众所周知的：

经济购买影响力（economic buying influence），拥有这种影响力的角色简称 EB，就是我们常说的“最终决策者”。

用户购买影响力（user buying influence），拥有这种影响力的角色简称 UB，就是我们常说的“应用选型者”。

技术购买影响力（technical buying influence），拥有这种影响力的角色简称 TB，就是我们常说的“技术选型者”。

对于 Coach 一词，大家都不陌生甚至都很喜欢，有的叫教练、指导者，还有的叫内线、线人，我们结合其概念和特点认为叫作“顾问”比较合适。

在每一次复杂销售中，无论有多少人影响决策，他们都在扮演这四种角色中的一种。也可以说，在所有的复杂销售中都会有这些影响决策的关键人出现，每个角色都会有其影响力，他们总是能从不同的侧面来影响项目的最终决策，只是可能有时我们没有发现或判断错误。

决策影响力一定是和单一销售目标相关联的。

比如刚刚结婚的夫妻两人，如果要买件上衣，丈夫自己决定就可以了；如果要买套音响，就要和妻子商量；如果要买套房子，估计就要和父母商量，甚至征求朋友的意见。所以，单一销售目标不同，同样一个人会扮演不同的角色。

销售里的“帅马车炮”

王先生与妻子、十四岁的女儿逛商场，当他们一起为女儿挑选上衣的时候，谁是拍板的人？

有人说决策者是孩子，现在的孩子都有主见，自己看上的非买不可，看不上的白送给她也不要，所以买哪件由她自己决定。

有人说决策者是王先生，毕竟他是一家之主，钱都是他挣来的，钱和卡也在王先生身上，怎么花当然是他说了算。

有人说决策者是妻子，妻子知道孩子穿什么样的衣服好看、什么样的衣服物有所值。妻子点头，王先生不敢否定。相对妻子来讲，王先生仅仅是个“出纳”而已。

还有人说，影响决策的关键人可能是同样来买衣服的毫不相识的顾客，就因为那个顾客说了一句“这件衣服颜色真好看”，影响了王先生一家三口的认知，达成了这笔交易。

这是一个很简单的案例。我们发现，客户每次做出购买行动时，总有些力量影响着交易的达成。这些力量是通过某些特定的人群或个体来影响的，这些人由于有着影响力而在不知不觉中扮演着某种角色。

◎ 拍板的人

拍板的人，简称 EB，也就是最终决策者，就是最终决定用不用、用谁的那个人。

在每次销售中都会有这样的角色来做出最后的决定。他可能拥有这次采购中资金的使用权或审批权，他可能被某个机构完全授权并对决策负责或承担风险。总之，每个项目都会有一个 EB。

EB 做出决定之后能够将方案迅速地付诸行动；如果某个角色

在做完决策之后还要征求其他人的意见，那么这个做出决策的人就不是真正的 EB，而他要征得最后同意的那个人才是真正的 EB。

EB 作为资金的使用者、支配者和审批者，最关心的是："我为什么要花这笔钱？这次投资我能得到什么回报？"他关心的是产品的性价比而不是花多少钱，关心采用某一产品或解决方案之后能够给企业带来哪些效益，或是降低哪些成本，或是带来哪些变化。EB 对投资回报以及方案给企业带来变化的认知决定了他会不会为此做出采购的决策。

为了更加形象地理解和识别 EB，我们用象棋中的"帅"来比喻决策者在某个单一销售项目中的作用。如果不知道对方的"帅"在哪里，即使动用再多的"车""马""炮"等资源。拿下对方再多的棋子，也无法从根本上取得这局博弈的胜利。

EB 在决策团队中一言九鼎，他是面向单一销售目标拥有最后决定权的人。虽然有时候由于领导艺术或内部政治，EB 不会直接做出决策强行让下面接受，但他的某个倾向可以让更多想在组织中向上升的人作为"阶梯"，从而为他的决策做出支撑。但是，EB 仍然能够在全部否定的情况下说"可以"，也可以在全部肯定的情况下说"不"！

我有个做设备配件销售的朋友，他面向工业企业销售密封阀。他了解到某家生产企业在日常生产和维修中要使用该产品，生产部负责设备的日常维修并可以决定用哪家产品。他向生产部多次推荐他的产品，详细介绍了产品的特点和价值。生产部的负责人觉得他的产品确实不错，对提高生产效率、降低生产成本可以起到很大作用，就说："只要采购部同意采购，我就可以提交你们产品的采购计划。"他向采购部介绍了公司的实力和资质，呈现了产品与同类产品相比的优势，并与采购部人员"结识"。采购部的负责人说："只要生产部认同你们的产品，对质量评价好，我就可以审批生产部提出的用料计划。"

这个朋友分别与采购部、生产部沟通后，生产部如期提出了用料计划，采购部汇总了采购计划，报公司高层审批。公司总经理在审批的时候，发现这个产品的价格超出同类产品价格50％。重要的是，虽然该产品确实能够帮助这家企业降低成本，但总经理并不知道这一点。总经理更不理解为什么要做出一个价格高出其他产品50％的采购决定，便直接批示"按此前同类产品的历史价格采购"。朋友做的那么多工作都泡汤了。

这是一个比较偶然的案例。很多企业在采购这类产品时，最后决策者不会关注到这样的细节，从而决策权由总经理手上落到了某些中层经理的手上，由下面建议，上面审批。如果真正的EB随时行使最终决策权的话，那些假的"说了算"的人将没有挣扎的空间。可见销售人员有时候真的是在碰运气。

我曾经接触过一个面向职业院校提供教育解决方案的销售顾问。这家高校为了能在职业教育界崭露头角，准备引入一系列实战培训课程，将学生在校所学技能与用人企业的具体需求结合，从而提高学生的就业质量与竞争力。销售顾问与经济管理系主任沟通多次后，与之共同制定了一个满足该系教学要求、全面完整且实用的实践教学解决方案，销售顾问也赢得了系主任的认可与信任，并且没有其他公司参与竞争，签下这个项目已似探囊取物了。当销售顾问把方案、报价和合同交给系主任时，主任说："这个方案我们觉得非常好，我也很期望和贵公司合作。不过，我们需要用这个方案去教委申请经费，经费下来我们马上可以签约。"

这是个很典型的案例，我们有很多项目是这样的。如果不知道"单一销售目标"的预算或资金来源，销售就成了未知数。我们做了大量需求调研、分析、方案编写的工作，接触的关键人最后说出实话："如果你们的方案能打动我们老板，老板一定会出钱的。我们一起努力去和老板要钱吧！"虽然很多时候我们靠优秀的方案和现场发挥赢得了老板的认可，可这种做法是在用大家的辛苦努力赌博。把赌注下在半小时的出色交流上，甚至是一个优秀顾问或专家的出色发挥上，那将是多么惊险的一刻！

EB 掌握着厂商的生杀大权。虽然如此，EB 往往不用证明自己真的有"权"，而不像有的人，张扬地四处宣称"这事我说了算，你不用找别人"。EB 经常会说："这事某某负责，你去找他就可以了！"因为 EB 真正有权，他不用炫耀，当他觉得不爽时，只要轻轻捻动手指就捏死那家厂商了。

如何在复杂销售的迷宫中找到真正拍板的人呢？

拥有资金使用权和审批权的拍板者肯定不在公司的下层。当然，我们也不能把某个有审批权或决策权的高层视为 EB，因为即使是同样的销售内容和目标，因为时间和阶段不同，拍板的人也可能会不一样。组织和人是在不断变化的，EB 也会经常发生变化。

销售的产品、服务金额越大，越应该面向高层寻找 EB。有时候我们会问自己："如果这样的销售发生在我的公司，我们哪个领导会最终审批？"企业内部都有资金的使用权限和审批流程，规定了不同层级的领导对资金的审批有着不同的额度，所以，金额越大，EB 越有可能出现在高层。

EB 的确定与企业运作的稳定情况有直接的关系。可能在前两年企业形势很好，企业花钱相对"大方"一些；这两年经济危机，资金链条紧张了，原来一个副总可以审批 10 万元以内的资金，现在 1 万元以上可能都需要总经理亲自审批。同样的销售目标、同样的组织结构，审批决策的人却变了。如果企业处于改制、重组或者下代继承产业的时期，企业对"变革"或"变化"更加谨慎，最终决策者就更要往上移动。

我们还遇到过这种情况：某家客户使用了我们的库存管理软件，如果仅仅是增加许可数量，库存管理部门就可以自行决定。如果现在要购买库存的条码管理系统，实现条码的扫描与追踪，这种新技术或产品的应用，库存管理部门可能就无法决定，或是不愿意决定了。或者是因为新技术的应用不像使用过的产品那样熟悉，应用起来是有风险的，库存管理部门不愿意承担为决定采购新技术而带来风险的责任；或者是因为新技术的应用意味着给企业带来新变化，而这种变化可能触及其他部门的利益，这种利益的冲突无法在原来的部门内部解决而需要更高一层领导来决策。所以，如果是采购以前企业没有购买过的产品或方案，EB 可能就要从原来的决策者向上移动，直到最终决策者。

EB 的确定还与企业的文化有关。有的老板事无巨细都要过问，有的老板用人不疑、习惯授权。在判断 EB 时，往往是“有钱就有权”，谁掌握着资金的使用权、最终审批权，谁就能做出最终的决定而不用征求其他人的意见。

信息技术和重大的新技术，比如新的自动化生产线、物流管理方案、信息化管理系统等，都会给企业的组织和业务流程带来变化，而这种变化会在企业的生存发展乃至提升竞争能力方面有重要的影响，所以决定这类采购的 EB 往往是企业的“大老板”。

关于这个话题，我们曾遇到这样的事情：在引进精品课程的选型过程中，我们邀请了做销售培训的某知名老师。在那次见面中，双方沟通得很好，当对方与我们就营销培训需求、课程内容、培训计划、合作方案等达成共识，交流接近尾声时，这位老师问我们：“这个事情咱们确定了，还要请示其他人吗?”我们回答说：“不用了！这个培训是今年计划内的重点工作，费用预算在权限范围之内，我们决定了就马上行动，不用请示别人。”这位老师问的这个问题，为他后面的工作省去了很多“等待”和“未知”。

当不知道对方是不是 EB、有没有决策权的时候，有时候直接询问也是一个有效的方法。当然，问得有技巧，要让对方感觉是在帮他把事想周全，让对方觉得我们考虑得很全面，从而给对方留下良好印象。

客户资金的所有权大多数情况下是属于股东及董事会的，而资金的使用权授权给了总经理，或由董事长授权给了能做出最终决定的人。在很多组织中，从职责角度来说，有时会有一个非最终决策者对这件事情负责，这个人会有对选择的建议权，并且分量很重，最终决策者会听取甚至尊重这个人的意见，因为项目实施或者采购责任需要这个人负责或承担，而决策者审批仅是一个流程。在这种情况下，很多销售人员会误将此人作为最终决策者。实际上，他是项目负责人，是影响力很大的强力建议者，是销售人员应关注的重点角色；但如果最终还要再报送审批才能通过，做出最后审批的人才是 EB。再强调一下 EB 的标准是：做完决策不需要请示其他任何人。

在销售中必须找到 EB，否则销售人员会面临太多的未知。

正如前面介绍的高校考察教育解决方案的案例，有很多客户没有该笔资金的使用权，就像很多企业向国家申请的“政府专用资金或专用贷款”。政府拥有专用款的所有权，而使用者是企事业单位（在政府规定的范围内专款专用）。在这种情况下，所有权与使用权是分离的。

我们不能忽略资金所有者的影响力。其实，就像企业中的采购资金属于董事会一样，“资金是谁的”不是判断 EB 的根本条件，“谁有权使用或审批资金”用在“你的项目上”才是关键。

在企业中，很多时候资金所有者的代表会直接成为“决定是不是选你”的 EB；而国家专项资金所有者的代表，一般情况下很少决定“你一定要选谁”，而是更加关注“这笔钱是不是专款专用了”，他们有时会充当标准的把关与审核者，只要他们有可能影响采购的最终决策，他们就应该进入我们的视野。

◎ 使用的人

应用选型者简称 UB，就是会使用我们所推荐的产品、服务的人。

客户之所以会购买，大多与应用需求相关，这种需求往往由使用者提出或发起。使用者是客户购买行动的源头，他们有使用所选择产品或服务的需要。客户做出购买的决策以后，最终使用的人也就是UB，他们在未来的时间里长期使用我们的产品、服务，因此他们的体验和评价十分关键，决定了我们的客户口碑，决定了客户会不会再次购买、会不会热情推荐。

正因为要使用我们的产品、服务，UB最关心的就是产品、服务好不好、会给他们的工作带来什么样的影响、他们会不会因此而受益、会不会增加他们额外的工作量、操作是否简便、培训是怎么安排的、服务是怎么保障的、出了问题怎么办等具体内容，特别关心产品使用方面的功能细节。UB的高层更关心的是购买新型打印设备后员工是不是能够使用、购买自动生产线后的运行稳定性、购买信息系统之后的数据安全性，关心产品、服务应用后给组织带来什么应用价值，组织如何从应用中受益，甚至关心购买新技术后他们在企业中的权利是否仍能得到保障、地位是否依然稳固。

UB关心的“效益”和“收益”与EB有着很大的不同。UB往往站在自己使用或应用的角度做出评价，所以销售人员应该告诉UB：使用之后会给他们的具体工作带来什么样的影响，会产生什么样的价值。

可以把UB理解为象棋中的“马”，这是由于UB在采购过程中发挥的作用。“马”不能直接决定选谁，只能在应用需求和使用范围内提出自己的想法和要求，受限于“应用”的范围，正如“马走日”。老马识途，成功使用过我们产品、服务的UB，会对我们产生信赖，这往往是销售中可以利用的优势。

在销售过程中，UB也有顾虑，担心应用产品、服务带来的变化会让他们面临未知，或者是工作方式变化带来的不适合，或者是管控更加精细而不再便捷，或者是不能像现在一样轻松工作，甚至触动他们把控关键环节、掌握独特信息而拥有的权力。这类UB对产品方案持谨慎态度。

UB也关心价格，但UB关心的往往不是贵不贵，而是EB会不会出这么多钱来购买。在UB眼里，只要能减轻工作量、提升工作绩效、不是上“金箍儿”的都是好东西，并且越多越好。所以UB常常对产品、服务带有个人感情色彩，他们向厂商明确表示“非常希望使用这种产品、服务”“公司确实应该购买这样的产品、服务”。而很多销售人员就容易把UB的这种个人情感视为对我们的支持，甚至把UB视为强力支持者。实际上支持产品、服务和支持我们是两回事，在销售过程中应加以区分。

因为使用者的特殊地位，销售过程我们中不能忽略UB。

在一次销售中，我们通过熟识的信息中心主任介入了一个项目。这个信息中心主任曾经在其他企业做过相关系统的实施，对管理软件带给企业的价值非常清楚。他与老板多次交流，使老板也形成了应用信息系统能够为企业带来巨大价值的认识。

当企业决定购买我们的采购管理模块时，我们遇到了麻烦。因为我们之前没有跟企业采购部长沟通过，采购部长对系统根本不感兴趣，对为什么要买这样的软件更是无法理解。在他看来，公司无非是想让他的采购阳光化，是对他采购业务的不信任，他对我们与信息中心沟通此事却未与他有过交流耿耿于怀。系统最终勉强上线了，但由于缺少采购部长的积极配合，运营一段时间后，最终因为采购部长的所谓“功能复杂、效率低下、影响正常业务开展”而停止使用了。

虽然我们的采购系统对加强计划管理、降低采购成本、控制采购员的行为起到重要作用，能够增加这位采购部长对下属和业务的管理深度和宽度，甚至帮助这位部长“收权”，但销售过程中对他的忽略而导致他缺乏认同，甚至有了抵触。

UB是最终使用产品、服务的人，正是由于他们的使用产生了价值，才能够实现我们与客户的双赢。

所以，销售产品、服务，一定要做到让使用的人喜欢。

◎ 标准把关的人

技术选型者简称TB，就是掌握一定标准来筛选或评价我们的人。

这是一个可以称为“冷面杀手”的群体。在很多销售人员看来，这是一帮找茬挑刺、鸡蛋里挑骨头的人。虽然他们不能决定选谁，但他们手里掌握着筛选的标准，能决定是否把我们推荐给他们的老板——拍板人，他们甚至能决定让哪些厂商入围。

有个朋友讲了一个他亲身经历的故事。这个朋友从事企业培训课程的销售工作，经人介绍，他接触到某大企业董事长。董事长对这个朋友的培训理念和方案很感兴趣，也希望有机会请他培训。于是，这位销售人员与董事长预约，准备再详细介绍一下他的方案和产品。当走进会议室时，他发现，除了董事长以外还坐了多位部门负责人，除了人力资源部、行政部、财务部等部门的人员之外，还有一个陌生面孔。这人究竟是谁呢？负责什么工作呢？对这次方案介绍会关注什么呢？

原来，这家企业是上市公司，较受媒体关注。培训会涉及组织结构、人员岗位、人力能力现状调查，会收集大量企业的内部信息。这些信息很有价值，可以称为机密，说不定会影响到这家公司的股价。这位陌生人是公共关系部经理，他就关注一个问题："这家培训公司在进行调研和数据分析时，提供什么样的保密流程和方法以保障机密信息不被泄露。"公关部经理对培训方案在这方面表现可以提出异议甚至否定，至少可以提出具体标准和要求。这位公关部经理也是标准把关的人，就是 TB，他可以说"不"。

通过这个案例我们发现，技术选型者和技术并不是一回事。并不是说 TB 一定是技术人员，一定对技术很在行。有权对你进行筛选或评估的人就是 TB。在你面向单一销售目标行动时，他们会严格把关，就像守门员一样，有明确的标准和规范。他们关注的是："这一项能满足特定的标准吗？"

我们可以把 TB 理解为象棋中的"车"，"车"走的是直线，可以横冲直撞，可以直接吃掉一条线上的棋子。把 TB 视为"车"还有一个原因：我们的销售人员往往不愿意正面接触 TB，因为他们的问题好像总是很苛刻，甚至有些故意找茬。

TB 经常误把领导授予的筛选或推荐权，把是否为厂商安排技术交流、现场调研、方案讲解等活动，甚至带谁去见他们的领导，视为自己拥有的“决策权”。TB 经常把否定的权力视为对供应商有了生杀大权，甚至会拍着胸脯说“这事我说了算”，或跷着二郎腿说“你把方案交给我就行了，有什么情况我会通知你”“你还有什么优惠条件，全部在我这里抛出来”“你的价格是不是降到最低了”等。我们由于担心被 TB 因为某种原因拒之门外，不得已在他们面前拔掉自己最后几根羽毛，光秃秃地去见 EB。

每个销售项目中都会有 TB 的存在。如果没有 TB，所采购的产品方案的标准就无法把握。哪怕是决策者为了分权治理，也会在采购中安排把关的人。

有时候，TB 不仅仅出现在技术或采购部门，也会来自其他部门或企业外部，比如刚刚讲到的公关部经理，比如企业内部审计监察机构（在评标过程中检查标书是否符合要求），或者是掌握公司预算支出的管理部门，或者是临时被领导叫来征求意见的第三方，或者是专门负责采购招标比价的招标公司，再或者是有关的第三方评估机构。只要在这个单一销售目标中对产品、服务或方案进行评估，对采购有影响权，他们就是 TB。

正因为 TB 握有否定的权力，所以要想顺利赢得这笔业务，销售人员就不得不面对 TB。

◎ 指导我们的人

销售顾问（Coach）是在销售过程中能够正确地指导我们、帮助我们赢单的人。

EB、UB、TB是三个在销售活动中已有的角色，无论我们是否识别出来，他们都已经或将要在采购中起作用了。Coach并非已经存在，而是需要我们积极努力培养和发展的。这个角色的作用首先是信息源，帮我们核实所得到的消息的真实性和完整性，提供我们在其他任何地方都无法获得的独特有用的信息，还能够帮助我们评估关键人的影响力，并对我们的行动计划提出建议和及时反馈信息。

真正的Coach关心如何帮我们赢单，他经常思考的问题是："如何做，我们才能赢下此单？"

为了识别我们认为的Coach是不是真正的Coach，有三个问题要问自己。

第一，他信任我吗，我信任他吗，我们彼此完全互信吗？

我们和Coach之间是不是完全互信？Coach给的信息是不是还要找其他地方核实一下？我们需要Coach的指导，如果连Coach提供的信息都不敢相信，又怎能相信他提出的关键人评估意见，又怎能听取他对我们行动的建议？我们甚至会怀疑这个所谓的Coach提供信息是竞争对手在给我们下套。如果对这个所谓的Coach将信将疑，那他还是我们真正的Coach吗？

我们敢于把所有信息和Coach共享吗？是不是敢于把我们对形势和关键人的判断讲给Coach听？是不是敢于把我们和竞争对手的真实情况告诉Coach？是不是敢于把下一步要采取的行动全盘托出？是不是相信这个Coach不会把我们的方案告诉竞争对手？如果我们对这个所谓的Coach心存芥蒂，那么他还是我们真正的Coach吗？

第二，他被决策层信任吗？

Coach 要为我们提供最真实的信息，帮我们评估关键人，对我们的销售行动提出建议。如果这个 Coach 不能被决策层信任，那么他是不是掌握决策层最真实有效的信息呢？又如何能够知道决策层的真实态度和想法呢？他为我们提供的行动建议针对决策层是不是最有效的呢？如果他没有被决策层所信任，我们怎么能够相信他的信息或建议呢？

第三，他是不是对我有十足的信心，真的希望我赢？

Coach 要全心全意地帮助我们。他是不是真的认为我们的产品方案是最适合这家客户的、客户会在使用过程中受益呢？他是不是真的认为我们有很强的专业能力、能够出色完成这次销售、兑现我们给客户的承诺呢？他是不是把我们赢单看成他自己的成功，将我们的失败视为他自己的失败呢？如果他认为谁赢都可以，那他还是我们的 Coach 吗？

彼此之间完全互信，Coach 被决策层信任，Coach 对我有十足的信心、真的希望我赢，只有同时满足这三个条件的角色，才是我们真正的 Coach。

电视剧《潜伏》中的余则成是不是一个真正的 Coach 呢？

首先，他和延安方面完全互信。这种信任是以自己的生命为保障的，一旦失去这种信任，失去的将是一切。延安方面对余则成提供的信息也深信不疑，并会按这些信息部署行动。如果这些信息是虚假的，将会有什么严重的后果？

其次，余则成被重庆方面完全信任。从刺杀李海丰开始，到后来帮助天津站站长处理大小事务，余则成都赢得了高层的完全信任。正是由于这种信任，他才可以接触到最及时、真实、有效的信息，而平常人是无法得到这些信息的。

最后，余则成对革命成功抱有坚定的信念。这种信念是非常坚定的，不是用金条、古董就能够改变的。哪怕是在得到最悲观的消息或最困难的时候，他也坚信终有一天红星可以照耀整个中国，这种信念和必胜的信心支撑了他的所作所为。

如果延安方面对余则成不信任，或余则成对延安方面产生哪怕极小的不信任，会有什么后果？如果余则成暴露了身份，会是什么情况？如果余则成提供有价值的情报之后，延安方面在行动中却屡屡失手，那么余则成对革命必胜的信心会不会有所动摇呢？

所以，我们与真正的 Coach 除了彼此完全信任之外，是不能让 Coach 帮我们出头露面的，因为一旦他出头露面，当着其他角色说出有倾向的意见，就会引起 EB 或其他人怀疑，大家可能会提防他，从此他有可能无法再获得决策层的信息，就不再满足上述第二个条件。如果我们总和 Coach 说："我没有办法把这个简报提交给董事长，你能不能帮我递交上去？"或说："这个 TB 太苛刻，我无法搞定他，你能不能上？"这个 Coach 就会怀疑我们的能力，一旦他对我们失去十足的信心，我们也许将失去这个 Coach。

暴露的 Coach 对我们的支持是明确并且众所周知的，在这种情况下，Coach 很容易被"信息隔离"或被怀疑，导致他们可能不被决策层信任而无法得到真实信息，甚至故意被竞争对手利用向我们传递虚假情报。

支持者和内部销售，也就是所谓的 Champion 和 Coach 是两回事，这两者并不矛盾。Champion 是我们的支持者，可以堂而皇之地帮助我们进行内部推广和销售，积极地影响他人，明确地支持或反对某一家的方案。销售的成功离不开支持者和内部销售，我们通过支持程度来衡量支持者。

Coach 是我们的销售顾问，不能代替我们上阵打仗，我们只需要他做谋士，他利用掌握的独特信息来帮我们分析并提出建议。所以，Coach 就好比象棋里面的“炮”，永远躲在后面才能发挥作用，没有炮架子、直接冲到前面将起不到作用。

在我们做一个大型项目时，客户董事长的一个直系亲属和我讲：“我知道你们怎么能搞定这单子。离了我，你们做不成这项目！”企业里很多 UB 和 EB 知道这个人在参与。最后，我们签下此单时，董事长亲口对我们说：“你们幸好没有和那人合作，谁和他合作，谁就第一个出局！”

销售中经常遇到这样的人：“哥们儿，我来做你的 Coach 吧！”他自称和客户有着良好的合作历史，和最终决策者有着密切的关系，这样的人或许会成为真正的 Coach，但一般情况下这样的人努力在做一件事情，就是证明他可以做我们的 Coach。

恰恰在他努力证明的过程中，客户可能觉得他过于张扬，表面上言听计从，背后却是避如瘟神。或者，我们发现，他在同时联络竞争对手，企图也做竞争对手的 Coach，这种情况下他是我们真正的 Coach 吗？再多问一句，能用钱搞定的 Coach 是真 Coach 吗？我们能给钱，竞争对手就不能给钱吗？古往今来，因为这类 Coach 成功的不乏其人，因为这类 Coach 失败的更是比比皆是。

在真正的复杂销售中，我们必须要有 Coach 指导，否则就会像茫茫大海中航行的船，没有灯塔，无法辨别前进的方向。真正的好 Coach 是极难发展的。在我们看来，Coach 是在帮我们做事；但在 Coach 看来，我们是在帮他做事。

局里还有潜伏者吗

销售老手都有痛心疾首的经典案例，那种胜券在握却瞬间丢单的感觉让人刻骨铭心，偶尔回想那个案例时，总为自己对某个角色的漠视、对某个细微变化的忽略而惋惜。复杂销售充满了未知，大好局面往往因为未知的人出现而裂缝越来越大，直至失控。任何未知都是巨大的风险，未知比已知更可怕。

一个复杂销售项目会有 EB、UB、TB、Coach 等角色参与。在这个过程中销售人员需要关注每个角色，尽可能面对所有角色做工作，因为对任何角色的忽略都会有风险，切记：遇事留有三分谨慎，小心驶得万年船。

所以，在复杂销售中覆盖项目所有角色非常关键。如果我们认为这是一个“老板决策”或“没有这种角色”的项目，认识不到还存在着很多未知，是非常危险的事情。

◎ 搞定老板就搞定一切

搞定老板，就搞定一切！这是我们曾经自以为对的认知。

有时候，我们觉得，只要有客户老板高度认可或强有力的支持，老板下面的人就不会再有任何反对意见。

这种情况我遇到过十几次：在很多民营企业中，老板深知当前的一些管理漏洞会导致巨大的损失，老板约我们为下面的经理层讲解方案时，总希望我们更多地讲一些其他企业发生损失的案例。我们讲完方案后，老板一般会明确表态："我们企业必须建立这样的管理系统来堵塞可能存在的漏洞，这不是一件做还是不做的事情，而是一件怎么做的事情，大家必须高度重视、全力配合。"当时，台下那些副总和部长或迷茫，或漠视，或抵抗，或顺从。那些眼神如今仍清晰地存在于我的脑海中。

即使老板已经深刻认识到了自己企业中存在的漏洞，也愿意为之投资，但并不是所有的项目都被我们签了下来。有些项目签不下来的主要原因就是老板一厢情愿。系统的上线要有人确认需求，有人负责采购谈判，有人负责实施，有人使用。台下那些副总和部长如此不解和迷茫，相信老板再昂扬的激情也会消融在那些漠然的眼神中。这样的采购不是老板的权力所能决定的。

现在已经不是拿下老板就全部搞定的时代了！我们必须覆盖包括使用者、把关者等所有角色，让使用的人理解为什么要使用这样的产品、服务，会对他们的工作有什么样的影响；让把关的人知道我们如何满足他们的各项标准和规范；让决策的人明白购买我们的产品、服务会有什么样的回报。让所有角色理解和支持我们，赢下项目的概率才最大。

当听说"这件事情由老板决定"时，我们更不能忽略说这句话的人。现在单纯由老板一个人决定的事情发生概率极低，老板要么听取专业人士的意见，要么有人帮他去落实执行。总之，“这件事情由老板决定”这句话很有内涵。说这话的人大多有自己的想法，而这种说法也正体现了国人的含蓄与内敛。我们不要自认为听明白了这句话，不能被这句话所蒙蔽，最好再追问一下：“您的看法是什么？”发掘此人内心的真实想法，很可能会收到意想不到的效果。

◎ 潜伏的影响者

因为我们做管理软件，很多时候客户会向我们征求网络和服务器硬件方面的配置标准和建议。有一次，我陪一家外地客户（某钢铁企业）去几家大型硬件供应商确定服务器和存储方案。这家硬件供应商给客户设计的存储器容量是 4T（T 是一种数据存储单位，相当于 1 024G）。客户副总扭头问我：“我们采用这个容量怎么样？”我说：“如果投资允许的话，应该是可以的。”副总又问：“你们做过的客户存储器一般多大？”我说：“不一样。应用规模和用户数量和你们类似的话，1 个 T 就够了。如果采取双机热备方案，可以考虑 2 个 T。”客户副总说：“那我们就定 2 个 T 吧，以后不够再加。”就这样，客户听取了我的建议，选择了 2 个 T 的方案。

事后回想当时的情景，我发现自己成了客户一方的人，在参与他们的采购。当客户就一些问题征求我的意见时，我能够影响客户的决策，成了“决策影响者”。而我作为决策影响者仅是在当时的情况下，仅仅针对那个特定问题和特定标准。

在这个案例中，我作为合作伙伴成了潜伏的决策影响者，并且是在自己不知不觉中。还有很多类似的潜伏影响者，比如客户上级或同级单位、技术标准审核部门、某个厂商特定的合作伙伴，甚至客户的同行、某位客户决策者的某位私人朋友等。

这让我不由想起很多行业销售中经常出现的现象。某家供应商与一些行业"专家"有着长期合作，或者在客户中"培养"着一批所谓"专业人士"。当哪家客户有重大项目需要听取外部意见时，这家供应商便帮助该客户组织或邀请一批业内颇具影响力的专家来参与评标，而这些评委对决策有着或多或少的影响力。最关键的是，供应商对这些评委也有着或多或少的影响力。这种潜伏的决策影响不可忽视，这与我们大项目操作能力和经验、资源发展与维护策略有着直接关系。

还有很多类似的潜伏影响者，他们直到最后一刻才冒出头来发挥惊天逆转的作用，有些潜伏影响者甚至直到最后也没有露面，只是在暗中发挥着影响力。真正的销售高手经常利用这种潜伏者的影响来布局。

◎ 时刻警惕陌生人

我们经常遇到这样的情况：项目运作到后期，客户方突然冒出来一个陌生面孔负责走流程。我就曾经因为忽略了这样一个"例行公事"的角色而丢掉一个项目。

那次，我们通过有效的工作使客户的总经理、项目负责人（即总经理助理）、技术副总等主要角色认同了我们的方案，客户对公司实力以及我个人建立了高度的信任。就在准备进行商务谈判时，突然冒出一个负责采购业务的副总。

我们当时了解到，这家客户所有的采购都要过这位副总这一关，他出来无非走个流程而已。况且前期经过深入调研和精彩的方案呈现，总经理和主要领导都已经很认可我们了，走流程是客户心中内定之后的事，这位副总不会轻易否定前期的工作而不选我们的。

直到这个项目被竞争对手签了，我们才知道这位新入场的角色既然能把所有采购权掌控于自己手中，一定是个不简单的人物。这位副总与某位集成商有着非常深厚的合作关系，而这位集成商又代理竞争对手的产品。我们为忽略那个新面孔而付出了惨重的代价。

只要是参与采购的人，很少没什么想法，他们大部分希望局面因自己的出现而变得不同，可能是他们的参与让公司获得更大的价值或付出更低的成本，可能是他们希望满足自己某种个人需求——或者是一种被尊重的虚荣，或者是一种被忽略的报复——总之很少有新出现的人真的只是例行公事。

和大家分享一个我作为甲方亲身经历的故事，以此来剖析新入场人员的情境和内心想法。

在我负责组建营销学院之前，公司也有负责营销培训的部门。某家国际化的培训机构与公司保持了长期联系，听说我们年初有新的组织设立，正在制定培训计划，便组织团队来做交流。

交流之前，我和其他同事说："不用向他们介绍我了，以你们交流为主，我就坐在旁边听听。"我确实不想成为交流的主导者，也不想成为被关注的重点，仅仅想听听他们的方案，然后为我们制订计划和选择精品课程提供参考。

那家机构的销售总监和顾问与部分人交换名片、握手寒暄。直到开始交流之后，我才进入会议室。那位销售总监看了我几眼，也许他觉得很奇怪，但没有问我是谁。

我坐在旁边没说话。在进行方案讲解时，我和校长耳语几次，就我关心的重点问题交流了看法，当然这其中有我个人的意见。EB很多时候会听取UB或TB的意见。直到最后那哥们儿也不知道我是谁，连握手告别时也没问，他们例行公事地完成了交流。但我觉得他们对我们的帮助不大，后来这家机构也没做成我们的生意。

与这家培训机构不同，另一家培训机构则不然。

当时也是一次交流，双方互相介绍，对方总经理与我们交换名片时，连倒水的实习生都给了一张，并确认了实习生的身份（因为实习生拿着笔和本准备做记录，看起来像我们学院的人）。

过了十来分钟，研发学院的院长抱着笔记本进来了。他坐下后更多是在敲自己的笔记本，不知道是在做记录还是在忙其他事情。对方总经理发现了这个新面孔，交流过程中视线和肢体动作对这位院长也有所照顾。没过一会儿，对方总经理突然停下问那位院长："我刚才说的对吗，这位长官？"大家都乐了，因为"长官"这个词有些幽默和匪气。那位院长也乐了，说："呵呵，你叫我'长官'！"那位总经理补充说："对啊，因为我不知道您是哪位！"这时候，我们介绍说："这是我们研发学院负责人，他过来跟着听一听，学习学习。"院长跟着说："对，我是来学习的。"

在销售中，有人把交流目标和重点放在一两个他认为的关键人物上，而对陌生面孔重视不够，甚至不知道他们是谁、会对决策有什么影响、是不是决策的黑马。在未知的情况下，对新出现人员要给予足够的重视，先搞清楚对方是谁比直接出招要有效。

在多人交流时，要搞清楚在座每位是谁、哪个部门的、负责什么工作，这些信息非常重要。如果我们问客户在座都是哪些人，客户一般也愿意介绍，因为这会让对方觉得我们非常重视他们。他们既然能坐在这里，一定有原因，一般会有决策影响力，或大些，或小些。

未知就是风险，未知就是雷，不知道什么时候会爆炸。

◎ 自以为知道害人不浅

有位朋友向我讲述了一个他铭记终生的案例。

那是个非常大的项目，客户要建设一个覆盖全省的信息管理系统。经过长期努力和精心细致的工作，朋友的团队与客户主要领导及项目负责人进行了全面深入的沟通，赢得了关键人的认同。他们经过不断审视、反复分析，感觉确实没有不可控或忽略的因素，已经没有任何差错，甚至投标后就直接去酒店庆功了。

正在欢娱之际，一个电话让现场沉寂了十多分钟。

后来很长时间大家也没想明白是怎么回事，直到朋友有一次和客户某位高层领导吃饭，才知道了真正原因。原来建设这样一个管理系统将是管理的全面规范和升级，新系统的数据共享、业务监控功能大大超出之前的管理手段，这是一次管理上的变革，高层和大多数中层是认可和支持这次变革的，也认可和支持朋友所提供的方案，但问题出在了该公司的办公室主任身上。

这位办公室主任负责企业管理，原先的管理流程和管理方式都是这位主任一手建立起来的。新系统的建设，公司指定了新的部门和领导来负责，这位主任的既往工作成果不仅将随着新系统的建设被淡化或否定，而且这个项目建设的主导权还不在他手上。朋友关注过这个办公室主任，也曾与之有过沟通，但由于有高层的支持和新任项目负责人的认可，大家一致认为他已经“日落西山”，在选型中不会有什么影响力。这位主任内心无法接受这样的现实，所以他成了竞争对手的 Coach，潜伏到最后一刻，在最后拍板的时候站出来起到了极为关键的作用。而这位主任也是高人，和这边表面上非常友好，常说：“这个事情目前由某某负责，我只是配合，我没意见，我觉得你们挺优秀的。”甚至还说：“我会支持你们的！”

有时候，我们虽然覆盖了相应角色，但陶醉在高层支持、部分关键人的积极态度中，不愿意对每个影响项目的角色冷静分析，觉得大致差不多了，甚至存有侥幸心理，这种忽略带来的是“我以为他不会有意见”。

我们犯的错误，不是因为我们不知道，而是因为我们自以为知道。

要点小结

四类决策影响者

最终决策者 EB

- 做出决策不需要再请示他人

- 在否定意见下能做出肯定决策并生效
- 在肯定意见下能做出否定决策

技术选型者 TB

- 规范的制定者或执行者
- 在项目决策中拥有否定权
- 不能让我们成功，但能让我们不成功

应用选型者 UB

- 使用我们的产品或方案并从中受益
- 其成功与我们的方案有直接关系

销售顾问 Coach

- 能够在销售中指导我们
- 我相信他，他相信我，我们之间完全互信
- 他被客户的决策层所信任
- 他对我有十足的信心，真的希望我赢

实战演练

请针对之前所选项目，分析项目主要参与者及其角色。

姓名	部门及职务	角色

请检查上表：目前缺少哪类角色，如何找到？是否还有其他可能的影响者？

独家秘籍

扪心自问：

1.【角色与部门】你所列举的决策角色全吗？包括单一销售部门中的人了吗？包括业务使用人员和业务部门的领导了吗？

2.【角色与方案】你所列举的角色中谁是解决方案实施的受益者？他怎么受益？谁是解决方案的第三方专业评估者？他们要评估什么？这些都列出来了吗？

3.【角色与金额】单一销售目标中的预计合同金额有多大？目前这些人谁有权做决策？有什么证据证明他能做决策？现实合理吗？

4.【角色与时间】单一销售目标中列举的预计成交时间还有多久？还有这么长时间，哪些人应该已经出现了，还有哪些人未来会出现？列全了吗？

5.【角色与竞争】你分析形势时描述的竞争态势中，会不会有你的反对者或潜在反对者？他们被列示出来了吗，还是你只列示了你的支持者或中立者？

赢单口诀

EUTC 要分清

复杂项目多人定，EUTC 要分清。

组织常会分权制，有用有买还有评。

EB 成否一张嘴，不需请示自己定，

能成能否能花钱，投资回报战略撑。

UB 买了还要用，需求为先重应用，

实现双赢要靠他，老马识途长经营。

TB 只买不会用，负责筛选标准定，

挺你未必能算数，废你肯定你不行，

关注流程与标准，尊重为先多沟通。

Coach 教练非内线，项目成败引路灯，

从无到有靠发展，暗中助我别轻动。

Coach 标准有三信，互信被信加信心。

Coach 等级分五级，小心假 Coach 布陷阱。

罗盘角色要录全，警惕还有人陌生。

第三篇>>>

拆　局

第五章

第四问：客户如何评价我？

关注和分析每个角色的态度，输赢结果就藏在每个角色的态度的组合里。

同样的方案和产品，为什么这家客户很快就签单了，那家客户就没兴趣？为什么同一客户中有人非常感兴趣，有人却抵制和反对？究竟是什么导致了不同人对同一方案的态度迥然不同？客户认同方案和产品的价值吗？

通过识局，我们对销售形势有了初步判断分析，对一些不确定因素有了比较清楚的认识，但复杂销售是组织销售，是结构销售，客户的决策结果受很多人的态度和想法影响，这是各种力量交织混杂在一起的结果。在销售过程中，我们必须关注客户组织和决策结构，关注客户中多个角色的共同影响的合力。这些影响是由每一个角色的态度、每一个角色的支持度决定的。我们必须针对每个角色进行分析和判断，获知每个角色的态度，然后对这些态度和力量进行综合分析，并据此制定有效的销售策略和行动计划。

变化导致形势变化

变化是世上唯一不变的东西。

和我们一样，客户也时时刻刻面对着各种各样的变化。这些变化带给客户的感受，客户应对变化的态度，就是我们销售的机会。我们要关注的是每位决策影响者面对变化时的不同态度，客户的态度决定了一切。

我们的客户——无论是企业还是非营利组织，都处于特定的经济或政治环境中，处于特定的组织架构中，处于复杂的人际关系中，拥有特定的经营目标或工作目标。环境是变化的，组织是变化的，实现目标的过程是变化的，人际关系更是变化的。客户中的每个人身处这些变化之中，会有不同的感受和想法，会形成不同的看法和态度，从而形成维持或改变的动机。这些动机，才是销售的源头和机会，只是少有销售人员能理解到这个层面。

我们说的这种变化，相对个人来讲是外在的。比如，一家公司成立了近三十年，曾为国内当仁不让的行业老大，有过辉煌的成绩。而在移动互联网时代，数据存储和交互计算方式变了，客户的需求和使用习惯发生了重大变化，公司之前投巨资研发的高端产品线，在当前技术下已经不是最先进的，之前的销售和服务模式也无法满足客户需求，同时，二三线互联网公司涌现，开始大量蚕食公司原有市场份额……所有这些，对这家公司来讲，就是变化。

面对这种变化，公司可以不予理会，依然按照之前曾经成功的方式继续做下去，也可以积极主动地调整战略、组织、业务策略等，来适应变化。公司最终如何做，说到底，取决于这些变化如何被管理层感知和看待。客户是否形成改变的动机，是否有改变的想法和方案，决定了相关厂商是否有销售的机会。

类似的变化很多，比如上面案例谈到的新技术变化、市场地位变化、竞争地位变化，还包括客户基础和客户需求的变化，公司技术路线或产品线调整、市场战略与战术的调整，以及由此带来的组织调整，等等。不同人面对同样的变化会有不同态度。不同客户面对变化的不同态度，形成了销售的机会或威胁。与客户共同识别和感知变化、了解不同人的不同态度，是销售人员的首要职能。

这些外在变化，是客户购买动机的源泉和导火索。

谈到变化，一位朋友分享了一个案例。他们当时正与中国最大的通信公司之一谈基站节能项目，整个项目的推进和布局较为顺利，结果三家最大的通信公司联合成立了一个铁塔公司，所有基站节能项目可能要归到铁塔公司统一建设。当时，朋友仅仅把铁塔公司成立当作一个行业内新闻，以为只不过又多了一家央企而已，没有重视，也没有深层次去想为什么三家运营商联合成立新公司、新公司成立后业务怎么做，更没有主动去找客户沟通这些信息。当通信公司高层领导很严肃地告诉他们时，他们才知道这个变化有多重要。这个变化，直接导致朋友前期一年多的工作全部白做了。

在这个案例中，三家通信公司联合成立一家新的公司，从客户角度来说，是为了应对某种外在环境的变化，或许是竞争需要，或许是资源整合需要，或许是受行政力量影响等，这是客户为应对变化而主动采取的行动。

而从销售方的角度来说，成立铁塔公司，引发了正在跟进的基站节能项目的购买组织、决策流程及相关人员态度的变化，导致销售形势发生了巨大变化。而这种变化正是销售需要面对的挑战。

谈起变化，我们需要了解客户面对的变化和销售人员面对的变化。客户因应对外在变化而改变，销售人员因客户改变而面对新的变化，这是一种连锁反应。销售人员不仅要识别项目中自己面对的变化，也要努力去理解客户的处境和变化。这也是功力。

还有一种变化，就是如果采取行动可能带来的某种预期的变化。这种变化是预期的、主观的、可能的，是客户的态度，也直接影响销售处境与赢单可能。

举个例子：很多制造企业的原料是散装的，需要靠地磅、轨道衡等来计量，用计量的毛重减去皮重得到净重，再根据净重结合质量、合同条款进行结算。绝大多数企业为磅秤计量和检验采样作弊而苦恼，因为这直接关系到与供应商的结算金额。当我们给一家客户提供一套计量质量结算管理系统时，客户中不同人的反应是不一样的。对于高层和采购部门来讲，系统可以提高计量效率、控制质量化验准确性，减少因误差或作弊而导致的损失，总经理或采购主管会把这种变化视为改善管理的机遇。但对于送货司机甚至司磅员来讲，系统自动读数的控制方式让计量过程实现了阳光化操作，导致无法产生“合理的误差”。他们如果在意“某些”利益的话，很可能把这种变化视为一种威胁。

当我们向客户推荐解决方案时，方案的实施很可能给客户带来新的变化。在我们看来，这些变化对客户都是积极的、有价值的，对客户来讲都是改进和发展机遇。但是，客户也这么认为吗？

如果我们正坐在办公室里，突然有一个卖保险的人进来推销，除非我们有明确的购买需求，否则会把这种推销视为威胁，它会影响我们正常生活所需现金的收支平衡，我们每年要为此缴纳不菲的保险金。客户也是一样，当我们去客户那里推销时，特别是我们企图“创造”客户需求时，客户会像看到随时会进攻的怪物一样，感觉到的是一种威胁。他心里可能会想：“肯定是陷阱，都说‘从南京到北京，买的没有卖的精’，不就是想赚我的钱嘛！”

当津津乐道介绍自己的产品方案时，当面对大庭广众激情演讲时，当用技巧说服客户时，当感觉产品方案完全符合客户需求时，当心潮澎湃甚至沾沾自喜时，我们把精力放在了自己的产品身上，很容易忽略客户身处环境的变化，无法理解客户的压力和苦恼，也很容易忽略客户对“购买”所带来的变化的态度。

客户内心深处真正关注的变化是什么？客户感受到的变化是机遇还是威胁？他们需要如何应对变化？我们的方案带给他的预期是什么？那种预期的变化是机会还是威胁？我们没有深入去了解。

很多销售人员遇到过顽固派的强力抵制，为什么呢？在这些人看来，你没有理解他们眼中的变化，没有和他们一起找到应对变化的最佳方案。或者，你提供的技术革新或管理变革方案对他们而言是一种挑战、一种威胁。他们可能因无法掌握新技术而被淘汰，可能变革会影响他们潜在的收益，可能变革会危及他们的地位或影响力等。总之，这种预期的变化对他们不利，所以他们想尽办法阻止或抵制。

销售成败取决于客户对预期变化的看法，而不是我们自认为的价值。

客户对变化的看法，不是就性格而言的。有人天生喜欢接受新鲜事物，不能说他把变化都看成机遇；有人习惯守旧，害怕改变，也不能说他把变化都看成威胁。这需要因境而定、因事而易。

客户对变化的看法，不是对销售人员的看法。有些销售人员天生讨客户喜欢，甚至很快与客户成了铁杆朋友。但是，彼此谈什么都可以，就是不能谈项目，一提项目客户就闭口不言了。客户喜欢销售人员本人，但视项目为威胁的情况常有发生。

客户对变化的看法，也不是对销售人员所在公司的看法。有些公司规模很大，很有实力，客户会将与这些公司保持联系、参加一些公开会议、受到这些大公司礼遇视为自己社会地位的体现，他非常愿意和这些公司的销售人员在一起。可是每当提起那个项目，客户往往顾左右而言他，找出各种理由搪塞。客户喜欢销售人员所在的公司，但不一定支持那个项目。

客户对变化的看法，是客户的看法，不是销售人员的推测，也不是销售人员自己以为的看法。

角色态度决定成败

世上没有一成不变的销售方法。同样的销售方法是否有效，看对什么样的人使用。即使对同样的人，使用同样的方法是否有效，也要看这个人处于什么样的处境。所以，我们必须知道每个决策影响者对自身处境的感受、对产品方案价值的看法、对销售人员所作所为的态度。

不关注客户态度，不考虑客户对处境的感受，不知道客户是否认同产品方案的价值，我们做再多努力也无异于对牛弹琴。找不到对方的关注点，找不到双方的共同语言，我们也就没有着力点，无法有效推进项目。

关于销售的培训很多，比如专业知识和产品方案如何帮助客户提高效率、降低成本，如何帮助客户成功等，每个销售人员都有一大套说辞。我们有优秀的产品和服务，就认为客户身处水深火热之中，只有购买才会脱离苦海。明明已经有那么多成功客户了，其他客户为什么还是不买呢？

销售人员很容易把“产品是不是很棒、功能是不是很强大、公司是不是更有实力”看作能不能签单的依据，也很容易把“客户有没有需求、产品能不能满足需求、能不能为客户创造价值”看成客户购买的理由。我们服务过各行各业的客户，解决过各种问题，我们的方案能够帮助所有的客户。在我们看来，客户有一万个理由购买，不购买只是因为他们没有看到自己真正的问题、不知道方案和产品将怎样帮助他们成功罢了！真的是这样吗？

根据关注点和吸引力法则，我们越对自己的方案和产品充满信心，越容易忽略客户的认知和想法。

己所不欲，勿施于人。做销售工作最难的事情就是先忘掉自己。忘掉自己的产品方案，全身心地感受客户的处境，从客户角度审视和关联自己的优势，或许会有很多不同的发现。

◎ 现实与期望

没有差异，就没有采购。

这里说的差异是指什么呢？这种差异从何而来呢？

如果卖一套生产设备给某客户，销售人员问：“你觉得现在的设备运行情况怎么样？”客户心里会有一种答案，或者是“挺好的，我很满意”，或者是“还行吧，没出什么大问题”，或者是“很糟糕，质量很不稳定”，或者是“最近订单猛增，我们需要扩大产能”。也就是说，客户可能感觉现状还行，可能感觉现状越来越差，也可能感觉现状变得越来越好，等等。这是客户的主观感觉，是对“现实”或“变化”的认知，是一种内心的、直观的感受，是在某一时刻、针对某一事件的感受，是客户对“现实”处境的感知和感受。

如果这位销售人员继续问：“你对生产设备有什么样的期望呢?”客户也会有一种下意识反应，比如“如果效率能再提高些就好了”，或者是“现在已经挺好了，就这样吧”，或者是“已经相当不错了，没想到有这么好”。这几种回答意味着客户对未来的预期是不一样的，或者有更高期望，或者希望保持现状，或者想解决问题。

当客户的“现实”感受与“期望”想法产生差距时，就有了改变现状的可能，就有了满足期望的冲动，这种“现实”与“期望”之间的差距，是客户对改变现状以后所能达到预期效果的一种憧憬和向往，也就是我们的产品方案所要满足客户的东西。

根据客户的“现实”与“期望”之间的关系，我们把客户对方案的反应分成四类。这四类反应是客户个人的态度，是对自身处境的“现实”感受与方案可能带来的预期“变化”的看法和态度。这种态度是针对客户中每个具体角色、每个人的，并不是客户组织对方案的总体看法。

◎ 如虎添翼（G）

客户如果认为自身处境还可以，认为“现实”也还过得去，但有更好的“期望”，想变得越来越好，就像凶猛的老虎还想再生出一对翅膀，我们把这种态度叫作“如虎添翼”，即增长模式，英文为 growth，简称 G。

态度为如虎添翼（G）的人，现状不差，没什么需要急迫解决的问题，但他愿意追逐梦想，很有想法，对能帮他改善现状的产品方案很感兴趣，甚至觉得多多益善。他经常说“我现在虽然不错，但我期望比现在更好”。

碰到如虎添翼（G）型的客户实在是销售人员的好运气。

有时候，我们应该主动把客户某个角色转变成 G 型。因为这种人心中有想法，有愿景，也愿意采取行动改变现状，他们很容易关注我们的方案。现实与期望之间有差距，解决方案如果能与这个差距相关联，能够通过改善现状缩小差距，将现实改变为他期望的样子，就容易赢得这类人的支持。

并不是所有的角色都需要公关，比如这种类型的人。从自己的处境来讲，他确实希望如虎添翼，如果我们的方案能帮他插上翅膀，可能比商务公关或其他手段更有效。

有家企业希望买一套客户关系管理系统，以提升关怀和服务客户的能力，从而带来更稳定的客户持续购买。通过应用这套系统，这家企业希望在客户服务方面越来越好，所以认为这套系统将使其业务如虎添翼。这家企业的销售部有位员工认为，使用这套系统后，他每天需要在系统中录入并处理大量信息，相对之前的工作并没有轻松多少，客户业绩产出和他也没直接关系，他并不认为这套系统对他有多大价值。

这个案例说明，并不是对公司生产效率提高、收入增加或管理提升有帮助，就能给某个人带来好处。这套管理系统对公司来讲很有价值，但对销售部这位员工个人来讲，并非如此。

对持有这种态度的人，销售人员要问自己："我了解他的期望与现实之间的差距吗？我的建议或方案能帮助他缩小这种差距吗？"

◎ 亡羊补牢（T）

有位牧羊人早晨出去放羊，晚上把羊赶回羊圈，日复一日，平淡且知足。有一天，他的羊圈突然出现一个大窟窿，狼钻进来吃掉了一只羊，他本没有更好的期望，但这个窟窿导致每天会丢一只羊，他如果不采取行动，"现实"将越来越差，他必须尽快把这个窟窿补上。

这类本没有更高期望，但现实受到某种变化冲击而变得越来越差的情形，称为"亡羊补牢"，即困境模式，英文为 trouble，简称 T。

早些年，有一次我去某省培训，做了充分准备，满怀信心。可深夜到酒店整理服装时，我怎么也找不到腰带了！这时候我才猛然想起来，上次用完后把它单独放在一个地方了，平时坐飞机穿运动休闲装，不需要腰带，这次出门竟然忘记带上了！

可以想象，我衣冠楚楚地站在几十名学员面前讲课却没有系腰带，那将是什么心情。这可能严重影响我的授课信心，甚至影响授课效果。一条腰带让我陷入了困境，必须解决这个问题。

第二天一大早，我到酒店商品部，想买一条腰带。我当时就想好了，无论价格多贵都买。可商品部竟然没有腰带！没办法，我又跑到大街上，沿着商业区步行了 100 多米，好不容易找到一个又小又破的皮具店。我知道里面的东西都是仿冒商品，但我现在要求很低，有一条就行，消除我的窘迫就可以，还苛求什么质量，更别说美不美观了。进店后，我迅速扫了几眼，飞快地以 78 元的原价买了一条，此时离上课时间已经很近了……

T 型人遇到某个事件冲击，或突然意识到现状糟糕，认为必须要改变，否则会越来越差。他对改变现状非常急迫，销售中遇到 T 型客户也是好运。有经验的销售人员可以帮客户“发现”现实中存在的问题，从而让客户变成 T 型人。

T 型人虽然急着购买，但不一定买我们的，也不一定会选择最便宜的，他只要最能解决问题的。就像牧羊人看到窟窿，为了避免更大的损失，他必须选择能补上窟窿的产品方案。如果向牧羊人销售稻草或剪毛机，他不会关心。他只关心能补窟窿的荆条。

如果向牧羊人推荐一种高科技防护网，向他展示这种防护网如何先进、如何使羊圈更加牢固，牧羊人或许没心思关注技术如何，他就想知道现在的窟窿怎么堵上更有效。就像我根本不关心售货员说腰带是什么皮子的、腰带扣多好看，我只要尽快买到一条而已。所以给 T 型人讲技术优势、产品特点往往难以奏效，他们对“窟窿”心急如焚，只关心产品方案如何改变越来越差的现实，使之回归到正常状态。对他来讲，帮他改善现状的产品方案是雪中送炭。

亡羊补牢（T）型人需求非常明确，他们关注的问题就是“怎样解决存在的问题”。销售人员面对这种类型的人时，要问自己：

“我们的产品方案能缩小他这种差距吗?”

◎ 我行我素（EK）

做销售，遇到老虎想插翅膀或羊圈有窟窿的情况，那算幸运了。无论老虎还是牧羊人，他们的现实和期望都有差距，这种差距就是改变现实、采取行动的动力，是需要被满足的需求，也是产品方案的价值所在。

在《西游记》中，唐僧对佛法的追求孜孜不倦，始终一路西行、心向如来，他是个 G 型人。孙悟空、沙僧因为触犯天条，或被压五行山下饮铁汁、吞铁丸，或被贬流沙河每七日一次飞剑穿心，都饱受痛苦的煎熬，身处困境，他们是 T 型人。当观音菩萨向唐僧、悟空、沙僧三人讲解西天取经的解决方案时，他们很快就接受了。因为这三位的“现实”与“期望”都有较大差距，取经的方案能满足他们的期望。

相反，观音菩萨说服八戒的过程就复杂一些。虽然八戒也是被贬下界，但他先在福陵山云栈洞娶了卵二姐，不到一年，在卵二姐去世后又娶了高老庄的高翠兰，有吃有喝，过着美好的小日子。八戒对这种生活很满意、很知足，对生活没什么追求，也不愿意为此做出改变。他的“期望”与“现实”没什么差别。是观音菩萨提醒八戒他是戴罪之身，这点改变了他的“现实”，又描绘取经可成正果，从而改变了他的“期望”，使他的“现实”与“期望”之间产生了差距，他才同意入伙一路西行。

黑熊精、牛魔王、红孩儿这些被观音菩萨收归门下的妖精，入佛门之前快快乐乐，有吃有喝，逍遥为王，对生活的“期望”与“现实”也没太大差别。如果观音菩萨和他们讲“你入伙去取经吧”，他们根本不会有什么反应。

如果客户对“现实”感觉挺好，也没有什么更好的“期望”，这两者之间没有差异，我们把这种态度叫作“我行我素”，即平衡模式，英文为 even keel，简称 EK。

我行我素（EK）型人对我们提供的方案根本不感兴趣，他本来就没想法，也看不到方案的价值，甚至觉得方案带来的变化是一种改变美好现状的威胁，会破坏他目前美好的“平衡”。他对任何变化都很谨慎，采取行动的可能性很小，大多数情况下会抗拒变化，甚至会说：“没事找事！”

EK 型人不会永远这样下去，因为一切都在变化。他的“现实”可能因某个事件冲击而越来越差，或者他看到别人比他强而产生新的“期望”。有些销售人员经常帮助客户建立新“期望”，或让客户认识到“现实”每况愈下，甚至有潜在危险。一旦“期望”与“现实”产生差距，客户便有了需求，也就有了采取行动的可能。

所以，对于我行我素（EK）型的人，销售人员要问自己：“怎样使客户从消极变得积极主动呢?”

◎ 班门弄斧（OC）

让我们来看看第四种类型。

有位销售人员去拜访某企业信息中心主任，希望给他介绍一下信息化管理解决方案。这位 40 多岁、戴着咖啡色眼镜的主任笑呵呵地说："小朋友，当年我玩软件的时候，你还在读小学吧！你是来和我讲软件吗？我太了解了，我十年前就自己开发过一套软件，还得了省级科技进步三等奖呢！当年我要是出去开公司，说不定现在比你们做得还大呢！对于软件是怎么回事，我很清楚，还需要你给我介绍吗？这不是班门弄斧吗？……"这位主任一谈到软件，觉得他比谁都懂，洋洋得意，十分自满，他对销售人员推荐的方案极度不屑或不信任，销售人员很难和他正常沟通。碰到这样的客户，你舒服吗？

有位销售人员去拜访一位总经理。那位总经理仰坐在老板桌后的皮椅上，两手耷拉在扶手两侧，看着天花板说："我们企业发展还行吧，在我们这个细分市场上占到全球销售额的40%，国内市场70%多。关于管理嘛，摸索了这么多年，我们有一套自己的管理模式和体系，好多同行还想向我们学习！上周我刚从美国回来，在哈佛商学院参加了个管理论坛。对了，前段时间某TV还邀请我接受高端访谈，唉，没时间去啊！哦，你是干什么的？给我讲企业该怎么管理吗？你这不是班门弄斧吗？……"面对这样的客户，你舒服吗？

他们言谈举止间流露着傲慢与轻蔑，极度自满甚至自负，认为自己什么都懂。碰到这种客户，你有恨不得用头撞墙的感觉吗？

这种客户对"现实"很满意，甚至认为"现实"大大超出了他们的"期望"。就像考试是60分及格，结果成绩一下来，自己也没想到考了85分，就是那种惊讶和满足的感觉。

这种感觉"现实"大大超过"期望"的人，叫作"班门弄斧"

型，即自满模式，英文为 over confident，简称 OC。

自满或自负的 OC 型人认为，现实非常美好，甚至可以叫完美，即使改变，达到“期望”的结果也远不及现在，为什么还要听取你的建议做出改变呢？这种判断，可能是因为他对现实缺乏客观的认识，或者对自己的要求或目标设定太低，也可能是源于对你的抵制。他虽然有真实想法，但在你面前不会承认。所以，面对 OC 型客户销售产品、方案是一件极其困难的事情。

对班门弄斧（OC）型人，我们的疑问是：“将他从陶醉自满拉回现实的策略是什么？”

支持程度如何衡量

多年前，我曾在省区公司负责大客户销售。有位销售人员负责当地一家较大的企业，跟踪了很长时间。当时，每次我们一起梳理销售漏斗时，他都拿出这个项目来分析，说有个和他关系很好的副总负责这个项目，他与下面一个部长的关系也非常到位。我问：“你和他关系好，好到什么程度？”他挥着手里的苏烟说：“这就是那位老总给的，每次我去拜访他，他都请我喝酒！”我问：“这个副总怎么看我们的方案？”他说：“副总感觉咱们方案挺好的。”我问：“那这项目什么时候签单？”他的回答是：“我去了再问问他，反正咱们不签，别人也签不成，这个副总非常支持我！”

当时，我感觉有问题，计上心来，想给这家企业安排一次方案交流会，邀请总经理和各位主管及中层参加，让销售人员通过这位副总和部长安排。销售人员见到那位部长说：“咱们安排个方案交流会吧。”部长说：“好啊，欢迎欢迎！”销售人员说：“最好邀请总经理参加。”部长说：“好，如果总经理那天在，我就请他来参加。”销售人员说：“主管财务和经营的两位副总可以参加吗？”部长说：“这个系统是他们要用的，当然有必要参加。”销售人员说：“相关中层应该都能到吧？”部长说：“应该，应该。”当我和销售人员、顾问一起去开方案交流会时，发现只有那位部长和给销售人员苏烟的副总在，其他座位空空如也。部长解释说：“总经理到市里有个重要会议”“那两位副总都有重要的业务要处理”“大家都很忙”“你们的方案给我们两个讲就行了”……

这位部长口口声声说支持我们，可为什么约不到人呢？他真的支持我们吗？

还有个稍年长的销售人员，和某家客户的董事长、总经理、主管副总都好得一塌糊涂。董事长是他的近亲，总经理是他的朋友，因为他有这层关系那些副总和部长们也都和他套近乎。可项目谈了一年多，交流、调研、方案搞了好几轮，始终没签单。每次说起来，这些人都非常支持他，可为什么就是不签单呢？难道方案不行吗？难道因为他和高层关系好，高层担心和他签单有说不清的“政治”风险？这些人到底支不支持他呢？

有个成语叫“叶公好龙”。

西汉刘向在《新序·杂事》中记载：“叶公子高好龙，钩以写龙，凿以写龙，屋室雕文以写龙。于是天龙闻而下之，窥头于牖，施尾于堂。叶公见之，弃而还走。”那位被称为叶公的子高先生爱龙成癖，可当真的机会摆在面前，他却胆战心惊，一溜烟儿没了踪影。

说到这里，很多人会想到自己的客户中不乏叶公这样的人物。每次聊起来，他们口口声声说“你们挺不错的”“你们很有实力”“你们方案很好”，胸脯拍得啪啪响，可真需要他们帮我们影响他人甚至把项目向成交推进一步时，他们都成了叶公转世。

客户到底是不是真的支持我们？销售人员的“猜测”“臆断”甚至“幻想”，我们的这种一厢情愿，常导致整个项目局势判断的偏差，影响策略的有效性，甚至影响公司销售业绩预测、业务战略制定。

那么，怎么判断客户是否支持我们呢？

为了明确支持的程度如何，我们使用项目温度计的方法，对客户的支持程度进行相对明确的分级，支持与否用“＋”“－”表示，程度用数值表示，这样就能清晰地知道客户支持程度到底如何。

我们把支持程度分成10级：“＋5”热情拥护、“＋4”大力支持、“＋3”支持、“＋2”感兴趣、“＋1”认知相同、“－1”应该不会拒绝、“－2”不感兴趣、“－3”作负面评价、“－4”抗拒你的建议、“－5”坚决抵制你的销售。

“＋5”热情拥护：这种人坚定地支持我们，我们的方案能满足他的关键需求，创造关键价值。如果不选择我们的方案，他宁可不做这个项目。这种人对我们支持到狂热的地步，敢于在内部明确表态，坚定地说出自己的意见，积极影响他人，并对不同意见进行强有力的反驳。

“+4”大力支持：这种人坚定地支持我们，对我们的建议和方案的价值有很清楚的认知和共识，我们的优势对他来说非常有价值。他敢于当众抵制竞争对手的建议和方案，会坚定地投我们的票。

“+3”支持：这种人感觉我们的建议和方案与对手相比有明显的优势，和我们合作要明显好于和竞争对手合作，明确地当众表示支持我们，把我们积极地推荐给其他人。在这种情况下，如果外部压力过于强大，他可能会放弃自己的意见，这是他区别于“+4”大力支持、“+5”热情拥护的地方。

“+2”感兴趣：这种人对我们的方案抱有希望和期待，有进一步交流的想法，想有更深入的了解，以便解决他想要解决的问题或达到他想达到的目标。

“+1”认知相同：这种人与我们对某些事情的看法一致，认为这件事情是有价值的，也有必要采取行动，与我们基本持有相同意见，或者“无关痛痒”地感觉“重要但不紧急”。

“−1”应该不会拒绝：更多情况是指我们还没有和客户交流，没有进行深入沟通，不清楚客户的真实态度（客户也没有明确表示否定或拒绝），带有一种未进入实质沟通情况下的推测。

“−2”不感兴趣：客户感觉我们的方案对他没什么帮助，对继续沟通的要求不会做出积极反应。客户不感兴趣，可能是希望保持现状，抵制我们的方案带来的变化，也可能是因为信息不完整或误解。

“−3”作负面评价：这种人对我们的方案有所了解，认为我们的方案与他的期望有较大差距，或出于某种原因不愿对我们做出积极的评价，并且已经把这种态度告诉他人，从而试图影响他人认知。这种人说我们不行，但没说不会选择我们。

“—4”抗拒你的建议：这种人不愿意接受我们的建议和方案，敢于当众抵制我们的建议和方案，把方案的实施视为对他的威胁与伤害。

“—5”坚决抵制你的销售：这种人把我们的成功看成他遭受的极大损失，与我们势不两立，坚决地反对采纳我们的建议和方案，明确支持甚至热情拥护竞争对手。

以上支持程度能清楚表明客户对我们的态度，并可以用具体事件、情境描述客户的真实态度。

对支持程度应该强调以下几点：

客户的支持程度不是对销售人员的感觉，而是对我们所提供的建议的态度。有时候，客户与销售人员很对脾气，很谈得来，却对销售人员的提议或推荐的方案“不感冒”，不为之采取任何行动。有时候，客户和销售人员关系很好，可能是因为谈得来，也可能是因为销售人员每次请他都有酒喝、有歌唱、有澡洗，对他毕恭毕敬，也可能是因为他感觉对知名企业的销售人员招之即来、挥之即去很有面子。总之，他愿意和销售人员打交道，并不代表他支持销售人员。

客户的支持程度也不是冲着销售人员所在的公司的名气。很多销售人员所在公司很有知名度，有很多先进的技术理论或管理经验，客户和销售人员接触能学到一些理论、得到一些经验给自己充电。和一家为业界知名企业提供服务的公司打交道被认为是“鸟随鸾凤腾飞远，人伴贤良品德高”，随时被知名公司员工拜访、能被邀请参加各种研讨会被认为是一种莫大的荣耀，所以客户特别愿意和这些公司的销售人员打交道。

以上这些可能会成为客户愿意支持我们的理由，但不能说明客户就支持我们。客户可能因为这些愿意与我们合作，但我们要的结果是客户必须推进销售进程、为成交做出努力，必须为之做出承诺或行动。所以支持程度是针对单一销售目标的，而不是对销售人员及其所在的公司。

在支持程度里没有“0”。因为客户或多或少对我们有些了解，哪怕是道听途说，内心一定会隐隐地有种舒服或不舒服的感觉，总会有些赞同或反对，所以不会有“0”存在。

对于客户支持程度，销售人员不能自己猜测，要根据具体事件、情境来判断。哪怕是“‘－1’应该不会拒绝”，也要根据客户某种反馈信息判断，不能凭空想象。没有接触过的人，真实情况是“未知”，是一颗随时可能爆炸的地雷，不能想当然地认为他属于“‘－1’应该不会拒绝”。

我们的直觉有时很准。直觉可以作为判断的依据之一，因为人与人之间的感应是通过气场来相互影响的，也就是大家所说的“境由心造、相由心生”。从科学的角度来讲，眼神、表情、动作等肢体语言是人类最原始的沟通方式，人对人的“感应”大多不自觉地来自这些动物最原始、最本能的交流。所以，直觉和充分的证据同样重要。

对客户态度的判断，不能自己凭空猜测，不要因逃避心态不愿直视，更不要一厢情愿，要基于动机和需求，符合逻辑、符合常理、有理有据地做出判断。

如何标识客户态度

经理和销售人员在分析项目时，经常问“对项目感觉怎么样”“有什么问题吗”“问题出在哪里”“我们应该怎么办”等一些泛泛的问题；而销售人员的回答往往是“还行”“差不多吧”“应该不错”，多是模糊搪塞之词，无法准确地描述项目真实情况、客户态度。项目的真实信息就在这种粗放的交流中遗失了。

销售的成功与否是由客户很多人共同影响的结果，如果仅仅关注总体而不关注每个人，必定无法获得想要的结果。

我们已经有了两个评价客户态度的标准——反馈态度、支持程度。

把这两个标准结合起来看，才能够有效地剖析客户每个角色的态度，才会找到应对的有效方法。根据客户的态度和支持度，把G、T、EK、OC四种态度和十种支持度相结合，得到一个客户反馈态度的组合，这个组合能够相对准确地描述客户的态度。

几年前，我和一位总经理面对面交流。刚开始，总经理感觉他们管理还不错，对改变没有什么明确的想法，只是听说一家同行企业花了100多万元买了管理系统，感觉信息化管理是必然趋势。

在交流中，我给客户分享了与他们同行的一家企业的真实情形：那家企业的生产车间根据维修计划，决定购买10个阀门，把计划报到采购部。结果采购到货竟是15个，库房也不知道采购计划是多少个，全部办理了入库手续。供应商拿着15个阀门的结算单去财务部要钱，财务部就支付了。

我和客户讲，这种情况下多买的5个阀门虽然放在仓库里，但3个月内没人用，因为维修只用10个，下次维修要等到3个月以后。那么，购买这5个阀门的钱没在当初资金预算之内，你的现金就少了一块，并平白无故被占用了3个月，这种占用不就是浪费吗？关键问题是，在生产车间制订购买10个阀门的计划时，库房里明明有6个，是上次剩下的，他们竟然不知道！这次又剩下5个，或许下次他们仍然不知道。这种积压不是损失吗？

客户听着我讲，眉头紧锁，闭着嘴不说话。我根据他的肢体语言判断他内心有想法，我便停下来开始沉默。客户开口说："其实，我们企业也有这种情况。"我问："咱们有多少备件？"他说："六七千种吧。"我问："多久做一次计划呢？"他说："每个月都做。"后来，客户问我："你们是怎么解决的？"

这时候，客户已经知道他们在这方面有漏洞了，实际情况可能比他知道的更严重，他心里明白每月可能损失数十万元。

这是个很简单的小案例。我们举例看看客户的反馈态度。

刚开始，客户并不清楚实际情况，他的"现实"和"期望"没什么明显差异，所以他可能是EK型客户，但他认为管理信息化是必然的趋势，与我的认识相同，支持度是"＋1"。所以，刚开始这位总经理是"EK＋1"。

当我给客户讲完同行企业案例并初步探索之后，客户已经明确知道他的“现实”并非如他的“期望”一样，他清晰具体地知道了问题所在，从而认识到“现实”已变得很差，所以反馈模式是“T”。客户问“你们是怎么解决的”，说明他明显对我的方案感兴趣了，支持度是“＋2”，所以这时客户是“T＋2”。

我行我素（EK）和班门弄斧（OC）是销售的阻力，在这两种情况下，客户采纳方案和接受建议的可能性很小，如果强行提供建议或推荐方案，成功率会很低。亡羊补牢（T）和如虎添翼（G）型的客户采取行动的可能性最大，是易于销售的对象。把客户的一个角色从“EK＋1”发展成“T＋2”，向成交推进了一步，由此看来，这是一次成功的沟通。

所以，用“G＋2”“EK－2”“OC－3”“T－4”等来表示客户态度会更加清晰。看到客户的态度，无论经理还是销售人员就都知道影响成交的因素是什么，从而决定采取什么应对方式。销售人员不仅可以在拜访前以此设定合理目标，拜访前、拜访后分别做出客户评价反馈，也能有效衡量此次拜访效果。

如何标识优势风险

很多销售人员曾为突然丢掉胜券在握的大单而痛心疾首。回首望去，丢单的原因绝大部分可以归纳为两个字——忽略！

或是忽略了某个人，或是忽略了某个重要信息，或是忽略了某个细小变化。销售人员当时不是没注意到，不安和焦虑也曾在脑海滑过，但很快被自己手里握有的优势驱逐，心渐渐归于平静，自那之后再也不愿去想，闭着眼睛碰运气吧。而无数事实证明，运气往往不在自己手上。就这样，单子丢掉了。

能认识到危险的人，赢单概率更高。

真正的高手往往想尽各种丢单的可能，防患于未然。

那么，在制定策略时，如何标注危险和优势呢？

大家都玩过“扫雷”游戏：不小心点错一颗雷就会爆炸，游戏结束。在战争中，经常用沙盘和各种标识标注地形、参战各方地盘、兵力火力部署等重要信息。销售中我们分析项目时也采用这种方式，围绕优势和劣势分别标注，拿下的地盘插上“旗”，有危险的地方标上一颗“雷”。当“旗”在销售地盘上越来越多并占领制高点、“雷”越来越少时，销售成功概率就越高。

我们来看看什么情况下标注“旗”和“雷”。

“旗”是销售的优势，是利于销售成功的因素。

亡羊补牢（T）或如虎添翼（G）型的客户能认识到现实与期望的差距，内心有想法，对解决方案或产品有需求，这有利于销售的成功，是销售的优势所在，可以插上一面“旗”。客户对方案和建议是“‘+3’支持”“‘+4’大力支持”“‘+5’热情拥护”，也是销售的优势，可以插上一面“旗”。如果客户与我们有过交易历史，使用过我们的产品、服务并且评价不错，这也是一面“旗”。当客户对项目需求急迫，希望尽快成交，局面对我们有利时，也可以插上一面“旗”。凡是对销售成功有优势的，都可以插上一面“旗”。

“雷”是项目中存在的风险，是不利于销售的因素，这类因素很多。

我们对有些重要的信息未知或不确定，比如客户预算、客户动机和真正需求、预计成交时间等，这些重要信息对销售起着至关重要的作用，有或没有、确定或不确定，都对销售产生截然不同的影响。这些是随时会爆炸的“雷”，需要时刻警惕。

我行我素（EK）、班门弄斧（OC）型客户是销售的障碍，他们会抵制或反对改变。碰到这样的角色必须时刻小心，想办法化解这种成交道路上的阻力，否则不知道什么时候“雷”会突然爆炸，让销售前功尽弃，所以需要给这两类标上“雷”。

如果客户释放出“‘－3’作负面评价”“‘－4’抗拒你的建议”“‘－5’坚决抵制你的销售”这类很明确的危险信号，理所当然地要标上“雷”。客户属于“‘＋5’热情拥护”，看似是优势，但如果对我们的支持过于明显或张扬，容易引致怀疑甚至被内部“隔离”，所以我建议也给“＋5”放一颗“雷”，提醒我们时刻注意。

客户中我们未接触过的参与者，他们的角色、态度不明确，或许他们支持竞争对手，或还处在 EK 或 OC 状态。这些都是未知，未知即风险。很多销售人员为未知付出过惨重的代价。忽略项目中任何一个人都有风险，要时刻警惕这类被掩盖的、隐蔽的、随时会爆炸的“雷”。

客户方新加入或新出现的关键人往往会给销售亮起红灯，除非这个人是我们精心安排进去的，否则他也有可能是对手、其他有不同想法的人用来改变局势的博弈工具，这种新出现人员往往有很大的威胁。这看似有些杞人忧天，但在江湖走久了的“老销售”都知道，这完全有必要，否则必定为此付出惨痛代价。复杂销售中必须给新出现的人员标上一颗“雷”，因为新面孔不会平白无故参与到决策中来。

我们对此有太多的经历。

某省有个钢铁企业，其控股方在上海。这家企业在该省有四家下属企业，分布在不同地方。在一次，我们与该企业深入交流了如何异地集中管理的问题，财务总监非常感兴趣，并当面表示：“我们就需要这样的方案，你们和信息部谈一下，尽快确定合作。”

之后的两周内，我们与信息部沟通了很多方案细节和商务内容，为确定最后的价格共同努力。这时候，我们听说这位财务总监调回上海总部了，接任他的是某个国企的一位总会计师。我们觉得客户已经认同了方案，只要把价格敲定就可以了。

有次去这个客户那里，顺便拜访新到任的财务总监，我们说：“关于方案，我们已经和咱们原来的总监谈过了，他明确表示方案可以满足咱们企业的需求。”这位财务总监未置可否，说你们先谈吧。等我们把价格商定之后，这位财务总监说价格还要和竞争对手比较一下。后来，我们再去拜访这位财务总监，和他说上任财务总监“已经确定选我们了，价格也在这个区间范围内”。财务总监立即拿起手机，给在上海的原总监打电话说：“听说你已经确定选择这家公司啦？”我们没听清对方电话里说什么。财务总监放下电话说：“他说没确定，让我拿主意。”当时，我们觉得上任财务总监很不够意思，明明之前表示要选我们，现在态度又变了。这位新到的总监又非要横插一杠子。在新上任的财务总监对我们不冷不热半个月之后，这个客户和对手签单了。

按说犯这样的错误实在不应该，但事情已经发生了。如果我们当时没有忽略这个新出现的关键人，把他的出现看作威胁、标上“雷”的话，事情也不至于如此。销售老手可以把许多新出现的面孔发展成自己的支持者，将这种潜在的威胁者成功转化为盟友。如果我们考虑到每个新面孔，胜算就会增加很多。

解决出现新面孔这样的问题并不难。而如果面孔和职位都不变，但他对项目的影响发生变化、担任的角色变化了，这种情况则要多加小心了。

我们在某个项目中碰到一个主抓企业管理和信息化的副总，在前期项目运作中他是 TB，对我们的方案提了很多要求和标准，我们也都一一满足了，当时他对我们的表现还比较满意。后来，由于企业要改制上市，这个副总又多了一项职责——改制上市筹备。这时候，我们认为他的需求已经得到满足，没必要再和他交流方案，只要保持正常联系就可以了。可就在招标过程中，这位副总突然提出：“上市公司对信息化应用是有标准的，对各项财务报告也有要求，你们可以满足吗？”“我们准备上市，需要提交财务报告，而内部管理和考核需要对内出一套报告，你们的系统可以支持提供多种报告吗？”这两个问题让我们在评委面前很是被动，费了好大劲儿才解释清楚，大家着实捏了一把汗。

一个人的职位发生变化，可能项目中的角色或者需求都会随之变化，这种变化如果我们不知道，就会成为随时把自己炸伤的“雷”！

如今企业发展都很快，企业机构调整时有发生，人员流动性很强，人员在公司内的职位变动很频繁，这些变化随时都可能对销售产生重大影响，必须警惕这些职位变化带来的威胁，标注上“雷”！

所以，任何不确定信息、未知信息、我们的疑惑、客户不支持，甚至像以前曾经得罪过人这种硬伤等都要标上“雷”，从而时刻提醒自己——小心随时会爆炸！

《诗经》云：“战战兢兢，如临深渊，如履薄冰。”《易经》云：“君子终日乾乾，夕惕若，厉无咎。”在销售行业中更应谨小慎微，遇事留有三分谨慎，以免自食苦果，无颜见江东父老。

分析态度别忘结构

我们用两个项目做个分析，这两个都是客户购买“采购管理系统”的项目。

第一个项目，采购部长深知采购计划执行得很乱，信息不通畅，效率低下，采购漏洞很大。通过沟通，他感觉我们的方案非常适合他们的企业，能够弥补管理漏洞，也很支持我们的方案，反馈模式表示为“T＋3”。信息中心主任曾经为采购部门开发过一套小系统，但无法满足采购部门的应用需求，因此受到了领导批评，被要求这次必须做好。这次在选择采购管理系统时，信息中心主任希望选择另一家公司，说我们的产品技术架构落后，系统不稳定，反馈模式表示为“T－3”。

第二个项目，采购部长对销售人员说：“我知道你们的方案可以解决问题，但我现在没办法管这事，你们就不要再找我了。”反馈模式为“EK－2”。信息中心主任说：“我知道你们的系统怎么样，但我能怎么办呢？你们和我谈也没用啊！”反馈模式也是“EK－2”。

这两个项目哪个情况更好一些呢？

看上去好像第一个好些，虽然信息中心主任这位 TB 做负面评价，但毕竟领导要求这次必须做好，况且采购部长 UB 支持我们，至少有 50％的胜算。第二个项目大家都不怎么管，没什么更好的办法突破。所以似乎第一个要好于第二个。

有经验的销售人员都知道，一个单子的成功，仅仅突破这两种角色远远不够，还有太多的未知，还没看到决策者，这是最大的风险。

再继续看，这次多了一个总经理 EB。

第一个项目，采购部长 UB 的态度是“T＋3”、信息中心主任 TB 的态度是“T－3”。总经理觉得这是企业管理问题，是人的问题，不是软件能管住的问题，只有让信任的人去管采购，企业的损失才最小。他对方案尚未深入了解，甚至对信息化管理没太大兴趣。总经理 EB 的态度是“EK－2”。

第二个项目，采购部长 UB 的态度是“EK－2”、信息中心主任 TB 的态度是“EK－2”。总经理认为采购目前存在很大问题，也知道信息化管理能通过加强计划管理、进行计划追踪降低采购成本，他和我们有过深入沟通，支持采用我们的建议和解决方案。总经理 EB 的态度是“T＋3”。

这时候，或许可以明确回答两个项目哪个更好了。

第一个项目，采购部长 UB 的态度是“T＋3”，信息中心主任 TB 的态度是“T－3”，总经理 EB 的态度是“EK－2”。决策者的态度是负面和风险，说明离销售成功还太遥远。

第二个项目，总经理 EB 的态度是“T＋3”，不仅“T”对销售有利，“＋3”对于我们的方案也是机会和优势，可以说我们已经成功赢得了总经理支持。对于采购部长和信息中心主任，有两种可能，一种是高层切入，两位中层领导还没有意识到这是什么事情，所以持 EK 态度，但能够通过总经理撬动两位中层领导。另一种可能是，两位中层领导已经完成选型报告交给总经理，他们无法再影响项目了，现在只是等待 EB 决策，所以持 EK 态度，或许这项目成功在即！

大家可以发现，这两个项目在没有总经理 EB 态度时，第一个好像好于第二个，但有总经理 EB 的态度之后，第二个明显好于第一个。

为什么会截然不同呢？

显然，由于有了总经理 EB 的态度，我们覆盖了应知的角色，把未知变成了已知，这样判断才会更准确。在我们的项目里，会不会突然加入一个什么被忽略的角色，从而使当前的形势发生巨大变化呢？还有多少未知的角色没覆盖呢？真实情况会不会与现在的判断大相径庭，甚至有天壤之别呢？

所以，分析“客户如何评价我”时，需要全面细致剖析每个人的反馈模式和支持程度，尽可能覆盖所有已知和未知决策影响者，尽可能不留有未知角色。角色和态度的缺失可能失之毫厘，谬以千里。

只见树木，很可能在一棵树上吊死。

真正的销售高手，既见树木又见森林。

要点小结

反馈模式

- 如虎添翼：增长模式 G，我希望能变得比现在更好
- 亡羊补牢：困境模式 T，我遇到麻烦要解决，否则后果很严重
- 我行我素：平衡模式 EK，我觉得现在挺好的，没必要改变什么
- 班门弄斧：自满模式 OC，我比别人强多了，改变什么？要改变说不定还不如现在呢

支持程度

- ＋5 热情拥护
- ＋4 大力支持
- ＋3 支持
- ＋2 感兴趣
- ＋1 认知相同
- －1 应该不会拒绝
- －2 不感兴趣
- －3 作负面评价
- －4 抗拒你的建议
- －5 坚决抵制你的销售

“旗”与“雷”

旗：用以标注我们的差异化优势

- 客户曾购买我们的产品并比较满意
- 领先竞争对手
- 支持度大于+3
- 反馈模式为 G 和 T

雷：用以标注我们潜在的风险或威胁

- 我们要解决的不利情况
- 遗漏的或不确定的重要信息
- 支持度小于等于－3
- 客户对销售不利的反馈态度 EK 和 OC
- 客户方未接触过的关键人
- 客户方新出现的关键人
- 可能的组织机构重组
- 关键人可能发生的职位变化
- 任何不确定的信息

实战演练

1. 请针对之前所选项目，分析客户和主要决策者面对哪些外部或内部的变化，并分析说明“单一销售目标”与这些变化的关系。

2. 请针对之前所选项目，分析每位决策影响者的反馈态度和支持度。

姓名	部门及职务	角色	反馈态度	支持程度

请检查上表：这些反馈态度和支持是否真实有效？有哪些证据可以证明？

独家秘籍

扪心自问：

1. 【态度与紧迫度】你所列举的反馈态度，与客户的紧迫度对应吗？客户中有几个 T 和 G 能证明你所分析的客户紧迫度？

2. 【态度预计成交时间】你所分析的反馈态度，与客户预计成交时间对应吗？还有多长时间完成决策，客户中有谁对此积极或着急？

3. 【支持度与竞争形势】你所分析的竞争形势中，有哪些支持者？支持的人能够证明你的竞争形势吗？你的支持者或反对者真的与竞争形势对应了吗？

赢单口诀

客户如何评价我

客户是否支持我，源于处境反馈生，
支持项目支持我，两者务必要分清。
客户反馈分四类，G、T、EK和OC。
支持程度温度计，十个刻度标分明。
如虎添翼是G型，现实不差期望挺。
此为销售之福星，消除差距单易成。
亡羊补牢是T型，若不改变可不行，
着急窟窿如何补，不听优势焦点明。
我行我素是EK，现实不差期望平，
除非先变G或T，否则多好都没用。
班门弄斧是OC，感觉超美自豪生，
建议哪如我现在，天下只有我最行。
定量评估支持度，－5、＋5分十等。
直觉初判加证据，臆断自欺后悔生。

第六章

第五问：究竟是谁说了算？

没谁说了算，也没谁说了不算，可能谁都有一颗爱你的心，或伤你的刀。

小角色有多大影响

我们一直强调关注所有可能影响决策的人，否则身边就又多一颗随时会爆炸的雷。可是，复杂销售的多角色影响是一种结构，在客户结构化的采购过程中，是不是所有人的影响力都同样大呢？是把精力平均分给每个人，还是把最主要的精力投给最后拍板的人呢？

有一次，我们计划引进一门有关领导力的精品课程。市场上这类课程非常多，竞争也很激烈。一天，集团高级副总裁转发给我们一封邮件，并说："你们评估一下这家公司怎么样。上周同学聚会，有位老同学开了这家培训公司，说可以做领导力的课程。但我要特别强调，一切以质量为首位，课程质量和讲师一定要把握好，不合适就不要用！"

后来，这家公司与我们交流了课程体系和培训方案，以及主要讲师的情况。领导的那位同学，也就是这家公司的总经理，也有意无意透露，他和我们领导是多年的同学，经常联系一起打球……给足了我们暗示。但经过详细考察和综合比较，我们最终没有选择与这家公司合作。

我们的高级副总裁针对培训合作有最终决策权，是绝对的 EB。

他让我们做全面细致的考察，并不干预我们的选择结果，对我们完全信任。他完全可以直接影响我们的选择甚至直接做出决策。可那位同学和他关系这么好，怎么就没拿到我们的项目呢？总经理投入精力关注最终决策者 EB 错了吗？

公司有个事业部，准备做一场市场经理的培训。有家培训公司关注到这个需求，与该事业部负责人进行了深入沟通，就培训方案达成了共识。这个事业部是 UB，培训需求是他们提出来的，最后参加培训的人员都来自这个事业部，他们享用这家公司的服务。而培训预算统一由大学（公司的企业大学，负责公司能力体系和培训工作）管理并支付。因为大学掌握了预算支配权，掌握某个标准而拥有了某种否定权，所以大学是 TB。当事业部把培训预算给大学看时，大学感觉这个培训预算明显高过了年初计划预算，提出预算无法支撑这个方案而终止了这次合作。因为 TB 反对，培训公司这笔业务未能成交。

培训公司与事业部做过充分沟通，事业部也看到了这个课程的价值，双方都希望促成此事，可预算无法支撑，怎么办呢？最后，经过几方协调，事业部提议培训中涉及讲师和资料的费用由大学的培训预算支付，讲师差旅、学员用餐住宿等费用由事业部自行解决，这样就把费用控制在预算范围之内了，培训得以顺利开展。

在这个案例里，事业部 UB 对这个培训项目有较大影响力，培训公司与他们深入沟通，得到他们全力支持的做法无可厚非。而大学作为 TB，掌握着预算标准，拥有否决的权力，影响力也很大。如果我们坚持按整个培训总体预算把关，还是可以否决这个方案的。

销售过程中经常遇到这种情况：一个很小的技术问题，总经理要征求一个技术人员的意见。这个小技术员肯定没有总经理的影响力大，对项目却可能有很大影响力。在这种情况下，销售人员不得不调整策略，掉过头来去关注和重视这样一个小小的技术员，否则很可能因此而陷入被动。

拍板者 EB 始终有决策权，能在别人说“不”的情况下说“行”，然后直接签单并付诸实施；也能在别人说“行”的情况下说“不”，然后使销售人员所有的辛苦付之一炬。

UB 是产品、服务的使用部门，项目大多源于 UB 又终于 UB，他在采购过程中拥有需求标准定义和功能评估的权力，对销售成败的影响也很关键。

TB 握有采购标准和否定权，能够随时用某条标准将销售人员拒之门外，难道他的影响力不大吗？

可以说，同一角色在销售中的影响力可能相近，但在销售中几乎没有碰到过有哪两个项目一模一样。即使极其相似的两家企业采购同样的产品，不同角色发挥的影响力也不同。甚至在销售的不同阶段，不同角色的影响力也不一样。

究竟是什么决定了他们对销售的影响力呢？

多人参与有何规律

既然不同角色决策影响力不同，同样角色在不同项目中决策影响力不同，那么，同样角色在同一个项目中的影响力相同吗？

有些销售人员遇到过这种情况：采购经理说要支持他，怎么到决策时却一点儿作用也起不了呢？精心做了信息中心主任的工作，怎么招标时，信息中心主任却只负责拆标唱标，而没机会坐在评委席上发言呢？开标时怎么坐了那么多陌生人？不是说“一把手”不参与吗，怎么最后关键时刻又表态了？

为了解开这些谜团，我们来看一个案例，以重点分析每个人在项目中的活跃度和影响度。

这家企业年产值十亿元，在行业内算是中等规模，是我们的老客户，准备购买一套企业管理信息系统，主要涉及财务和经营部门，信息中心也参与项目选型，最后要董事长亲自拍板。

当我们分析新产品的目标客户时，感觉可以帮他们提升管理水平，我们便开始与财务部接触。财务部部长说他们虽然用了财务软件，库房也用了软件，但两个部门每月都要进行大量对账工作，费时费力，特别是每月末成本计算的工作量非常大，并且无法保证数据的准确性。

通过与财务部人员沟通，我们发现不仅财务部和库房存在这类问题，采购付款、到货，以及销售发货、发票和收款等业务也都存在这类问题。当我们与负责采购和销售的经营部部长沟通时，发现不仅是经营部内部，连经营部和生产单位、技术质量部门之间都存在计划不准、数据无法共享的问题。我们在与经营部沟通过程中也与部长建立了良好的关系。

我们以财务部为突破口，很快了解到经营部、生产部、技术部、各生产车间等面临的问题和它们的期望。结合这些问题，我们形成了一个报告提交给财务总监，包括一些原始单据、出错对账单的复印件。报告主要反映企业在财务结算、物流管理、生产管理、成本管理中存在的一些问题，问题导致的后果都是各部长和基层人员亲身经历的。我们还做了分析，得出结论是：信息不通畅导致每年直接损失近千万元，间接损失无法估量。

财务总监仔细看过报告后很认同，问有什么好的解决方案。于是，我们安排了一次方案交流，这次交流经过了充分准备。听取报告的有董事长、财务总监、经营副总、财务部长、经营部长，还有企管副总、信息中心主任和其他一些领导，一共十几个人。

那次方案交流非常成功，我们不仅汇报了调研发现的问题，还提出了方案总体框架，结合每个问题有针对性地讲解了如何应用系统解决或避免这类问题。结束时，董事长说："你们所讲的这些问题是我们企业长期存在的，我们要发展，就必须予以解决。这样的系统对我们来讲很必要，这件事要抓紧推进。"我们听了十分兴奋，但接下来的话却让我们心头一紧："由于涉及多个部门，这件事由企管部负责牵头，信息中心负责组织大家考察，尽快确定供应商，各业务部门要配合好。"

就这样，企管副总和信息中心主任的出现，使得我们前期与业务部门发展的关系、赢得的认同、大好局面大打折扣。显然，业务部门已经认同了我们的方案，接下来就是加强联系或安排参观，基本没什么其他重要事情了。而企管副总和信息中心主任意外地成了我们成功路上必须直接面对的人。

在很多销售人员看来，有业务部门的良好关系和有力支持，企管部和信息中心无非就是例行公事、组织考察、选型招标而已。业务部门说用谁，他们能反对吗？再说了，万一他们反对，不是有业务部门顶着吗？

前面说过，对 TB 的这种想法是一种忽略，相当于在告诉他“你说了不算”“你只是一个小角色，不能影响局面”，这种想法和做法等于销售人员在给自己树敌，这种忽略是最大的敌人。

接下来的日子里，在没有忽略业务部门的同时，我们努力争取企管部和信息中心的支持。不知道是因为嫌前期我们冷落了他们，还是和业务部门有矛盾，还是竞争对手做了工作，信息中心主任坚定地支持竞争对手，处处设卡，让我们非常被动。

就在一半是海水、一半是火焰的日子里，这家企业进行了参观考察，各家厂商开展了一系列交流讲座，董事长听取工作汇报之后，项目进入招标阶段。

接下来由信息中心起草招标书，业务部门起草需求书，审计监察部门负责监督招标过程。在买标书的过程中，我们听说董事长邀请了三位专家参与评标，其中一位是同行企业的副总，另两位是大学教授。

那天，招标现场的评委有董事长、企管副总、财务副总、经营副总、生产副总、信息中心主任、财务部长、经营部长、生产部长、技术质量部长等，还有那三位外部专家，一共 13 人。

接下来是标准的招标过程：领导讲话，主持人介绍原则，抽签，述标，答疑，所有厂商退出等待，然后打分，最后内部讨论做出决策。

后来我们听说，评委开始讨论的时候，先是部长们挨个发言，接着是几位业务副总发言，然后是三位评委发言，最后是打分、公布评分结果。根据评分结果，大家讨论最终结果时，发言的基本上就是几位副总和三位专家。等大家说完各自意见之后，董事长拍板做出决策。

我们知道，财务部长、经营部长、信息中心主任及其他几位部长在那种场合已经没什么插嘴的份儿了；审计监督部通过对投票文件的审核，筛掉了一家供应商。我们也知道，那三位外部专家引导了一定的舆论氛围，为领导决策做了有效支撑。

通过这个案例，我们可以看一下究竟是什么决定了一个人的决策影响力。

这项目分为几个阶段。第一阶段，我们与业务部门沟通需求和解决方案，分水岭是那次成功的方案汇报。第二阶段，由企管和信息中心负责进行考察参观和筛选供应商，分水岭是董事长批准招标流程。第三阶段，招标阶段，分水岭是最终形成招标结果。招标结果出来并不是销售的结束，还要签订合同，付款乃至发货，在这阶段被翻盘者不乏案例。直到款到账、货已发出、开始实施，针对这次单一销售目标的销售过程才算结束，所以合同签订及收款算是第四阶段。

通过这四个阶段中每个人的行动与影响力，我们可以绘制出不同角色采购过程中的参与度曲线。

首先是财务、经营等业务部门，他们是使用者 UB。

在第一阶段，因为 UB 是产品服务的需求提出和应用部门，他们要分析自身业务，与供应商沟通现状和期望，提出对产品服务的需求，一般比较活跃，所以他们的参与度处于高位，他们对需求形成都有决定性作用。

在第二阶段，UB 的应用需求提出之后，一般情况下管理者考虑“制衡原则”和“分权而治”，会将筛选权交给 TB，即采购或相关部门，通常由他们根据 UB 的汇总需求确定入围标准、筛选供应商、组织参观考察等。所以，第二阶段 UB 话语权不如第一阶段那么大，但 UB 并没完全退出，活跃度相对降低，处于中位。

在第三阶段，TB 筛选供应商、准备招标或提交领导决策后，这时起关键作用的是直接拍板人 EB，比如案例中的董事长、相关副总和外部专家这样一个评委团，而大部分 UB 基本没有话语权了。更多 UB 则直接从中位向下，参与度已经很低了，甚至已经远离决策中心。也有个别 UB 向上挺起，比如业务副总，又回到高位影响决策。

纵观 UB 在决策过程中的参与度曲线，从意向（需求）、方案（筛选）、商务（招标）、成交四个阶段来看，一般呈现“高位—中位—中下位—中下位”的走势。

再看看案例中企管、信息中心等部门，他们是标准把关者 TB。

在第一阶段，主要是 UB 在提需求，即使项目由 TB 发起，TB 也要组织厂商对 UB 进行调研、明确需求、确定初步方案，TB 自己无法提出具体应用需求，所以第一阶段 TB 处于中位或中下位。

在第二阶段，TB 突然扬眉吐气，因为 UB 提出需求后，把握标准、考察供应商则由 TB 负责，或者被领导授权。TB 的活跃程度瞬间提高，对项目的影响力也大大增强，从中位或中下位陡然拉高，一下蹿升到高位，替代 UB 成为“说了算”的人。

在第三阶段，TB 将筛选结果报告给 EB，进入招标流程或由 EB 直接决策。TB 的历史使命原则上已经完成，接下来怎么决策是领导说了算。TB 的否定权在提交决策层之后就开始部分失效，他们的参与度和影响力开始减弱，开始从高位下滑至中位或是更低；也有 TB 继续在高位参与影响决策的。

纵观大部分 TB 的参与度曲线，四个阶段分别是：中位—高位—中位—中下位。也有个别 TB 在第三、四阶段持续在高位运行，影响最终决策。

再来看看拍板人 EB——董事长。

第一阶段，在我们和业务部门初期接触时，董事长可能还不知道这件事，或者说他还没有很关心，所以开始是在极低位运行，参与人员中甚至找不他的影子。也有项目由董事长发起的情况，在那样的项目里，具体需求整理仍要由 UB 完成，即使董事长关注，他的参与度也可能仅在低位。虽然他有 100％的绝对影响力，但参与程度或许只有 20％，他对项目前期的综合影响只有 100％×20％＝20％。

第二阶段，随着需求明确，EB 开始关注并了解相关情况，包括应用范围及价值效果等。他通常会形成总体认知。这个阶段由 TB 进行筛选，决策者 EB 需要 TB 提供决策依据和支撑，一般不会直接干预。EB 开始关注，从上阶段的低位开始慢慢向上拉伸至中下位。

第三阶段，随着 TB 完成筛选交由 EB 决策，毋庸置疑，EB 参与度很高，对项目也有绝对影响力，可以随时拍板做出决策，参与度迅速拉升至最高位。

纵观 EB 在项目中的参与度，四个阶段分别是：低位—中下位—高位—高位。

还有一类人，比如案例中的同行企业高管和大学教授、监察部门和法务部门负责人等，在项目前期和中期始终处于低位或不参与，基本没有参与度，“潜伏”到最后决策阶段突然拉高，位于能够直接影响决策的高位。他们有的做短暂停留就急速下降，不再影响决策，比如把握一两个标准而已；有的盘旋在高位影响决策直到销售完成，这种人在最后可能举足轻重，很可能成为压死骆驼的最后一根稻草。他们的作用主要集中表现在对决策者的影响上。

至此，在一个横轴是项目阶段、纵轴是参与度的坐标系内，我们已经画出了四条曲线，分别是 UB、TB、EB 和特别的 TB。当面对这几条曲线时，很多销售人员会为之震惊，原来不同决策影响者在销售的不同阶段有着不同的参与程度和影响力，而这些参与程度和影响力，在不同项目中又惊人地相似！

当我们违背这个规律时，就处于被动状态甚至是危险的开始！

有位同事亲历过这样一件事：

一个项目里，财务部长是这位同事的铁杆支持者，不仅前期对需求和方案给予了鼎力支持，还在信息中心负责筛选的过程中努力施加影响，表示一定帮助这位同事拿下项目。可在招标阶段，情况开始变得非常复杂，不仅多出好几位影响决策的高层人员，还有外部专家介入。看到这种局势，同事心里很不踏实，总担心局面失控。

在一个风清月高的夜晚，同事约财务部长出来小酌，说："部长，你看现在的局面如何？"部长说："有些复杂，要想胜券在握有些难度，你还要多做些工作。"同事问："你能帮我做些什么？"部长说："现在我直接出面帮你说话恐怕不太合适，还是你多想想办法。"同事说："哥哥，这项目是咱俩的项目，咱俩一荣俱荣、一损俱损，这关键时刻你还得多发力啊！"

从参与度曲线来看，这位部长已经从早期高位下滑到中位和现在的中下位。同事企图拉高他的参与度，让他重回高位去影响决策，因为他没有其他支持者了。

同事说："关键时刻你一定要发力啊！"然后掏出一份材料说："这是我们和竞争对手的对比报告，上面有我们的优势和对手的致命弱点，要不你交给高层，影响一下？"部长面露难色，他知道这不是他的职责所在，这么做有很大风险。同事又说："哥哥，我就你这一个朋友，你要不帮我，我就没戏了！"部长咬咬牙，决定铤而走险。

第二天，部长拿着材料找到主管领导，他试图向高位努力。领导问部长："有什么事情吗？"部长有些心虚，在刚刚拉高的位置上晃了晃，说："领导，这里有份报告，给您做参考。"高管说："小×，你的职责是把需求提清楚，需求明确了吗？"部长说："明确了。"高管说："这件事目前由信息中心负责，把报告给他们吧！"部长抬头看见高管微笑的脸庞，还有些许怀疑与冷淡的目光，他从强行拉高的位置上快速跌落，感觉开始失去高层的信任。

后来，客户中有传言说部长收了同事好处，部长再也不敢多说一句话。或许他原本还能在中位行使职责，但因为试图强行拉高，导致直接跌至低位，最终决策时出局了，成了“烈士”。是同事把他搞成了“烈士”。

这个案例有些偶然性，但结合参与度曲线来看，同事试图强行拉高那条下行的曲线，违背了规律，受到了规律的惩罚。

还有的时候，项目一开始，销售人员就把所有努力和希望全部寄托在 EB 身上，认为搞定 EB 就能拿到订单，忽略了前期阶段 UB 和 TB 在高位运行的作用。EB 关注结果和投资回报，对具体需求和标准不是非常关心。等 EB 到高位决策时，发现 UB 和 TB 并没有提供必要的决策支撑，也就很难做出决策。所以，搞定 EB 并不一定能拿到订单，很多精彩案例和销售小说中，这种情形屡见不鲜。

当然，这个规律不是让我们玩打地鼠游戏，冒出哪个打哪个，谁说了算就去“临时抱佛脚”。

这个规律告诉我们，要在不同时期关注不同角色，关注不同决策影响者在不同阶段的参与度和影响力，把握销售的步骤和节奏。否则，即使有一个或几个坚决支持我们的人，仍然难以拿下项目。

这个规律告诉我们，在正确的时间面向正确的人做正确的事。一上来就呈现公司实力、演示产品、安排参观考察，违背了客户的认知形成过程，违背了客户选型过程。一上来就和低位的董事长 EB 谈太多的细节，希望直接“斩首”，可能一些小项目可行，但在复杂大项目中往往难以奏效。当 UB 想探讨需求时，我们对 EB 进行公关往往适得其反。

这个规律告诉我们，必须在不同阶段关注不同决策影响者。比如，项目初期重点关注 UB 的需求和期望，能使 UB 满意或赢得他们的支持。中期重点关注 TB 的选型标准和他们的认知想法，尽可能别让 TB 对我们说“不”。后期关注 EB 决策所需要的支撑和决策过程，关注影响决策的陌生面孔，这样才能有效满足更多人的需求、赢得更多人的支持，从而赢得订单。

这个规律告诉我们，不同阶段关注不同的“说了算”的人，不同阶段也要照顾低位运行的“潜伏者”，不要因为忽略任何角色而给自己树敌。让支持者做应该做和可以做的事，甚至可以在一些复杂项目中利用这个规律提前布局，以赢得最后时刻的那“关键一拍”！

影响力由什么决定

“指鹿为马”的故事众所周知。

赵高想谋反，担心群臣不听他指令，想验证一下，于是上朝时牵来一头鹿献给秦二世，指着鹿对秦二世说：“特献一匹马给陛下！”秦二世一看笑了，说：“丞相居然说起笑话来，这明明是鹿，哪里是马？”赵高却一本正经坚持说是马，还说：“你要不信，就请在场文武百官来评判吧。”秦二世问朝廷大臣究竟是鹿还是马，那些攀附赵高的人赶忙说：“是马，是马。”

秦二世没有影响力吗？他不比赵高位置高吗？可为什么在这件事上他说了不算呢？为什么那些朝廷大臣违背事实张嘴说“是马”？

我们有时也会遇到这种情况，最高决策者无法做出最终决策，一个原本“说了不算”的小角色却执意坚持，导致我们非常被动。某个角色影响力很大，可他却不作为；那个小角色原本影响力很小，最后却成了“拦路虎”。究竟是什么决定各个角色的参与度与影响力，从而影响决策结果呢？

◎ 单一销售目标

有位销售电梯的朋友讲过这样一件事。他和一家房地产开发商及相关设计单位、建筑商有着很好的合作历史，和总经理、技术人员及采购人员的关系都非常好，在当地拿到过很多项目。有一次，他听说这家开发商为某单位开发住宅小区项目，感觉生意来了，便和以前一样开始了销售之路。开标之前，他又找到总经理。总经理说：“这次的项目跟以前不一样。”这位朋友说：“我该做的都做了，应该问题不大吧？”总经理说：“你要知道这次是给谁盖楼。”后来，朋友了解到，这个住宅项目是给当地某政府机关盖的，要使用什么品牌的电梯都是由那边亲自指定。

同样是销售电梯，他之前与开发商有深度合作就能拿到订单。以前做业务时，买楼的业主 UB 参与程度并不是很高，他只要和开发商沟通就可以了。在这个项目中，正是因为单一销售目标中“使用单位”与以前有所不同，UB 的参与程度和影响程度都被大大拉高。

可见，单一销售目标不同，不同角色的参与度与影响程度也不一样。

◎ 专业知识

在客户组织中，谁对我们所销售的产品、服务更有发言权呢？EB最可能向哪些人征求意见呢？在IT行业销售中，总经理或最终决策者关注的是战略和目标，有时候对IT技术细节并不是十分了解，这时他们更有可能征求专业人士的意见。如果我们销售的是一套生产设备，客户中具有丰富生产管理经验的专业人士可能对决策有更大的影响力。因此，这些专业人士很有可能成为对客户评价我们产品、服务产生权威或重要影响的人。

◎ 决策流程

在向仓储部门推荐条码管理系统的过程中，已经非常认同方案的仓储部长告诉我，这件事他觉得非常有必要，对他的工作会有很大帮助。但根据公司规定，所有采购要通过公司采购中心进行，他只能向采购部门提出申请，然后让我们再与采购中心进行一次商务谈判。为了这次销售的成功，仓储部长告诉我："采购部门在和供应商谈判时，必须在对方报价基础上削减20%才有可能通过。"正是因为仓储部长告诉了我这一点，我们才得以在与采购部谈判的过程中提出了适当的报价并采用了适当的谈判策略，最终以合理价格一举签下了此单。

在这个案例中，与采购人员的沟通是必经过程，必须有效突破这个过程才能赢得销售的成功。如果当时我们只倚仗仓储部长强有力的支持，而忽略与采购部门的谈判策略，很有可能在最后谈判中陷入被动，被拖入漫长的拉锯战。

客户的决策流程，决定了谁在什么时间影响销售结果。即使得到客户关键角色的鼎力支持，也必须遵守客户内部流程。

◎ 工作内容

有些角色参与采购过程可能是他的职责使然，比如很多项目签单之前要将合同送到法务部门审核，或收款之前要由财务部门审批。这些人都有可能影响销售结果，至少会影响成交周期。而时间是策略的核心，拖延战术、日久生变的情况屡见不鲜。

我们不止一次碰到过这样的情况：我们和总经理及主要副总沟通方案并报价以后，感觉总经理应该很快会同意签约。就在报价提交后，客户内部突然出现一个以前根本没接触过的人，这人的职责就是砍价。这种情况在民营企业中屡见不鲜。这些人往往是谈判高手，深得老板信任，他们的任务就是把老板不好意思和我们谈的事情用他们的理由说出来，达到他们的目的。这时候，他们往往以价格因素否定我们，拥有对价格的否定权，直到找到双方的平衡点。他们是负责砍价的 TB。

◎ 优先权

销售一套生产管理系统，无疑生产部参与度更高，技术质量等部门参与和影响度相对低，财务部和销售部可能更低一些。销售一套物资管理系统或是财务管理系统，物资部和财务部就会比其他部门有更大的影响力。这些 UB 最终使用产品或服务，并从使用过程中受益，所以这些部门相对其他部门来讲会有优先权。

但是，当销售一套财务系统时，由于财务系统可能会对库存部门提出更多要求，或是对库存业务产生重大影响，库存部门也将发挥重要影响。特别是如果触及企业中的个人利益时，那些被触及个人利益的角色会努力施加影响，以保护或发展自身利益，这时他们的影响力很可能变大。

◎ 政治斗争

刚刚谈到对自我利益的保护，这是典型的非技术因素影响力作用的表现。恰恰是这些决定了决策参与者变得深不可测，可能导致局面更加复杂，也最让我们头疼。

销售的对象是一个组织，在这种组织里，人与人之间必然会有各种显性或隐性的关联，这种关联就是他们在冰山下对个人权力和利益的诉求。若我们的产品、服务给企业流程和运营带来变化，这种变化将改变组织中的既定关系和利益格局，一部分人势必感到不安或焦虑。当人们面对未知变化时，本能反应是抗拒变化的到来。

在这种情形下，决策影响因素会变得异常复杂，甚至超出角色本身的职责。具备这种意识，具备这种判断能力和把握能力，我们才开始向顶级销售迈进。

洞察潜在博弈力量

我曾碰到这样一个项目。

客户是一家比较大的家族企业。当时，客户计划使用采购和销售管理系统，和我们接触的财务总监是董事长的妹妹，负责采购的副总是董事长的弟弟，负责销售的副总是董事长的爱人。那次交流除了董事长，这三个人都在，另外还有一位信息部主管（非亲属）。

当我们对方案进行了详细讲解后，管财务的妹妹大力支持，因为她很想清楚掌握采购计划执行、资金支付的真实情况。管采购的弟弟却反对，他认为目前采购很复杂，原料市场变化非常快，没办法按计划执行和付款，只能看市场行情，好了就多采购，行情不行就控制采购，保障生产就可以了。管销售的董事长爱人则表示，采用这样的方案对她所负责的销售业务是有帮助的。那个信息部主管并没什么明确态度，表示听领导安排。

这时候，怎么面对那个不支持的董事长弟弟呢？要不要说服他、改变他的认知？

用客户反馈模式分析，妹妹 UB 是“G＋4”，弟弟 UB 是“OC－4”，爱人 UB 是“G＋2”，信息主管 TB 是“EK＋1”。而董事长经常在外负责战略投资，一般不管具体业务，但这项决策要他审批，所以他是 EB，对我们来讲是个未知风险。我们发现，虽然没直接接触董事长，但这个项目中的三个关键 UB 都有很大的影响力，只针对角色的分析方法几乎已经失效，这超出了销售本身，需要更多的智慧来判断和面对。

类似的情况我还碰到过多次。

有一家民营企业集团，董事长是60多岁的老爷子。大儿子是集团副总，兼某下属公司总经理——这个公司拥有该集团最大的一个生产厂。二儿子也是集团副总，兼另两个小一些的公司总经理。三儿子也是集团副总，负责集团管理事务和对外联络。董事长的女儿负责集团的财务。

当时，我们对集团和下属公司进行了调研，于当天下午汇报了集团信息化解决方案。会上，老大和老二听完默不作声，这个方案带来的变化出乎他们的意料。老三见两位哥哥阴着脸不说话，便表示："我们再商量一下，晚点儿再联系。"

当晚，饭后刚回到酒店，我们就接到了老三电话，说董事长要再听一下这个方案的简要汇报，并且可能会有明确指示，要我们尽快赶到现场。我们猜测，应该是吃晚饭的时候，有人向董事长做了汇报。

那次的"家族会议"是晚上九点半开始的，在集团办公大楼会议室，现场有老爷子和兄妹四人。

根据客户要求，我们讲完已经将近十一点了，董事长要求大家讨论方案。老大和老二明确表示下属单位管理基础薄弱，人员素质跟不上，这样集中管理的方案对他们不适合，还说信息化管理是将业务数据存储在计算机里，万一机器丢了或数据泄漏，那问题可就大了。老三认为信息化管理是趋势，集团如果要发展，必须跟上时代步伐。女儿没说话。经过激烈争论，最后老爷子拍板，实施这个集中管理方案，一期一期逐步推进，项目由三儿子牵头。

讲到这里，相信大家已经明白，这位即将退位的老爷子在考虑接班人问题，而这个项目恰恰成了“加速器”。就在这个项目实施半年后，老三成了集团总经理，这家企业也成了我们多年的忠实客户。

相信大家或多或少遇到过类似情况。特别是在高科技领域，这种产品、服务本身就是对客户现状的变革，实施过程中总有权力、利益的再分配，这种再分配很容易成为某些关键人的机遇或威胁。

◎ 是朋友还是敌人

客户中不同角色的人员在企业中担任着不同职务，这些职务之间有着显性的、直接的管理或业务关系。有时候，我们不能简单从隶属关系和工作关系判断这些角色的影响力，因为事实常常并非我们认为的那样。

分析项目时，我们画出组织结构图后会发现有多条线，线与线之间的关系很微妙，有时候我们无法获得多条线共同支持。可能某条线支持，但另一条线却不自觉地消极或明确反对，这让我们有时候不得已选择“站队”。在客户组织中，决定这些线与线、点与点之间关系的因素是多方面的，必须找到这些因素，判断其关系，才可以制定有效的策略。

◎ 业务冲突带来的矛盾

有句话叫“屁股决定脑袋”。客户在某个位置上，不知不觉就会与其他部门或组织产生矛盾。这不是缘于个人意愿，甚至两个原本关系很好的人也可能因为这两块业务本身有着不可调和的冲突而产生矛盾。人与人就在这种不可调和的矛盾、无法分离的联系中，不断合作与竞争。

不同角色对事情的不同态度，可能与岗位职责有关系。比如生产部门需要的原料由采购部门买来，生产出来的产品质量与原料可能有直接关系。如果一批产品质量出了问题，可能是生产加工过程有问题，也可能是采购的原料质量有问题，这种责任有时说不清。再比如，采购部门提出供应商付款计划，财务部门却因为资金紧张等原因没有及时付款，将采购部门的紧急付款视为一般付款，这样一来，两个部门难免产生矛盾。

还有一种关系，是提供与接受内部服务产生的矛盾，比如人力资源管理部门与营销部门，IT 部门和业务部门、设备维修部门和生产部门等。内部服务无法让人百分之百满意，总会有或多或少的瑕疵，日积月累，可能影响部门之间、人与人之间的关系。

客户内部的这些矛盾是在合作的大前提之下的小冲突，长久以来这种小冲突会使客户内部形成不同的团体或派系。当我们的产品或方案恰恰在他们这个缝隙之间的时候，他们之间的关系和对我们产品或方案的态度就变得很微妙，并因此决定了不同关键人的不同态度。

◎ 个人积怨的影响

一家客户曾经长期购买某朋友公司的产品，客户很满意，合作负责人与朋友建立了长期的信任和合作关系，这家客户每年都会带来稳定收入。后来，负责人因为某种原因被调离，另一位经理接任。新经理上任后不久就换掉了一批原来的供应商，包括朋友的公司。朋友很奇怪，他并没犯什么错，也没得罪过什么人，怎么突然就被换掉了呢？经过了解得知，新任经理和前任经理个人之间有很深的矛盾，几乎势不两立，凡是上任经理的朋友都成了他的眼中钉。

销售人员遇到这样的事很崩溃，不是自己做法出了问题，而是客户内部之间的矛盾使然，我们在某些人眼中有天生的劣势，这种认知极难改变。有的销售人员凭借与关键人的良好关系，在客户那里过度张扬甚至肆无忌惮，唯恐别人不知道他和关键人有什么关系，甚至利用与关键人的良好关系影响其他人。这种公开的关系非但没有成为他的优势，反而可能成为他最大的威胁。这种张扬会让对立派怀恨在心，暗放冷箭者大有人在。所以，对于支持度为"'+5'热情拥护"的角色，某种程度上可能要标识上风险。

◎ 与销售无关的支持或反对

我们也曾遇到过这样的情况：客户明确表示"只要他支持你，我就反对你，不管方案怎么样"。说这种话的通常是中层或下层。因为高层很有水平，即使真这样想，也会说："这件事某某负责，你去找他吧！"

"只要他支持，我就反对"，遇到这样的局面很麻烦。可能这两拨人是天敌，彼此之间有着不可调和的矛盾，其中一个人或一拨人把对方任何政见观点都看作对自己的威胁，包括对项目或销售人员的正面评价。

我们在某个项目中就遇到了这种情况：客户内部分成三拨，三拨之间并非不可调和的对立关系，只是对事的看法总是相反，三拨之间很难相互信任，明显是那种老国企风格的“三派势力”。我们介入项目时发现了这个问题，就采取了“分兵而治”的策略，安排了三位销售人员分别面向三个关键人开展工作。一位销售人员拜访时只见其中一位，和另外两位不见面，即便见了面也不打招呼。回到公司，这三位销售人员再聚到一起核实信息，共同制定策略，再分头行动。这项目等到后期客户决策的时候，三个关键人都没反对我们。

◎ 外来角色的影响力

我小时候在家乡总看到这样的情况：兄弟三人在家里为一件小事打来打去，但哥仨出门马上联合起来对付外人。就连我女儿小时候也一样，她和小区另两个小朋友在一起没多久就又打又吵，哭声阵阵；一旦他们遭到陌生小朋友欺负或遇到什么危险，三个小朋友就很快抱成一团一致对外。

客户群体组织是社会组织的一部分，历史上有种策略叫“借外力而靖内乱”。销售中也经常遇到这种情况，客户内部意见相左，两派争得难分难解。这时，如果有新人或外部专家出现，他们首先想的是先将这些力量拉入自己的阵营，如果不成功则共同抵制。而客户的最终决策者将这个新人或专家引入，正是希望借助这种外力来制衡内部相持不下的意见。这种外部意见要么被某一方吸纳从而得到加强，使另一方做出妥协；要么使两方从相持不下到联合一致对外；要么用这种新意见替代原先两种意见。总之，使僵局得到化解。

生意场上到处都有传统智慧——制衡。

要点小结

参与度模型

- 应用选型 UB：高位—中位—低（高）位
- 技术选型 TB：中位—高位—低（高）位
- 最终决策者 EB：低位—中位—高位

影响力因素

- 单一销售目标
- 专业知识
- 决策流程
- 工作内容
- 优先权
- 政治斗争

实战演练

请针对之前所选项目，分析每一位角色的参与度与影响力，并预测后期走势。

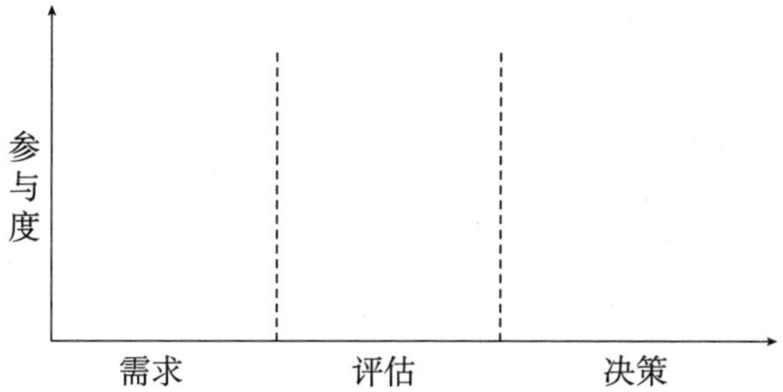

独家秘籍

扪心自问：

1.【参与影响与阶段】你所列举的参与影响模型，与项目当前所处阶段一致吗？进行到什么阶段了？该谁参与度高？谁还没出来？

2.【参与影响与金额】你所分析的参与影响模型，这些人真的可以做出决策吗？还会有别的潜伏者吗？这些人决策之后还要请示什么人？

3.【参与影响与竞争】你所分析的参与影响模型，与竞争形势对应吗？看看你与对手的竞争态势，再看看这里面的人，彼此对应吗？

赢单口诀

究竟是谁说了算

复杂销售周期长，角色影响有权重，

阶段影响参与度，不同阶段有分工。

UB 前期参与高，商务逐步向下行。

TB 中期说了算，提前布局早沟通。

EB 后期升高位，集体决策微妙生。

Coach 始终是暗线，关键时刻显奇用。

影响大小看职级，专业风格资历定。

决策模型有玄机，时空互换险相平。

第七章

第六问：客户到底想什么？

决策的内在动力源于个人“赢”，或许不仅仅是方案带给组织的业务“结果”。

价值能决定出路吗

◎ 销售的菜鸟时代

人类跨入 21 世纪，我也由一名咨询顾问跨入了销售这行。

之所以进入销售行业，是因为我为一家高端客户引入的项目成了全国样板，正好赶上公司组建高端产品业务部，我对这套产品比较熟悉，就被省级分公司指定负责组建高端销售团队。

本以为掌握了最新产品、了解客户如何应用并创造价值，我就能成为一名成功的销售人员，可一开始就发现自己错了。我不知道怎么寻找客户，不知道客户为什么会买我们的产品，不知道怎么与客户达成交易，不知道见了客户应该说什么。我带着高端销售团队在迷茫中没目标地乱跑。前任销售经理甚至对我说："你能做高端销售？笑话！知道客户大门朝哪儿开吗？"

记得有一次接待一位大型企业的处长，虽然这是我的客户，但我不得不拉着另一位经理帮我接待，因为我确实不知道该怎么做。在豪华酒店吃着大餐，那位销售经理口若悬河，时不时把在场的人逗得捧腹大笑。气氛非常好，大家也很愉快，我只是尴尬地坐在一边陪着傻乐。之后，我莫名其妙地第一次跟着他们去了当地最好的洗浴中心。水龙头喷出的白浪哗哗拍在身上，我鼓足了勇气，小声问旁边的处长："处长，你看我能做销售吗？"处长搓着满脑袋白沫子，紧闭着双眼说："你销售做得不错啊！"我脸一红，说："你看我在饭桌上连话也不会说。"处长说："各有各的风格，有时候说话多不见得是好事。兄弟，要对自己有信心！"这句话给我上了销售的第一课，更给了我无限激励。

当年我就这样晕头晕脑带着三位手下，备感痛苦和折磨，直到参加了一场改变我职场生涯的培训。

那是 21 世纪之初，公司要实现从产品销售向解决方案销售的战略大转型，我有幸成为从全国机构中挑选出来的 40 名学员之一，到总部参加培训。那是一系列销售培训，理论加实战，分别是"顾问式销售""解决方案销售""销售管理"，讲课的是位台湾来的老师。

在那次课上，我才知道客户为什么要签单，不是因为我们产品有多好，而是因为客户有"痛"，业务中有需要解决的问题。我们越了解客户的潜在问题，给客户的方案越有价值，客户会越愿意花更多的钱来购买，这就是销售中的"3P"：问题（problem）、产品（product）、价格（price）。客户不愿购买，是因为看不到这个产品、方案带来的价值，也就是说对产品、方案能解决什么问题、怎样解决问题并没有深入的认识。要想让客户购买，就要让客户看到他的问题所在，看到我们的方案和产品能带来什么价值，然后以一个合适的价格成交。客户由方案获得最大价值，供应商由方案获得最大利润，客户和供应商才能双赢。

在那次课上，我才知道和客户说什么他们会感兴趣。以前我上来就介绍产品功能，这相当于强制推销。要从客户的业务出发，发现业务中的问题，然后向客户呈现产品的功能和特点，并特别告诉客户：你用了我的产品会有什么效果。这就是销售中的FAB——功能（features）、特点（advantages）、利益（benefits）。当时我就想，就像卖药，介绍药方没用，不仅要说药的特点、能治什么病、有什么药效，更要了解对方的身体状况，要讲为什么对症。

在那次课上，我才知道还能清楚算出客户购买后能得到多少回报。这种回报叫经济效益，是有形的、可以量化的。我还学会了如何帮客户科学计算出降低库存、加速现金周转、降低生产成本、提高生产效率、控制采购成本等的具体回报，量化给客户的价值，让客户觉得更真实可信。这还可以带给客户无形价值，比如提升沟通效率、提高客户满意度、建立良好企业形象、优化竞争优势、提高员工素质等。

在那次课上，我才知道和客户沟通也有技巧。提问方式包括“开放式”和“封闭式”。如果想让客户多说就提开放式问题，如果想让客户闭嘴就提封闭式问题。我还知道了拜访前要做充分的准备，不打无准备之仗。我还知道了拜访过程中要学会倾听，要关注对方肢体语言和对方给予的信息，要随时和客户确认。在当年，这些技巧令我大开眼界，原来销售也是有道道儿的！

在那次课上，我才知道大项目是要分阶段的。不同的销售阶段要完成不同的动作，有不同的标准，做事情要按步骤来，要学会项目进程控制。我才知道客户的采购角色分成四类，才明白如何建立和维护客户关系；才知道大项目销售和团队管理是有方法的，可以用漏斗标准来检查下属的工作，可以用不同动作来核实进程。

参加了系列培训，我就像武林中不会功夫、处处受欺负的笨小子摔下悬崖，遇到世外高人传授了武林秘籍，等再回到现实世界，发现一切都变了，包括自己的功夫，甚至江湖地位。

◎ 割麦子般的销售

参加完那次培训，我自恃学到了武林秘籍，回到现实世界就开始用正在做的大单练手。与其说用那个单子练手，不如说是在向客户学习。

在那个项目中，我们第一次清晰详尽地描述了客户的业务和管理问题，结合各个部门做了业务现状、管理问题、目标期望、解决方案、应用价值的全面总结，还根据需求和方案做了所谓的“投资回报分析”。客户的原料采购成本占产值的60%，仅生产设备的备件库存就将近两个亿。我们按照老师讲的对这些数字做了推演，得到的结果是采用我们的方案后每年可以节省几千万元。

正式上报之前，我们把这个“投资回报分析”单独给客户某位高层领导看。高层领导笑了笑，问：“你们了解我们行业吗?”在场的人面面相觑，我尴尬地说：“我们的了解仅限于调研。”其实，这位高层领导希望我们成功，也乐意帮我们。通过他的指点，我们才知道，行业方案一定要结合行业特点来做，甚至同行业不同企业，经营战略和管理模式不同，方案也会有所不同，干巴巴的数据分析并无法真正打动决策层。

原计划给客户汇报方案，结果客户给我们上了一堂课。那是我在企业管理方面上的真正的第一课，是企业高管从自身角度出发，对经营本质和业务管理的理解和感触，以及对我们方案的看法和要求。在他看来，企业为客户提供产品、服务的过程，是社会价值链的增值过程，这个过程融入了管理者的战略思想、组织和流程，融入了计划和结果，融入了矛盾和制衡。企业购买产品方案化，是希望落实管理思想，优化组织和流程，实现效率和效益最大化，帮助企业为客户提供成本更低、质量更高的产品、服务。而我们看到所谓管理中的问题，是这个框架下的“末”，如果不能抓住企业管理者的“本”，将无法有效打动高层领导。客户还结合企业实际业务举了很多生动的例子，让我们受益匪浅。

我听得入了迷，笔记做了满满几页，连夜用 PPT 整理了出来，并结合我的理解配了生动的动画。我将调研中了解到的各种问题做了精简、分类、归纳，整理出该行业十大管理难题和解决之道，再将原先的方案重新对应组合，两周后形成了该行业的一套相对完整的解决方案。

半年后，那个大单签下来了，但签约时我不在现场，而在另一家客户总经理的办公室里。签约现场这边领导讲话时，我正在给那家客户总经理讲解那套方案；这边签字合影时，我在那边和第一次见面的总经理签下了合作意向书！

那个大单实施过程中，我基本上每两周就要去现场一次，看他们有什么新的调研报告，又画出了什么新的流程图，有哪些可以融入 PPT 或方案的新亮点。客户也在实施过程中提出了一些他们非常关心而被我们忽略的问题。就这样，我们的解决方案成了真正“源于客户”的解决方案。在后来的日子里，我才知道这样的方案有什么威力。直到今天，公司在这个行业的大多数文字和流程图还是我们那时候写下的。

我获得了公司当年最大单奖，这给了我很大动力。接着，我订阅了这个行业的管理杂志，在与企业接触的过程中不断向客户学习，结合对产品的理解进行消化，无形中找到了行业共性问题。在接下来的日子里，我只要碰到这行业的客户，就会把管理中的各种问题编成故事讲给他们听，并适时抛出解决方案。不知不觉我成了这个行业的“故事大王”。

那是在十多年前，当时这个行业是省支柱行业，全省同行企业有200多家，规模以上有50多家，单在省南部某个地级市就有20多家。在成功签下高端产品第一张千万大单、中端产品第一张百万大单之后，我们开始了割麦子般的销售。

我们对同行企业名单做了收集整理，将其按多个维度进行分类，确定了行业推进策略、销售节奏、产品方案策略、竞争策略等，开始规模销售。销售过程比较类似，即先拜访客户中层，再请中层引荐高层。和高层见面的理由很简单：“你们旁边谁家上了信息化系统，是我们给他们上的。您想不想了解一下他们做了什么?”

同一区域同行企业互相之间都有联系，高层与高层、中层与中层很熟悉，沟通也很频繁。他们之间往往有种攀比心态。大家会为谁家新上了设备、谁家拿下了大合同、谁家出了什么管理新招儿而暗中较劲。恰恰这成了我们约见总经理的契机。

只要约到总经理，我们就抛出那些源于客户、充满真实故事、让他们感觉自己浑身血淋淋的行业管理难题，还有那套灵丹妙药般的解决方案——这是客户最关心的。我们在实施服务的过程中抓到了很多具体“证据”，分析更真实生动、方案更适应实际业务，让每天都在为公司的管理难题挠头的客户听了如饮甘露。

紧接着，我们利用高层的表态，联合中层共同把项目顺利向前推进。因为都是同行，方案都类似，甚至客户会说：“他们上了什么，我们照样上就行了。”谈价格也就轻松许多。我们只需把签过的合同给这家客户一看：“大家都是朋友，价格都很透明。给你高了，我对不起你；给你低了，我没办法和人家交代。就按这个金额签吧！”

很快，那些稍大一些的企业都成了我们的客户。有时候，开车途中发现远处有一家不大的企业，销售人员就会去敲客户的门，不久后就会签下来。就这样，利用两年时间，我们签下了这行业当地的几乎所有客户。

◎ 攻无不克的年代

客户给上的一课让我茅塞顿开，和那些企业不断的交流让我练就了直白生动的“行话”和“土话”，还有那些割麦子般签下的客户让我越发成熟。公司安排我负责更大的区域。因为是从“枪林弹雨”中走过来的，销售战场上练就的招数简洁实用，招招致命，那段日子我做得春风得意。

我开始支持公司在全国的销售人员，各地只要有这个行业的单子，我都会抽时间去现场。到现场后，我先分析项目形势、客户角色、客户购买原因，然后分析竞争对手做了什么、还有什么机会、怎样才能赢。当时的杀手锏就是——给客户讲方案！

北方某城市有家客户，销售人员给这家客户介绍项目时，感觉没什么希望了：因为竞争对手已经与客户接触了3个多月，进行了两轮调研，提交了200多页的解决方案，即将进入商务阶段。我们分析了半天，也没找到更好的切入口，最后制定了一项背水一战的策略：直接拜访竞争对手的支持者——信息中心主任。

在通过努力见到主任后，他的话让我们心里凉了半截："我们已经和另一家公司接触很久了，彼此都很了解。你们还想做些什么呢？"面对这样的局面，我们确实没有其他选择了，只好硬着头皮说："我们知道你们接触很久了，今天来只是给您提些建议，咱们生意做不成，朋友总可以做的。"说完，我们便架起投影仪和笔记本。主任抱着胳膊、跷着二郎腿，漠不关心地看着我们。

刚开始的交流很困难，主任基本上不说话，只是我们在"表演"。当我们主动提出些问题希望他开口时，他最多哼哼哈哈应付一下。当讲到行业面临的一些具体问题时，主任拿出本子开始做些简单的记录。我们看到机会来了，便结合一些具体问题开始讲故事。当讲到业内一些内外勾结、作弊给企业造成巨大损失的案例时，主任开口了，开始和我们分享他们的实际情况。他讲的和我们讲的类似，甚至更生动有趣。一个小时后，我们已经在共同讨论企业存在的问题和带来的损失了。当讲到具体解决方案时，主任态度大为改观，时不时点头表示认同。

那天下午交流很成功，我们就很多内容达成了共识。晚饭气氛很融洽，加上北方人爱喝酒，那天晚上大家都喝了很多。看得出来主任内心开始接受我们了。他还说："哎呀，你说人家大老远飞来飞去那么多回，光差旅费就花不少钱了，要不选人家，多对不住他们啊！"

在半个多月后的招标中，我们有机会向总经理和主管副总讲解方案。可能是运气使然，竞争对手也只做到了主任这层。当天下午，我们以高出对手10%的价格中标。

虎口夺食的感觉很幸福。我们的方案能给客户带来价值，客户也能认同并欣然接受，这种销售做起来真过瘾。那种提供咨询和建议的感觉，那种签单后的成功与自豪，让我自以为找到了销售的真谛。

可好景不长，接连丢掉的两个大单开始了我的销售噩梦。

◎ 没有拿下的大单

就在我自以为用解决方案为客户创造价值就可打遍天下时，真正的销售之路才刚刚开始。

这是一个不小的项目，我们介入比较早，和客户中负责信息化的总经理助理关系很好。经过方案交流和样板参观，客户高层对我们的方案和行业经验非常认同，接下来就是调研与方案论证了。

销售高手都知道，调研绝非仅仅了解客户需求那么简单。销售人员除了在调研中接触更广泛的使用者，了解企业特点并抓住客户最关心的问题，还要考虑如何给被调研的潜在使用者留下最专业的印象，赢得他们的支持，这样就能创造一种舆论甚至“群众呼声”，继而在关键时刻为决策者提供有效依据和良好氛围。

在调研业务部门的过程中，我们通过有效提问和倾听，了解到客户的真实需求。在与一些部门关键人的沟通中，听完客户介绍后，我们不仅清晰详尽地描述了他们的业务流程，还对他们没说出来甚至没想到的重点难点进行了介绍。一些业务人员听了非常兴奋，激动地说：“对对，你们说得太对了！要是把这问题给我们解决了就太好了！就请你们给我们做吧！”我们也掩饰不住内心的兴奋，看了眼陪在一边的信息中心主任说：“您选我们，也得让他选我们才行啊！”说完大家哈哈大笑。

既然有总经理助理和信息中心主任的支持，又有成熟方案和样板客户，我们本以为这项目可以收入囊中了。事情的进展却并非如想象的那样顺利。

我们先是感觉信息中心主任和总经理助理并不是很合得来。主任虽然表面热情，但感觉总隔了层什么。后来，我们觉察他好像和对手有些交情。再后来，企业里一位上岁数的企管副总也开始过问此事，年轻的信息中心主任很听那个副总的话，而年富力强的总经理助理仍然负责这个项目。

通过总经理助理，我们顺利和总经理取得了直接沟通。总经理和一家样板客户关系很好，知道他们使用了我们的方案并且很成功，也知道我们公司的实力和品牌，很清楚我们的优势。

可就在招标之前，企管副总以归纳企业管理需求为理由，把编写标书需求的权力揽入自己手中。总经理助理只负责招标书的标准制式内容。到这一步，总经理助理也帮不上什么忙了，甚至我们发现很多信息也无法及时准确获取了。等拿到标书的时候，我们竟看到了竞争对手所要求的条款！

就这样，在客户非常清楚我们方案的价值、业务部门强烈支持、我们有丰富实施经验的情况下，客户竟然选择了没产品、没方案、没样板客户的另一家供应商！

那个项目，表面看起来是因为我们的价格比对手高出200万元而泡汤的（低于这个价格，我们连成本都收不回来，而竞争对手却可以做到）。我们随后了解到，背后的真正原因是客户在和香港一家企业谈资本合作，而那家香港企业向客户推荐了我们的竞争对手。

我们当时想不通，客户难道出于这个原因，就把项目风险放在第二位吗？他们买软件不是为了给企业带来价值吗？从这个角度来看，我们再合适不过了。难道客户真在乎那200万元，还是愿意拿这项目去换港企的支持？还是那个年长的企管副总有什么不可告人的目的？

有老师告诉我们，只有给客户带来价值，销售才更有价值，才会赢得客户的订单。可是，客户认同我们的方案带来的价值吗？还是他们认为有别的更大的价值呢？

难道解决方案价值销售有什么不对吗？

◎ 方案的企业价值

前面的故事并非炫耀我的过往有多辉煌，相信过来人看到的是一个销售人员的成长历程。

在销售菜鸟时代，让我们找到方法的是顾问式销售和基础销售技巧。割麦子般的销售，是按顾问式销售和解决方案销售在同行业的复制，加之有效的行业推进策略，即行业销售。在行业销售中，销售人员凭借着专业知识、丰富的行业经验和销售技巧可以赢下很多单子。

所以，解决方案销售、顾问式销售和基本技巧是敲门砖。没有这些基础能力，无法成为一名合格的销售人员。当然，这不是就一般产品销售而言，也不是就面向终端客户的快消品销售而言，更不是就街边卖水果或卖菜而言，这里说的是复杂销售。

面对复杂销售，面对客户内部多个决策者之间的恩恩怨怨，面对突如其来的变化，我们发现，仅仅凭借着良好的方案优势，还是没办法赢下那些大单。复杂项目更像是在碰运气，甚至在赌博。

那么，产品或方案是如何给客户带来价值的呢？

方案或服务是一种工具或一种知识，抑或一种思想，是客户所需要、销售人员能提供的商品或服务。在商品或服务向客户转移的过程中，客户付出了等量的报酬，从而完成此次等价交换。只有客户感觉有必要时，也就是说客户的“现实”与“期望”有差距时，他们才会付出成本购买。

当客户采纳方案或服务时，业务流程会随之变化。这种变化改变现有的业务流程，或是对现实的改善、问题的解决，或是对期望的满足、优化。如一家客户买了办公自动化系统，通知下发、文档管理、会议室预订、车辆预订等传统工作方式将改变。又如一家企业原来发工资需要劳资部门编制打印，将工资条割成一个个小纸条发给每个人；采用“短信工资条”后，每位员工定期收到一条工资条短信，省去了做表、裁纸的时间和人工成本，也降低了打印成本。类似这种改变更多是优化了流程、提高了效率、降低了成本，或增加了收入。方案或服务改变客户的业务流程，给客户带来企业价值。

企业经营以股东权益最大化为目标。企业是营利机构，都要生存、发展乃至获利，从而创造社会价值并承担社会责任。通过杜邦分析体系，我们可以将股东收益率分解为多个企业经营指标。为了更好地生存、发展和追求更好的经济指标，企业会不断追求更快速度、更多收入、更低成本、更高效率，甚至更好品牌、更大市场影响力等。销售人员提供给企业的解决方案或服务，就是帮助企业实现这些经济目标或组织目标的。

◎ 角色的个人价值

方案或服务给客户个人带来什么价值呢？

决策者 EB 关心的是“这笔采购能得到什么回报”，关心企业发展方向和战略，关心如何让企业更健康地成长、如何增加销售额、如何提高生产效率和生产力、如何用更低的成本运营企业、如何获得更大收益、如何让企业保持健康平稳的现金流等。如果我们的方案或服务能给他们带来这样的价值，决策者 EB 就有理由选择我们。

使用者 UB 往往关心“这样的方案或服务对我的工作会有什么

影响”，关心方案或服务能否帮他们从繁杂的工作中解脱出来，从而提高工作效率和绩效，更便捷轻松地完成工作。有时候 UB 也关心产品或方案是否稳定可靠，遇到问题时供应商能不能提供及时出色的服务保障。他们也会考虑这样的方案或服务是否易于学习和使用。

技术选型者 TB 关心方案或服务是否满足技术和标准、是否规范、是不是最佳选择，成交价格是否在预算之内，交易条款和条件是否对企业有利，方案或服务能不能及时交付并保障使用、是否符合他们关心的条款。

上面这些价值都是面向企业的，面向客户组织和业务的。客户一旦做出决策，往往能够影响很多人，并且带来的价值在很多情况下可以被量化和客观评价，所以有投资回报和应用价值分析等有形效益和无形效益。只有方案能为企业创造价值，销售才有基础，我们才会因为客户受益而受益。

除了带给客户企业价值，还有什么会影响客户决策呢？

决策有何隐性理由

在复杂销售中，客户的决策之门是向我们关闭的。有时候，客户根本不拿我们的优势当回事，反而拿那一点无关紧要的不足或缺点大做文章，不选我们的理由也经常如此“牵强”。

客户做决策时我们无法亲临现场，决策会议的内幕不得而知，我们只能事后通过某些渠道获得些片面信息。我们即使有机会知道客户决策过程的真实场景，也无法理解客户为什么做出这样或那样的决策。这离不开客户内部的博弈。支持者为什么积极支持，反对者为什么坚决反对，他们到底出于什么考虑呢？

在分析客户内部冲突和博弈的同时，更要关注每个关键人为什么支持、为什么反对。客户决策一定是源于某些人意见的交叉，最终结果是多人意见的综合作用，甚至是博弈的结果。每个决策人都有影响力，这些影响力源自哪儿呢？

◎ 难以说服的库管员

有位朋友向一家企业销售库存管理系统，用来管理库存物资。他了解到这家企业库存管理比较乱，出库、入库虽说有单据，但库存数量和实际进出库数量经常对不上，甚至客户都不知道自己仓库里有多少东西。库管员每天要对各部门的出入库票据进行收集、整理，分别登记在库存管理台账上。这家企业的生产部门和涉及物料很多，每天无数单据让这位库管员应接不暇，她每天 8 小时都在忙乱中度过。

主管领导和朋友谈过以后，明确表示只要能说服库管员使用这套系统，马上就可以签单。朋友向库管员演示了这套软件处理出入库单据、自动记账、查询分析等功能，并介绍这套系统将大大减少库存管理的工作量，能使库管员从繁忙的工作中解脱出来。库管员听完之后，略有迟疑：“这套软件确实不错，可我们库存管理基础太差了，是不是还得盘库啊？再说有的部门拿着单子来领材料，有的部门甚至不填单子，说回头再补。这个系统估计没法用！”库管员拒绝了朋友的销售。

这家企业确实有需求，这套系统也确实能提高效率并降低库存成本，应用这套系统对企业来讲绝对是好事。

朋友得知，这位库管员大姐很本分，从来不从仓库里偷着往家拿东西。她也很爱学习，家里早就买了电脑，应该不是担心学不会。高层明确表示，如果采用该软件，公司将发文规范出入库流程，这位大姐也不用担心部门配合问题。朋友还了解到，这家客户不裁员，员工若在规定时间内完成了工作还可以提前离岗回家陪孩子。

库管员为什么不同意呢？朋友感觉是没给这位大姐讲清楚，没让她认识到这件事的价值，于是邀请了公司库存管理顾问亲自给她讲。那位顾问从库存资金占用、库存周转率、库龄分析等管理角度告诉大姐："系统应用之后，企业库存资金占用率大大降低，周转率大大提高。"朋友紧接着说："你看，用了库存软件之后，每天8小时的工作，你2小时就可以完成了。不仅如此，咱企业会成为当地库存管理的示范单位。将来我们会大力宣传你如何用软件提高管理效率，写篇文章帮你在杂志上发表，你肯定会出名！"

库管员大姐心存感激，有些不好意思地说："我这库存工作挺简单的，公司花钱给我们买套软件，这不是让公司增加支出嘛！说实话，我们公司的核心问题不在库存上，提高管理水平，应该在采购和生产上下工夫。这套软件对我们帮助确实不大。兄弟，谢谢啦！"

朋友百思不得其解。方案明明对物料管理有很大价值，可以提高工作效率、降低成本，能把库管大姐从每天 8 小时的繁忙中解脱出来，还能把她包装成“知名人士”，她为什么就不想买呢？

后来，朋友才得知，原来这家企业管理得很细，每个岗位都按工作量核定岗位工时，按小时发工资！以前库管大姐一天工作 8 小时，每小时 10 块钱，可以挣 80 块钱；假如使用了该软件，库管岗位工作量被重新核定，每天只需要工作 2 小时，只能挣 20 块钱。所以，库管大姐找出各种理由来拒绝。

我们发现，这位库管大姐对这次销售有直接影响力，她是使用者。她最看重的不是“企业是不是效率提高、成本降低”、不是“个人能不能出名”，甚至不是“工作是不是轻松简单了”。在她心目中排在第一位的是“收入是不是减少了”。这关系到她的个人利益，是首要考虑问题，是她支持与否的最根本理由，所以她的决策动机是“收入不降低”。

销售给企业带来价值的同时，往往也会给个人带来价值。但有时企业价值和个人价值是两回事，甚至相互矛盾。看似对企业很有价值的产品，对个人不一定有价值，还有的产品让企业受益而个人价值却受到损害，比如这位库管大姐。而决策关键人无一例外会因为个人动机和个人价值做出决策。

个人利益和个人价值来源于个人决策动机，基于对自身处境的感受，基于对某种变化的愿景和期望。我们把这种个人利益和个人价值叫作个人的“赢”，即“win”。

◎ 战场上的男人

为了解释个人的“赢”，我们来看一个故事。

从前有个美丽的少女叫阿英，她的邻居是个叫达明的小伙儿，英俊勇敢。阿英爱上了他，达明也爱上了美丽的阿英，于是他们结婚了，两年后生了一个小宝宝，一家人过着幸福的生活。

不久，外敌入侵中原，朝廷要求男人都要参军。达明只好告别美丽的妻子和可爱的宝宝。前途未卜，难舍之际，达明不知还能不能和妻子再见面，分别时把一面铜镜分成两半，他和阿英一人一半，他对阿英说："如果战争迫使你和孩子离开家园，打完仗我就拿着镜子去找你们，咱们一定会团圆的！"

战争比想象的更加激烈残酷。达明不畏艰难，凭借着他的智慧和勇猛，在战场上打了好多场胜仗，杀敌无数，一路当上了将军。和他一同出征的兄弟们都说："达明这下可好了，当了将军，封妻荫子、世袭侯王，一辈子荣华富贵喽！"达明没有理会，只是从怀中掏出那半块镜子低头抚摸。

战争结束了，大家兴高采烈地回到家乡。几经周折，达明和阿英终于见面了，他们把两块铜镜拼在一起，刚好是一面圆圆的镜子。达明和阿英上演了"破镜重圆"的故事。

为什么达明战斗如此英勇？他真的是希望成为将军、获得别人艳羡的荣华富贵吗？或许，他真正的动力是敌人入侵破坏了他最珍惜的幸福生活，侵占了他与妻儿的团聚时光。

从国家利益来看，达明英勇作战或许在一定程度上帮助朝廷赢得了那场战争，战争的胜利影响了很多人。战斗中达明赢了哪场战斗、杀死多少敌人都是可以量化的，可以用具体事例或数字说话。我们把这些对组织和业务的影响、影响很多人的、可量化的结果称为业务结果，即销售和解决方案带给客户的企业价值。

从达明的角度来看，当上将军是个人功成名就的体现，这在其他人看来是个人利益和个人价值的实现；但达明内心想的是他的美满家庭和幸福生活、他至爱的妻儿，这是一种感觉，一种难以言表的苦楚。在到处都是男人的军营里，他没办法和其他人说："兄弟，我想念我老婆孩子……"所以，更多时候这种想法无法讲出口，就像那位库管大姐无法说出"我工资会降低很多"一样。我们把这些个人层面的、源于个人的动机和需求、无法说出口的想法，称为个人的"赢"，也就是销售中所说的个人利益或个人价值。

在这个故事中，达明将个人的"赢"建立在帮助组织实现"结果"上，打赢了战争也就实现了自己的梦想。

在销售中，我们的方案给客户带来的"组织结果"和每个关键人的"个人赢"是两回事，不能把带给组织的价值看成带给个人的价值。

◎ 饭馆的故事

有一次，几个同事加班后，到公司附近一家很火的饭店吃饭。我们一上来就点了几道菜和煎饺、葱花饼之类的主食。菜都上来了，主食还没来，大家都饿了。有同事把服务员叫过来说："服务员，先给我们一人来碗米饭，都饿坏了。"服务员看看我们的菜单说："你们已经点了这么多主食，再要米饭吃得下吗？"

后来，同事回顾当时的情景：从服务员的角度来讲，如果她只考虑饭店的收入，完全可以说"没问题，米饭马上就来"；但是她没这么说，她当时所关注的是我们能不能吃得了那么多主食，关注的是客户点多了吃不了多花钱，她在关注客户的“赢”。这个服务员应该接受过培训，否则她不会说出那样的话，或许这正是这家店火爆的原因。

去饭店吃饭，服务员拼命推荐价格不菲的特色菜，或者看我们带了重要客户不愿丢面子而拼命推荐高价酒时，我们心里会很不舒服。他们或许会靠如此推荐给饭店带来更高收入或个人能拿更多提成，但我们如果有机会选择，下次就不会再去那家饭店了。相反，如果有服务员看客人点过几道菜后多说一句：“我们菜量挺大的，点这些应该够了，不够再加吧。”我们心里会舒服很多，能感觉到他们在为客户着想。

做销售也是如此。当我们照顾到客户内心的感受时，会赢得对方的好感和认同。销售人员如果总是以实现销售为目的，或者把为客户带来的组织价值视为客户必须选择的理由，忽略甚至伤害客户的个人利益，得到的往往是反对或抵抗；即使通过使用技巧签下单子，对某些人的伤害也会让销售人员在后续服务中付出更大代价。

所以，销售高手除了关注方案带给客户组织的“业务结果”，还要关注其带给客户每位关键人的个人利益和个人价值，考虑每个人的购买动机。满足个人“赢”，才会赢得客户信任，才会赢得客户真正支持。

◎ 好心办坏事

一次，我在北京接待几位外地朋友，晚饭后我们去洗澡，顺便做了个中医保健拔罐缓解一下身心疲劳。做完理疗之后，每人带着后背上一个个暗紫或暗红的圆圈进入了浴区。一位朋友直接走向淋浴间，想冲个澡再走。他手刚碰到水龙头，从远处跑来一个服务员问："先生，先生，请问您是不是刚拔的罐啊？"那位朋友回头奇怪地说："是啊，怎么了？"服务员说："先生，拔罐 24 小时之内不能冲澡，否则对您身体不好！"

拔罐之后皮肤毛孔处于张开状态，极易受到凉风或水的刺激，所以不能冲澡。那位服务员很负责任，他所关心的是朋友身体的健康，关心的是朋友的"赢"。他很尽职，也很为客户着想。

没想到那位朋友扭头出来了，却很不满意，嘴里嘟嘟囔囔："真抠门，冲个澡都不行，还怕浪费水。这地方服务真差。下次不来了。什么态度！"

◎ 怎么会这样呢？

从当时的情况来看，服务员为朋友着想，为客户健康着想，认为我朋友的"赢"就是健康。

而在我朋友看来，从外地来京和几个人一起洗澡保健，本来是件很高兴的事。服务员当众告诉他拔了罐不能冲澡，让他觉得自己没什么这方面的经验，当着我们几个人丢了面子，显得自己很"老土"，所以他对服务员极其不满。当时朋友的"赢"里，健康是次要的，面子更重要！

有时候真心为对方着想，好心做了对他人有好处、给他人带来价值的事，结果却让对方很不满意，即俗话说的"好心办坏事"。

为什么呢？因为大家考虑问题的出发点不同、关注点不同，概念里对这件事情的“价值”认知不同，每个人关注的“赢”不同。

有时候我们认为这个方案对客户很有价值，可客户为什么就不认同呢？明明这人能从方案中最大限度地获取个人利益，一举多得的事，他为什么还反对我们呢？

有时候我们的方案对客户来讲有很好的结果，能够帮助客户提高生产效率或降低成本，并且是显而易见的。拿这个结果为理由忽略了客户的真实想法，因为公司的结果并不能代表关键人的“赢”。

还有很多销售人员，把自己以为的“赢”看作客户的“赢”。他们盲目判断这个信息中心主任就想学习先进技术、那个采购负责人就希望多拿些经济上的“回报”、那个业务负责人就想把事情做漂亮以赢得老板信任从而稳固他的地位、那位副总就想当选全国优秀 CIO。这些都是销售人员的推测，不是客户的真实想法。

要把“好心”办成“好事”，就要关注“好心”是不是符合对方当下的“赢”。

◎ 同样结果不同赢

有一次向一家企业销售办公自动化系统，我们了解到这家企业文件很多，一份文件的审批流程非常复杂，并且一份文件要制作多份发放到不同部门，很多文件因为无法清晰追踪是不是送给某个部门了、每个部门处理情况怎么样，带来很多麻烦。我们找到了负责企管的副总，向他推荐办公自动化系统。

副总对我们的方案比较认可，觉得企业确实该有这样一套系统。我们了解到他是可以拍板的，但他就不做决策。我们以为是价格原因，于是抛出了最好的折扣，但副总仍无动于衷。副总知道这套系统好，对企业有很大帮助，但他不知道应用这套系统之后，各部门能不能顺利接受，因为这样的系统会改变各部门多年来形成的工作习惯，大家会本能地抗拒。另一个重要原因是，这位副总即将退休，做出这样的决策会改变大家的习惯，不如安安稳稳熬到退休，多一事不如少一事。

一年后，这位副总退休了，接任者是一位年富力强的领导。新领导与我们接触几次后，很快就购买了那套系统。在这位领导看来，真正提升企业管理水平，从而做出成绩证明自己、提升自己在企业的影响力是最重要的，他不会像那位即将退休的副总一样“明哲保身”。

同样的方案，不同人会有不同的选择，因为他们的“赢”不一样：一个是安安稳稳等到退休，和各部门保持良好关系，混个好人缘；另一个是要做出成绩来证明自己。

有位老总对信息化系统一直不感兴趣，他觉得自己的企业还是自己直接管比较放心，更喜欢大笔一挥签字审批的感觉。后来，这位老总移民国外，把企业交给职业经理人打理。他身在异乡，很想随时了解企业情况，在国外也能随时查询经营业绩，甚至直接做一些重要审批。他对信息系统的需求变得急迫起来，希望借助信息手段达到“人在国外、权在国内”的目的。

产品或方案给企业流程带来的影响相似，但对涉及的每个关键人却有着不同影响。时间不同、场景不同，个人“赢”也会随之发生变化。销售就是要捕捉关键人当下的“赢”，向他们展示如何满足他们的个人利益，以赢得他们的认可和支持。

如何寻找决策动力

如果无法找到客户业务上真正的“痛”，无法找到关键人的“赢”，就很难与客户达成共识、赢得客户信任和支持。如果不了解方案能给企业带来什么业务结果，不知道每个人的“赢”在哪里，就无法判断我们带给谁什么“赢”或损害了谁的什么“赢”。

那么，如何寻找客户内心深处的“赢”呢？

这是一门高深的学问，很多销售老手在这方面有自己的独到经验。我们可以试着通过以下一些简单的方式和途径探寻。

有时候可以从这人所处职位和对方案价值的态度推测并加以验证。

没有哪两个人是完全一样的，但相同岗位往往有类似的业务需求。业务需求和方案价值与个人利益密切相关。而企业是由人构成的复杂组织，这个组织中的人会因为其所处的位置、所承担的职责、所承受的压力，不得不形成一些与其他人的关系或者价值倾向，这就是所谓的“屁股决定脑袋”。销售人员在销售过程中经常会得到一些业务信息，结合相关人员的部门岗位，基于业务流程和内部衔接关系，可以大体推测出他与其他人员的关系。基于这些消息的汇总，再结合与这人交流时他的接受或迟疑的态度，基本上能判断项目对他个人有什么影响、他更关心哪些影响，从而判断他的

“赢”是什么。推测判断后必须加以验证，否则就成了“臆断”。

有时候可以直接询问客户。

当然，直接询问的意思不是说“哥们儿，通过这项目你个人到底想得到什么?”让一个人说出内心秘密，需要极深甚至多年的信任关系才有可能。我们有时候问“你有什么需求?”“你想解决哪些问题?”“你想实现什么目标?”这类问题的目的是获取信息，有可能获得面向企业价值的业务信息，而无法获知个人态度。所以，除了问这些关于“客观现实”的问题外，要找机会问一些“态度”类问题，比如：“对于这个方案你有什么看法?”“这些需求中你最关注哪个？是什么原因让你如此关注?”

在担任营销学院院长期间，有一次选营销课程时，我就被一家培训公司的老总问过这类问题。那位老总和我们交流完方案并确定实施计划后，问：“这样的方案和计划，你感觉还有什么不妥吗?”我说：“没有了，我觉得不错，执行到位就可以了。”老总问：“那你觉得，这件事会对你有什么具体帮助呢?”我说：“我们学院年初刚组建，如果这个课能在第一时间赢得各事业部和全国机构认同，就说明我们方向是正确的，后面工作也就好开展了。”

我已经把“赢”告诉了这位老总。国人总有些内敛低调，这样的问题有些不好意思问。但如果双方沟通比较愉快，彼此就很容易打开心扉说实话。比如当时和他分享我的“赢”，也是希望他交付效果好些，能帮到我个人。

如果客户只愿意讨论方案和业务，你问客户这类问题时，得到的只是客套回答，甚至漠不关心，那可要小心了。可能方案不是他期望的，他没什么兴趣，或者我们忽略了什么，必须重新探寻他的“赢”在哪儿。和西方人做销售的方式、思路不同，在本土做销售，要小心提防那些只谈业务、不愿意涉及个人想法的人。只有谈及个人想法，才是互信的开始。

有时候可以请教 Coach，因为他是可以指导和帮助我们的人。

推测也好，判断也好，猜测也好，这些都不能保证完全准确。如果根据不可靠信息制订作战计划，后果不堪设想。如果有些人确实难以琢磨，可以请教我们的 Coach 或内部支持者，他们对这些人可能比较了解，或许可以提供比较完整的信息。

我曾遇到过这样的事。有位朋友找我帮忙向一家企业推荐他们的产品。他无法判断某关键人的态度和真正需求，就想拿钱来搞定，来征求我的意见。这位关键人和我是多年好友。我告诉我的这位朋友：“千万不要这么做，这会毁了你的单子。这位关键人对这方面是很敏感的，他认为这样做是看低他。他想把这件事做成，在他与另一个人的升职竞争中增加筹码。”我想帮这位朋友，也想帮那位关键人，所以把关键人的“赢”说了出来。当我们的 Coach 或内部支持者被问及第三人时，如果双方关系不错，也不涉及特别隐私的事，一般都会把知道的情况说出来。

可以根据对方的生活态度等判断并加以验证。

沟通时聊一些对方感兴趣的话题，这样就可以感受到他的倾向。比如，一个喜欢摄影的客户和一个喜欢读历史的客户，他们的倾向可能有所不同。看到客户开的车或谈论起车时，通过客户对不同汽车品牌的反馈也可以看出他的倾向——实用、张扬、品位，还是其他。

走进客户办公室，可以根据桌椅大小、摆放位置、朝向等判断一个人对权力和生活的态度。从布置来看，挂着名人字画和摆满奖杯、奖章可能有所不同。通过这些，可以推测成就感是不是客户最期望的。如果办公桌上摆着客户参加各种会议的照片及与名人的合影，或者摆放着多张孩子的照片，我们就会考虑用社会成就还是用家庭亲情切入更合适。如果客户的时间安排井井有条并很准时，他可能更注重精准和效率。衣着、手机、水杯、堆放书籍和文件的方式，都能帮我们判断个人价值倾向。当然，这些要经过验证才能作为依据。

一次，我在一家钢铁企业总经理的办公室看到两个大液晶屏，播放内容是炼钢转炉的生产情况，是通过视频技术实时采集的；旁边的衣架上挂着半旧的安全帽和工作服。我判断该总经理是位实干型领导，他对现场应该非常熟悉，可能会关注细节，关心企业运行效率和效益，至少他的“赢”与效率和效益提升相关。有了这个判断，我们讲方案和谈判时就容易多了。我们抓住了总经理的“赢”，项目进展非常顺利，那份订单的成交价就是我们的初次报价。我们让总经理看到如何借助系统对生产和物料进行严密控制以及进行现场管理的一些细节，他非常感兴趣，这些应用能帮他加强管理，将各项经营指标做出色，从而体现他作为一名职业经理人的价值。

还有江湖老手根据客户相貌、形体特征判断并得以验证。

境由心造，相由心生。传统的识人术和相术不无道理。

有时候我们见到别人会有种直觉，感觉这人贪功爱名，那人渴望被尊重、爱面子，那人贪财好利。没有具体理由，就是感觉而已。

我在几个项目里验证过“五短多贵，两大不扬……鼠行好利，此为定格”这几句话。五短身材的人虽看似不起眼，却大多地位高贵；两腿过分长的人往往命运不佳；走路像老鼠一样步子细碎急促，两眼又左顾右盼，目光闪烁不定，往往是贪财好利之徒。

《冰鉴》是晚清中兴之臣曾国藩著述的一部相人识人的书，从神骨、刚柔、容貌、情态、须眉、声音、气色七个方面来初步判断人的性格和命运。著名学者南怀瑾先生在他的《论语别裁》中谈到：“有人说清代中兴名臣曾国藩有十三套学问，流传下来的只有一套《曾国藩家书》。其实流传下来的有两套，另一套是曾国藩看相的学问，即《冰鉴》这一部书。”

三国时期的广平邯郸人刘邵撰述的《人物志》是一部辨析与评论人物的专著。刘邵以人的筋、骨、血、气、肌与金、木、水、火、土五行相应，呈现出弘毅、文理、贞固、勇敢、通微等特质，而这“五质”又能反映人的德行和倾向。刘邵还提出“八观”，观察人的行为举止、情感反应，由表象深至内心世界，反复察识。

相对于这些相术的玄妙，我们试图臆断客户“赢”则显得微不足道，甚至苍白无力。当然，这些“术”仅可作为兴趣爱好，闲暇时仅供了解，我们不能执着于此而偏废了销售的本质与真谛。

所以，销售人员和客户闲谈也不是“闲”谈。

顶级销售人员应该是杂家，对各方面知识都有涉猎，并且能用、会用、擅用，能在复杂多变的销售中，通过细枝末节抓到对方内心深处一闪即逝的感觉。那种感觉是一种真实感受，千万不要放过这一点点真实，抓住并严谨分析、慎重验证。人的直觉是有道理的，怕的是无端猜测和自以为是的武断。

这次销售能双赢吗

我们对“双赢”耳熟能详。但如今竞争日益激烈，很多人为了拿单，招数层出不穷，甚至置客户利益于不顾。所以，销售人员要不断问自己：“我们的销售能双赢吗？”

◎ 双赢的重要性

君子喻于义，小人喻于利。

利己是自利，利他是义。

企业的经营目标是追求股东权益的最大化，这是西方经济学的观点。纵观近年来的经济发展，我们发现，过于偏重企业利益最大化反而不利于企业生存和发展，所以强调为客户创造更大价值成为诸多企业的经营信条。

企业短期目标是完成业绩、为股东创造价值，长期目标则是为生存土壤——客户创造价值。客户不断获得利益，使企业的存在更有价值，这样的企业才会基业长青。

很多销售人员信奉签单为王，认为只要把合同签下来、把款收回来就是成功。这种签单为王的文化导致销售人员为争取订单不择手段，欺骗、胁迫客户甚至伤害客户利益去拿订单，想尽办法“战胜”客户，把这些视为销售的成功。牺牲客户利益或自己的利益暂时实现短期目标——签单为王、完成业绩，无法保持与客户的长期合作关系，无异于杀鸡取卵，最终将导致战略上的失败。

如果仅仅用业绩证明销售人员的成功与否，有些人就会用销售技巧或在价格上欺骗客户，其实那也是在欺骗自己。我们见过很多昙花一现的销售状元，他们运气实在好，撞上了大单，追求业绩为王，但辉煌一闪而过，因为运气并不总是降临到他们头上。

拿下一单相对容易，拿下一个长期合作的客户并不容易。

很多成功的销售人员知道签单是必须的，但不是全部。要想持续达成业绩目标，必须有稳定的客户保有量。“如果再给一次机会，我们会毫不犹豫地选择和这家公司合作。”有的客户会真诚地说。但我们有多少单子是客户毫不犹豫地和我们合作的？有多少客户为与我们合作而自豪，真心向朋友推荐“这家公司的产品服务真的很好，让我受益无穷”？说这种话的才是真正长期的客户，才是销售之源。

我们必须以双方互利作为长期合作的基础，这种互利和客户组织价值直接相关，与客户中每个人的个人价值直接相关。销售人员常常陶醉于某些他引以为豪的单子，这就是因为这张单子满足了他的个人需要。客户也一样，如果他真正满意，也应如此。

说到个人价值，很多人会想到不阳光的一面，这是误解，甚至是短视。

每个人都在为个人目标而奋斗。我们取得成功后，激动地握紧拳头兴奋不已，但很少愿意承认这其实是实现了自己的个人价值

(甚至说成个人价值反倒显得有些不安)。为什么呢？因为我们把个人价值和自私自利弄混了。

自私自利是私心很重，只为个人利益打算，将个人利益建立在损害他人利益的基础上。

我们所说的个人价值，严格意义上来讲包括“个人的个人价值”与“个人的社会价值”两方面。个人的个人价值是为满足个人需求，个人的社会价值是个人对社会的贡献。满足自己需求是个人的正常需要层次，而对社会做出贡献则是个人需求的更高层次。很多人所追求的社会认同、成就感多来自社会贡献与社会价值。从这个角度来讲，人人都是自私的，都是为了自己的需求而努力。就像销售中无论我们还是客户，都是为了满足自身需求而达成交易，都从交易中获得价值。

所以，自私自利与个人价值是两回事，区别在于销售人员是为了达到自己的目的而不顾客户利益，还是在交易过程中兼顾双方利益，实现客户每个角色的“赢”。

◎ 双赢

很多销售人员是敢打敢拼的猛士，奋力拼搏，勇于冲锋，像手持丈八长矛的武士，看见敌军就有冲杀的欲望。很多销售人员喜欢挑战，每当遇到机会，就像登山运动员看到了新的高峰。这种精神和勇气是销售人员所需要的，也是很多人提倡的勇气、自信、激情。

“冒险”这个词在《现代汉语词典》中解释为：不顾危险地进

行某种活动。还有的解释为“一种承担着危机和未知的风险的事业”“不顾主观和客观条件的盲动、蛮干。”

很多销售人员经常冒险，或者没经验，或者不习惯制订销售策略计划，看到项目就凭着信心、激情和勇气冲上去，把客户当成要战胜的对象，把签单看成胜利，把销售过程当成利益的博弈，不顾一切“拿下”客户。

胜兵先胜而后求战，未战而庙算。与其冲上去冒险，不如行动之前停下来，先考虑好为什么做这单，目标是什么，计划是什么，想想怎么行动。

很多人喜欢把商场比喻成战场，一定要拼个你死我活。有人喜欢把商场比喻为情场，双方携手共同寻找幸福。在情场上自私自利，不顾及对方感受，不能给对方带来幸福的人将永远无法找到自己相伴终生、白头偕老的另一半。所以，不提倡在有太多未知的情况下冲进去冒险杀敌、试图战胜谁，而是提倡致力于与客户发展长期合作关系。也只有这样，对方才不会把我们看成敌人，不会把我们看成外来威胁，不会感觉“被销售”。

成功的销售建立在长期合作、双方共赢的基础上，而不是一场我从你兜里挣钱、你死我活的斗争。过来人都知道，和客户斗争从来没有单方面的成功，而是一荣俱荣、一损俱损。

我有一位很好的客户，我们认识时他在一家企业做信息主管。当时项目做得很成功，他也因为这个项目积累了丰富的经验，还通过我们的介绍在行业杂志上发表了多篇文章。一家更大企业的高管看到了他的文章，极力挖他过来主持信息化工作。他到新企业后遇到了很多阻力，我们及时组织公司资源帮他开展调研、提供咨询、制定方案，向总经理进行方案汇报。在这一过程中，我们之间有着充分的沟通。通过共同努力，这家客户成功与我们签约。自此之后，他到哪儿都会优先考虑我们的方案。当然，因为和这位朋友的合作，每当我需要一张单子献给上级，或需要一笔回款应付季末业绩考核时，他总会想法帮我的忙。

如果不是和这位主管精诚合作，无论在他的原企业还是在他现在的企业，我们都很难取得好结果，甚至可能被竞争对手把单子抢走。如果能与客户形成这种合作关系，销售成功的概率会更高。

与客户风险共担、彼此互相帮助，并不是说我们道德高尚或有多乐于助人，而是因为大家通过合作都能实现各自的个人价值。不仅要考虑如何为客户创造企业价值，还要考虑如何为客户中的各个角色带来个人的“赢”，因为“赢”是决策的内因和关键。只有与客户实现双赢，才能获得长期合作，实现与客户共同成长。

◎ 我赢你输

战胜客户才能拿下单子，这是很多人对销售的理解，也是很多销售人员期望的结果。商场上，你不降服别人，就会被别人干掉，所以才有了销售“三十六计”，才有了那些战胜客户的计谋与博弈，甚至心理战。

从长远来看，结果又怎么样呢？

瞒天过海是销售人员的常用招数。很多时候，客户需求全面且复杂，很多产品方案不能满足客户提出的所有需求。有时候，我们对能不能满足客户需求心里也没底，甚至明知满足不了，可实在不想眼睁睁放弃这单子，便开始想办法隐瞒自己产品的不足，甚至无中生有编造某些功能来蒙蔽客户。在业绩压力极大的情况下，我们找到一个看起来不错的项目确实不易，渴望甚至恳求客户不要离开我们，只要客户提出需求，无论能不能满足，先答应下来再说，应付一时算一时。客户付了款要求兑现产品功能，到时再想办法吧！可是，等客户明白过来的时候，他离开我们的日子也就不远了。

偷梁换柱的事情也常有人做。明知道客户需求用 A 产品就能满足，凭借着看似不错的关系或暂时好感，利用客户对行业不了解、信息不对称，将价格更高的 B 产品卖给他们，以让客户付出更高价格而销售人员取得更高业绩。有时我们面对激烈的市场竞争束手无策，因为对手将价格压得太低了。为了不丢掉项目，我们不得不把最适合客户的高价产品 B 换成相对便宜一些的产品 A，并承诺完全满足客户提出的要求。这些做法都损害了客户的利益。

趁火打劫也时有发生。客户已经用了我们的产品，希望维护原有服务或订购新产品。因为更换供应商成本很高，客户只能选择我们。这时候，我们就拥有了交易的主动权，可以抬高价格或提出更苛刻的条款。那种感觉相信很多人都有过。我们在办理通信、煤气、自来水等业务时往往会遇到刁难，有时物业公司为了催收物业费也会给我们断水、断电，每当这时，我们愤怒却又无可奈何，只好等待来日有机会再痛痛快快报复它们。当客户只有一种产品可选择或只有一家公司可合作时，对方态度傲慢、开出高价，客户急于使用产品、服务而不得不忍气吞声，仇恨的种子深深根植在心里，不久的将来一定会结出恶果。

上屋抽梯，就是签单后对此前的承诺拒不承认或找出各种理由逃避本应承担的责任，这根本就是在欺骗、愚弄客户。有这样一个项目，销售人员在商务谈判中承诺了价格和付款的优惠条件，客户确定我们为中标厂商，并当着其他竞标厂商的面宣布了这个结果。接下来就是谈合同。这位销售人员开始有意不承认原先所做的承诺，对客户说："我原先说了，如果不要这功能，价格可以降。"客户强调说："我们刚开始就明确说过了，方案不变的前提下谈价格。"这位销售人员仍坚持自己的观点。他觉得客户既然当众宣布了结果并已经开始谈合同，说明已经确定了合作关系，客户宁愿多付些钱也不会反悔，否则是丢他们自己的面子。而客户恰恰较起了劲，偏就把正在回程的竞争对手叫了回来，以高于我们的价格和对手签单了。

在这些骗局中，销售人员的目的无非是想拿下项目或取得更多收入。但他们犯了个错误——将客户当成竞争对手。从客户经营角度来看，应该和客户保持长期合作关系；利用损人利己的技巧，到头来不仅会失去这家客户，还会失去很多潜在客户。

谁都不愿意被人欺瞒和愚弄，这是人之常情。销售人员使用这些技巧时，客户怎么想？所以，遭到报复也就不意外了。

有个朋友开公司，找了家财务服务公司代理记账，他和我讲了一件事。记账公司负责人给他打电话说："你的公司最近该工商年审了，我们除了代理记账还代理年审，是不是也让我们做了啊？"朋友问："你们要收多少钱？"负责人说："一千块吧。"朋友问：

“能不能便宜点儿?”负责人说：“你要嫌贵可以不找我们做。”朋友随后问了其他机构，了解到只要把账本、凭证和对账单等材料拿去，五百块就能办。朋友又给负责人打电话：“我问过，市场价才五百块，你们为什么要一千块啊?”对方还是那句话：“你要嫌贵可以不找我们做。”朋友听了很生气，真就不想让他们做了，说：“那你把账本和凭证整理一下，我随后去拿。”对方却说：“也行，不过要借账本和凭证得交押金，另外还得再付三百块。”朋友问：“为什么还要再付钱呢?”对方说：“我们得帮你整理，还要承担外借丢失的风险，这是对你负责!”

后来，朋友忙生意没时间，也嫌来回折腾麻烦，就让这家公司做了年审。但他对这件事耿耿于怀，没过几个月就换了一家公司。这家公司虽然赚了几百块钱，但因为胁迫客户成交，失去了继续合作的机会。不仅如此，我朋友还把这事讲给很多人听。

我们也有这样的经历，对某家公司产品或服务不满意，我们会把这种不满告诉周围的人，提醒他们别再上当。据统计，人们一般会把不满意告诉 12 个人。有同行说，就他个人经历来说，如果有机会，客户会把不满意告诉所有能告诉的人，特别是可能与这家厂商开展业务的人，以此来发泄自己心中的不满与愤怒。这种口碑相传，对客户认知的影响非常大。负面认知一旦在头脑中形成很难改变，这对销售来说是最致命的。

有时候，看似客户没办法马上报复你，但并不代表他忘了这事，可能三五年或更长时间之后他会找到机会再报复你。有位销售人员七年前曾经签过一个单子，当时客户的信息中心主任非常支持竞争对手的方案，极力反对他；而除了这个主任，其他人都支持他。这位销售人员为这个反对者伤透脑筋，决定用阴谋把这可恶的家伙搞出局，搬掉最后一块阻挡成交的石头。最后，他赢得了那单子，信息中心主任也只得无奈地配合他后面的工作。

几年后，那位销售人员的一位同事在另一家客户那里遇到了这位主任，但并不认识。那个主任的职位不再是主任而是 CIO，深得高层信任，对项目有很大影响力。这位销售人员不知道当年的事情，他怎么也想不通，技术和方案非常适合这家企业，也用尽了各种办法，就是无法拿下这张单。在这家企业与对手签约之后，他才知道这个 CIO 当年曾经“栽”在他同事手里。

客户是不可战胜的，即使暂时战胜了客户，从长远来看，结果也是自己打败自己，最终两败俱伤。

◎ 我输你赢

有时候，迫于竞争，销售人员不得不向客户做出最大让步，以牺牲自己的利益来拿下这个单子。有的销售人员认为“只有为客户让利”才能换来客户选自己，否则根本没机会。

在一家民营企业信息化项目的竞争中，客户非常认同我们的方案，但也很在意价格。当时，竞争对手在产品方案方面没什么优势，在竞争中自然处于下风，却抛出了一个低得让人无法相信的价格。虽然我们用尽各种办法解释说明，客户仍认为两家东西没什么太大区别：“就算你们的产品更好，也不至于价格高出几倍啊！”我们实在不愿意放弃这个项目，有哪个销售人员能因为价格放弃一笔即将到手的奖金呢？经过周旋，我们终于央求公司给出了一个低于标准的折扣，拿下了那一单。

半年后，我们的产品客户用得还算成功。出于企业发展需要，客户要再购买一些产品，联系到了我们的销售人员。销售人员按正常标准并给予一定折扣报了价，那个折扣是一般客户的成交价格。客户拿到那个报价有些生气，说："你这是什么意思，上次我们的价格可比这个低多啦!"销售人员不得不解释："当时考虑双方长期合作才给出那么低的价格，那个价格公司是赔钱的，你不能总让我们赔钱吧。"客户说："你为了拿我们的单子可以给出那个折扣，现在是不是看我们已经用了你们的产品没法换了，就给出比当时高这么多的价格？这不是敲诈吗!"

恶性竞争时，销售人员经常给出大幅优惠甚至以低于成本价成交。当时，销售人员按超低价签下这笔单子，就是希望以后有合作机会再弥补回来。他如此费劲为客户争取低价，客户应该感谢他才对，客户反而觉得那种优惠理所当然；而现在报出正常的价格，反倒认为在敲诈、报复，这时客户往往会"捍卫自己的尊严"。

有时以低于产品、服务成本的价格成交，带来的风险会损害双方利益。我们曾经遇到过很多类似的情况，销售人员都会强调自己的单子有多重要，要求实施部门多加重视，提供到位的服务。可是汇总到实施部门的项目没一个不重要的，所以工作安排上会按照正常情况进行成本测算、安排相应的实施计划。当价格很低导致无法提供合同约定的服务时，实施部门会以各种理由强调"必须做有价值"的项目，说："我们不能贴钱做项目吧。"实施部门认为无法继续提供服务“是因为客户不愿意出钱”。对公司来说这样的项目是没有价值的，公司忘记了销售人员给客户承诺的“特殊优惠”。销售人员因为不能实现承诺而惹恼客户，最终会失去这个客户。

这里并不是说“我输你赢”的项目不能签，也不是说不能给客户很低的优惠，关键是让客户认识到这种慷慨并感激你，别让客户觉得这种优惠只是你为了拿单而已。我们犯的错误，或许就是没告诉客户他们得到的优惠是特殊的、有限的，是我们牺牲自己的利益而做出的让步。

我曾在一个项目里因为客户预算只能在特定需求下以一个非常低的价格成交。当时，客户预算只有 300 万元，而项目成功交付的成本在 400 万元左右，但客户非常希望和我们签约。我们给客户发了一个很正式的说明函，清晰地列出了我们项目成本的各个构成部分，告诉客户在这样的成交价格下双方存在哪些风险，怎样才能尽可能避免，以及哪些工作原定由我们完成，现在需要由受过培训的客户方人员来完成，以降低实施成本。在合同条款中还加入了这样一条：“本合同项下的产品、服务按此特殊优惠标准 5 折结算，后续产品、服务价格统一按 7 折结算。”这些事情必须如实让客户知道，否则客户会以为：这个项目就值 300 万元，销售人员在现场愁眉苦脸，四处打电话请示，那都只是商务谈判技巧，仅仅在演戏而已。

做销售最难的是主动放弃，尤其是在业绩压力巨大、竞争激烈的情况下。如果客户一味压价或要求我们给出无法承受的优惠，并且不认为这是我们做出的牺牲，那么我们将无法在后续过程中让客户补偿。与其选择双输，还不如让竞争对手去做，客户迟早会回来找我们。

◎ 双输

双输就是两败俱伤。但有时我们不愿意看着客户和对手签约，不愿意看到自己输而对方赢，就想方设法拉拢客户，即便双输也在所不惜。

有这样一个项目，我们的老客户——一家化工企业要购买新的产品。在进行了业务调研和方案设计之后，我们确定了能给客户提供的产品和解决方案，经汇报也赢得了客户高层的认同，接下来就是商务阶段。当时，我们知道客户急着要在短期内做出决策，深入调研和汇报的只有我们一家，客户对方案也很认可，便报出了一个我们认为合理的价格。

客户虽然认可方案，但并不认可我们的价格，因为这个价格不仅超出了他们的预算，折扣比原来购买的产品还高了很多。我们解释说，原来只是简单的模块化产品，现在是跨部门的集成化解决方案，产品的复杂性和实施成本都要高很多。客户为了压低我们的价格，叫来了竞争对手。

经过多轮对比，客户感觉更换产品的成本太高；竞争对手的解决方案相对我们也没什么特别明显的优势，更换产品得不偿失。客户觉得很没面子，于是想了个折中办法，要求我们给他们开发质量检验仪器的数据接口。当时，我们的产品不具备这种功能，而这个功能对客户来讲也并不重要，但客户碍于面子坚持把这个作为重点要求实现。局面已经很艰难了，我们再坚持也没更好的办法，也不能舍弃这项功能而直接降价，于是按客户的要求签下了合同。

后来我们才知道，那个数据接口并不像想象中那么简单，但如果不开发接口，客户会以此为由拒绝付款。后来，我们不得不申请总部的开发资源来完成，申请资源付出了更大的成本，算下来还不如当时降价合算。

有时候，客户明知道价格很高，但之前已经使用了我们的产品，更换产品成本更高，或者急需而不得已只能向我们购买，这时客户的心理会不平衡，会有一种受制于人的感觉。他们可能会提出超出我们产品功能的额外要求，以此作为他们付出高价的补偿。这种情况下，以高价成交可以看作客户的损失，但我们也会为那些无法满足的需求所困扰，投入力量想办法满足，却因为超出成本而蒙受损失。

这种双输的局面谁也不愿意看到，如今却有很多销售人员经常采用双输策略。他们感觉在这项目上没多少优势甚至没戏时，面对竞争对手，便有了这样的想法："我做不成，你也别想做成。""不是我的，也别让你做得太舒服。"于是，他们给客户抛出一个很低的价格，或者给客户一份对手产品的缺陷清单，给客户的正常决策制造很多障碍，甚至采取匿名信等非正常方式说"客户中的谁谁收了某某公司的好处"来搅局。这种搅局看似破坏了客户和竞争对手的合作，其实是置客户利益于不顾，用非正常手段打击竞争对手，殊不知这种搅局搅的是自己在客户心目中的形象。

无论我们战胜了客户，还是用非正常手段搅了对手的局，从长远来看都会导致双输，丢掉的是客户对我们的信任。

要点小结

结果与“赢”

结果是方案给客户组织带来的影响

- 方案对业务产生影响
- 可数的，可测量的，可量化的
- 公司层面的，通常影响多人
- 源于业务需求

“赢”是客户个人利益的实现

- 方案对个人利益的影响
- 无形、不可测量、不可量化
- 个人层面的，只是个人感受
- 面向个人动机

实战演练

请针对之前所选项目，分析每位决策影响者的结果与“赢”，并检查是否能与客户双赢。

姓名	部门及职务	角色	结果	赢	是否双赢

请检查上表：这些结果与“赢”是否真实有效？从何而来？有哪些证据可以证明？

独家秘籍

扪心自问：

1.【组织结果与方案】你所分析的组织结果，与单一销售目标中的解决方案对应吗？是解决方案可以解决和实现的结果吗？

2.【组织结果与阶段】你所分析的组织结果，与当前的阶段吻合吗？这个阶段有这样的结果状态，你觉得合理吗？

3.【组织结果与角色】你所分析的组织结果，真的是这个岗位、这个人相关的工作内容和绩效目标吗？与他的部门、岗位、职责相关吗？

4.【组织结果与反馈】你所分析的组织结果，能够清晰表述出客户的现状和期望吗？客户这样的现状和期望，与这个人的反馈模式一致吗？

5.【个人“赢”与角色】你所分析的个人“赢”，与个人的岗位、职责相关吗？与他的职位变动历史和现状、与他人的周边关系对应吗？与他的年龄、性格吻合吗？

6.【个人“赢”与支持度】你分析的个人“赢”，与他对你的支持度对应吗？如果他支持你，你还不知道个人“赢”吗？如果他中立或消极，你真的知道个人“赢”吗？

赢单口诀

他们到底想什么

组织价值个人赢，利公利己价值生。

结果与赢分阴阳，结果桌上赢心中。

结果源于业务线，投资量化回报明。

个人有赢不出口，有赢满足进程动。

探询判断个人赢，离苦得乐是常情。

直觉阅历懂人性，销售高低段位生。

第四篇>>>

布　局

第八章

第七问：如何应对关键人？

很少有谁天生反对谁。如果对方真的想存心祸害谁，那一定是有什么原因。

“识局”帮助我们看清楚了项目整体形势和角色布局；“拆局”分析了项目中各角色、多角色之间的复杂关系，以及每个角色的业务诉求与内在动机；接下来就要谈到“布局”，即如何制定项目总体策略、确定行动目标和计划、部署资源准备行动。

我们盯的不是哪一笔单子，而是影响这笔单子成功与否的很多人。这些人在项目中扮演不同角色，对决定销售成败都有或多或少的影响力。销售人员的任务就是找到这些不同的关键人，深入理解、洞察、剖析，获得他们的支持，与他们达成双赢。赢得角色越多、级别越高，赢单的可能性也就越大。“赢得”不是去打败或所谓的“拿下”，而是达成共识，创造共赢，获得他们的信任和承诺，从而影响销售结果。

如何接近客户高层

◎ 这个人究竟是谁

有经验的销售人员在大项目中大多碰到过这样一种人：他很神秘，常常躲在后面，一般见不到；他可以在很多人反对时拍板决定，也可以在很多人支持的情况下说“不”；他可以随时停掉项目，也可以随时决定选择谁；如果销售人员通过某种关系接触到他，他通常会说“这件事情某某负责，你们找他就行了”。销售人员不知道这人在最终决策时会不会表态，也不知道他掌握的信息是否仅仅来自下面人的汇报。这人就是决定销售成功与否最关键的人——拍板的 EB。有的拍板人就是“一把手”、大老板，有时候还不止这么简单。

一位负责央企销售的老江湖曾说起，他的客户都是“中字头”的超大型集团，即便是集团下属的某个公司或某个业务版块，在外人看来都是超大的集团型企业。向如此庞大的帝国销售，在迷宫一样的组织中寻找谁是最终决策者，太复杂了。这取决于很多因素，项目涉及范围、项目预算、方案等都可能由不同人决定。

有一次，他向某集团一家下属企业销售财务集中管理系统。根据他的经验，这样一个两三百万元的项目对于产值几千亿元的企业来说九牛一毛，这家下属企业的总会计师完全可以自己决定，顶多由下属企业总经理决定，肯定不会上升到集团层面。而恰恰集团有个信息中心，正在规划整个集团的信息化工程。信息中心的人认为，这个业务单元的应用系统与全集团的总体规划不相符，用得越成功，越让信息中心没面子，便奋力阻止这个项目的实施。而下属企业非常希望实现对其分支单位的监控，又不能无限期等着集团规划出台，便倾向于购买这套产品。这样，矛盾就出现了。据说这项目最后是在集团老板——那位副部级待遇的高层过问下才得以实施。因为这项目已经不仅仅是两三百万元的事，而是牵动一个大集团内部复杂关系的重要事件。

这位老江湖说："我怎么会知道这项目最后竟然闹到了大老板那儿！我感觉最多到二级单位总经理就可以了。再说那个大老板掌管着国家几千亿元的资产，整天处理的都是事关国家经济的大事。接近决策者说起来容易，怎么能见到他呢？哪个下属愿意把我们引荐给他啊？再说即使见到了，和他说什么呢？"

如果说这样的案例只能在小说中读到的话，我们身边的案例则更真实。

我们曾经有个大项目就失利在对决策者的把握上。那个项目中，有个外围销售顾问（Coach）给了我们很多指导，当地分公司总经理对这个 Coach 也很信任。Coach 说项目决策人是董事长。我们根据经验判断，一个大型企业要建设一套全面的信息管理系统，涉及组织结构和管理流程，甚至涉及各部门之间责任、权力的再调整，一般情况下是由"一把手"决策。我们根据这个信息和判断部署了行动计划，申请我公司的高层对董事长进行了拜访，与各个业务部门都进行了深入的交流，与主要高层领导也都进行了逐一沟通。从上到下每个人口口声声都说这事要董事长亲自决策才行，这更加坚定了我们的判断。

在局面大好的情况下，对方董事长在北京开会期间，我们诚挚邀请他到公司参观。董事长以会议紧张为由说没时间，又出于各方面考虑不好直接拒绝，便安排他们的总经理来参观。来的虽然不是期望的董事长，而是"二把手"，我们依然很重视，由副总裁亲自出面接待，汇报了公司发展和行业经验。对方总经理也表示是领导安排来考察的。总经理走后，我们感觉不妙，虽然通过 Coach 与董事长有接触，但总经理出面参与且对我们的态度一般，我们心里仍然没底。接下来的事证实了这种预感。

就在送走总经理后不长时间，我们接到了客户的招标通知。有经验的销售人员拿到招标通知心里就明白了七八分，我们也一样。客户要求不必到现场投标，把标书寄过去就行了，客户将直接决策。结果可想而知。

后来，Coach 反馈，董事长在结果出来后曾问总经理是怎么回事，总经理说："我从他们公司回来后，他们也没人和我联系，我以为他们不做了。"

这个案例很有代表性，涉及多方面问题。

首先，我们对决策者并没把握好。究竟是董事长决策，还是董事长授权总经理选型，然后报董事长审批，这两种情况是不一样的。这个案例中是总经理拿出意见交董事长审批，和其他项目碰到的"先民主、后集中"的团队决策不一样，董事长并没有直接参与项目决策，所以项目后期总经理的影响力更大一些。在国内，特别是大型企业，高层领导很讲究"艺术"，这里有中国博大精深的帝王之术。我辈才疏学浅，只知道许多领导不会在很多反对意见中表达肯定意见，也很少在全是肯定意见中表达否定意见，他们需要支撑，支撑的力量很重要。所以，谋篇布局远比攻下一个山头更能影响结果。

其次，董事长是不是真的支持我们，我们对此也没把握。有时候，高层关系就像大雨中捧着一根蜡烛行走，颤巍巍，总担心因风吹雨打而熄灭，即使心里没底，也只能硬着头皮往前走，不敢停下来确认。

再次，这项目中的销售顾问是不是真正的 Coach，也要进行反省。真正的 Coach 究竟什么样？判断 Coach 有三个问题：我信任他吗，他信任我吗，我们之间完全互信吗？他被决策层信任吗？他对我们有十足的信心，真的希望我们赢吗？在这个案例中，这三个问题的答案都是肯定的。那出了什么问题呢？

最后，就是对关键角色的忽略。总经理来参观时，我们内心有些失望，想这项目要“一把手”决策，他毕竟不是“一把手”，能说了算吗？他能起什么作用？这些想法左右了我们的策略和行动。

所以，很多时候我们不知道客户中有决定性影响的关键人究竟是哪些人，他们之间是什么关系。行业不同，决策关键人所处位置也不尽相同，有时差别还很大。不同行业、不同企业不能一概而论，但无一例外。复杂销售通常涉及跨部门、多流程、变革或创新性的、充满着未知和风险的项目，在这样的项目中，更多情况下最终决策者就是“一把手”。

在一个项目里，销售人员告诉我：“这项目由企业某位副总决策，‘一把手’不会参与。”我问：“这位副总可以直接签合同吗？”他说：“领导授权了，在预算范围内可以签。”我问：“那是不是我们和这位副总沟通好，本周就可以签单？”他说：“应该差不多。”我问：“那我们下一步需要做什么？”他说：“只需要再降价 10%。”我们根据这个情况制定了商务谈判策略，三天之内如果可以签订合同，可以考虑给 10%的优惠，但要求对方首付款提高 10 个点。我后来得知，那位副总拿着这份报价面有难色，我们紧接着问：“您看，除了这10%的优惠，还有其他需要我们配合的吗?”那位副总说：“我觉得应该差不多了。”我们问：“那您看合同什么时候可以签?”副总说：“还要再等等，我们还要向福建的投资方做个汇报。按说这种事他们都不管，不过还是让他们知道一下比较好。”这时，我们已经明白，投资方会影响这笔资金的使用，会根据他们所掌握的信息做出判断，甚至有可能推荐其他供应商或停掉这个单子。

东方人不像西方人那么直白，某位领导参不参与决策、要不要走某个流程，销售人员得到的都是模棱两可的回答。这就需要销售人员除了问“这项目你做了决定，还需要请示其他人吗”，还要想办法搞清楚影响决策的真正关键人是谁。

◎ 约见高层总被阻挡

一般越是高层，对项目的影响力越大。见高层是事关销售成败的关键动作，很多销售人员既想见又怕见，很头疼。特别是销售人员向中层提出想见对方总经理或董事长时，总被以各种理由阻挡，对方会说：“领导很忙。”“有什么事你先和我说吧，我会转达的。”“领导管不了这么细。”

我曾亲历过这样一个项目。我们公司某省分公司的销售人员了解到，有家大型企业准备进行信息化建设，并且已经有多家厂商与其进行了技术交流，其中有两家已经进行了调研和方案汇报，给客户留下了较好的印象。听说其中一家厂商的销售人员和某位高层有着特殊关系。销售人员了解得知，负责这项目的是自动化处，这家企业所有的计算机网络、软件、控制系统、仪器仪表等都由自动化处负责招标采购。

分公司的销售人员经过努力见到这位负责人时，心里凉了半截。那位自动化处处长的办公室里，几乎每天都有人和他谈采购招标的事，处长中午和晚上的饭局都应接不暇。面对这样的人，销售人员以“一起坐坐”为由根本请不出来，更别说做什么工作了。而该处长负责这个项目，找其他人也不合适。通过几次交流，我们了解到他们确实对信息化建设感兴趣，“一把手”也是位实干型的领导，对管理非常重视，要求这位处长多了解信息化管理系统的有关情况。同时，我们还了解到，有一家公司已经介入很深了，这家公司和客户各方面关系都不错，已经做了几次中高层培训，很多中层干部对这家公司也很认同，自动化处的处长对他们也有意向。

销售人员很重视这个处长，但几次邀请处长共进晚餐都被拒绝了。后来，销售人员又找到一个理由，以集团高管的名义给客户发了一封函，大体意思是说：集团非常希望有交流学习的机会，为表示我们的重视，我方高管拟于某天来拜会客户董事长和主要负责人，同时希望与客户公司交流我们在这行业的解决方案和成功经验，建议组织一个面向中高层的培训交流会等。自动化处处长拿着这封函笑了笑，对销售人员说：“目前我们还在考察期，你们不用急着麻烦董事长，有什么事和我说吧。”就这样，想约高层的想法被阻拦在处长这儿了。

销售人员知道这位处长很重要，处长又见过大世面，更不能得罪他，只好费尽心思与他多交流，慢慢培养感情。终于有一天，那位处长同意与销售人员随便吃个晚饭。饭桌上的礼仪技巧对这位多年的销售人员来讲不是什么问题，沟通效果还可以。有第一次就有第二次，慢慢地，销售人员已经能和这位处长坐在一起随便聊聊了。

那段时间，很多信息都是未知的，不能做出什么销售动作，只能拉近关系，多了解信息。我们了解到这项目中董事长是决策者，董事长下面有位总工程师主抓，公司有个企管办主任负责整理业务需求，这位处长手下还有个科长负责与厂商联络、收集整理技术指标和有关文件。项目脉络基本搞清楚了，剩下的就是找合适机会一张一张打出我们的牌。

在与处长的一次交流中，销售人员提到了公司内部有一位行业总监非常厉害，为该行业的几家大型企业做过咨询，或许会对这个项目有些建议，对处长说："是不是把专家请过来，和您见一面啊?"处长觉得销售人员专程从总部请一个经验丰富的专家过来，有些不好拒绝，便说："你看吧，如果顺便过来的话，可以见一下，不必为我专程过来。到时候再看我的时间吧。"

话虽如此，我们当然会去。那次会面没有安排在处长办公室，而是在市内一个绿色庄园里，环境很好，菜品也不错。我们公司的总监和销售人员，加上客户，一共三个人；也没有选在工作时间，而是等下班以后，准备共用晚餐。那天下午五点多，我们给处长打电话，处长却说："不行啊，我今晚有饭局，去不了了。"我们说："我们总监都来了，要不您过来稍坐一会儿，然后您再去那边?"处长不好推脱，便答应来坐一会儿。

三人见面时已经快六点半了，寒暄握手后入座，处长坐在中间主位，总监坐在处长右边，销售人员坐在处长左边。销售人员说："我们总监专程从北京飞过来的！"总监也说："是啊，就是为了见您一面！"处长笑了笑，没说话。总监开门见山："处长，最近几个月全国大行情不太好，资源紧缺，环保压力很大，咱们企业最近情况怎么样啊？"处长说："我们还好。"总监又继续问："处长，咱行业原料管理很复杂啊，特别是涉及优质优价原料，原料中又有多种金属，金属平衡问题比较难办，船运批次和计量也是难点，咱们准备怎么处理啊……"处长听完，转头看着总监，说："你挺在行啊。"总监笑了笑。两人继续聊起来。

那天，处长七点多走的。他走之前说："实在抱歉，那边今晚有市政府和环保局领导，必须得去。"总监也很释然："理解理解，那边很重要，等您方便的时候，我们再专门约！"虽然只聊了半个多小时，饭也没吃，但达到了一个目的：处长知道了我们确实给国内几家数一数二的同行企业做过项目，很多业务问题我们公司都很清楚，非常了解。或许处长也希望我们更多地参与，这些问题他也需要和我们进一步交流探讨。

在那之后，销售人员见处长时，处长明显热情多了，销售人员获得的信息也越来越多了。

一次，处长无意中和销售人员说这几天要出门，总工程师和项目组成员去另一家大型企业参观学习，还要考察一家供应商。说者无心，听者有意，销售人员感觉机会来了。项目组成员一起出动考察，这样把大家聚在一起的机会实属难得，此外他们还会考察另一家供应商，而那家供应商与我们分公司在同一座城市，这是个很好的机会。要想专门找机会组织整个小组交流一次，看起来几乎不可能了，必须利用好这个天赐良机。

可问题又来了，除了这位处长，销售人员和其他人都没有深入接触，怎么才能把选型小组邀请到公司交流呢？看来只能通过这位处长了。销售人员专门拜访了这位处长并发出书面信函，邀请选型小组到分公司考察，集团行业专家也将借此机会与他们交流。处长有些犹豫，并没直接回答，只是说："到时看情况再说吧。"

考察那天，销售人员不仅请了集团专家专程从北京赶来，还通知公司所有同事当天有重要客户到访，请大家注意着装，还在公司做了充分准备，会议室布置了鲜花、水果，调试好了投影仪等。感觉客户在另一家企业的参观学习快结束了，销售人员便给处长打电话再次邀请他们到公司来看看。处长表示人比较多，时间安排也比较紧，他会尽力安排，但不能保证。

半个小时后，销售人员又打通了那位处长的电话："处长，会议室已经准备好了，集团专家也到了，您和领导说了吗？"处长说："还没说呢，过会儿吧。"又半个小时过去了，还是没回信，销售人员心里没底了，再次打通电话："处长，你们到哪儿了？"处长说："哦，我和领导说一下吧。"电话没有挂断，那边说了几句什么，接着对我们的销售人员说："刚才我和领导说了，领导说如果顺路就看一眼，了解了解也有好处，但时间有限，看一下就走。"销售人员赶紧说："那为了节省时间，我们到高速路口去接你们吧。"

客户的车刚一转向收费站，销售人员就打通电话："处长，我看到你们的车了，你看到我们了吗？"处长手拿电话抬头，见两位销售人员笔直地站在两辆车旁向他们招手，笑着说：“看到了。”客户的车下了高速，我们一辆车在前带路，另一辆车跟在后面，共同进了市区。就这样，两位销售人员硬是把客户“劫持”到了分公司。

那位享受国务院津贴的专家、经常和知名国际大厂商谈判的总工带着选型小组成员落座后，伸出手看看表，不紧不慢地说：“这家公司对我们很重视，多次盛情邀请，总部专家也专程过来与我们做交流，我们一定要认真听。现在是十一点四十了，我们十二点钟去吃饭，午饭我们自己有安排，下午两点还要去发改委办事。你们抓紧时间介绍，开始吧。”言外之意很明显，二十分钟，饭都不吃，只是给个面子走个过场而已。

接下来是我们汇报。因为我们有多年行业经验，做过多个行业案例，对同类企业中存在哪些漏洞、为什么要上系统、期望达到什么效果也有经验，对信息化管理能带来的价值很有信心。表示欢迎和感谢之后，我们从行业特点、管理难点入手，细致入微地剖析流程制造企业的管理特点，一般会有什么问题，这些问题会给企业带来什么麻烦、造成什么损失。刚开始，选型小组成员有的漠然看着我们，有的双臂交叉靠在椅背上，有的摆弄自己的手机。到了分析存在的问题时，那些人或掏出本子开始记录，或前倾上身盯着屏幕，总工也开始慢慢点头。

在抛出流程企业管理的五大问题、就要介绍解决方案时，我们停下来指着手表说：“现在还差五分钟就十二点了，您看我们是接着介绍，还是再约时间到贵公司专程汇报？”因为客户提前说了十二点要去吃饭，下午还要去办事，这样问一下是礼节，也代表了尊重，至少也确认他们的心思还在不在这儿。这个问题给对方提供了两种选择，对方无论选择哪个都对我们有利。副总略带兴奋地说："你们这些问题抓得很准，接着介绍吧。"旁边的处长冲我们微笑着点了点头。

接下来就轻松多了，我们徐徐展开，对如何借助系统解决那些问题逐一做细致诠释。这时，选型小组的每个人都在集中精力听着，有几个人做了几页的笔记，总工也不住地点头。那位当初犹豫要不要安排此次考察的处长，此时眼睛里已经开始放光。我们一边讲、一边观察，拿捏着时间和火候，把解决方案完整而有重点、细致而生动地做了讲解。

介绍完之后已经一点半了。刚一结束，总工看看大家，又看看表，说："这次考察超出了我的预期，听完你们的介绍太解渴了！我们的问题都可以在这个方案里找到答案，没想到这家公司有这样的方案！我们后续谈一下合作方式吧。处长，你负责把这事继续推进。今天中午大家一起吃个饭，我们边吃边聊。"

那天的午饭吃到将近下午四点，选型小组成员都反映很有收获，也都喝了不少酒，气氛非常融洽。饭后，总工再次交代处长和企管办主任不要耽误时间，抓紧推进项目，也要求我们派最强的技术力量来支持他们厂的信息化建设。处长也喝了不少酒，这次安排让他觉得很有面子。

送走客户后，我们紧接着重新分析了项目形势，重新锁定了开展下一步工作的关键人，收集这些人的更多信息，制定有效推进的计划。在随后与处长的沟通中，我们得知总工要到北京出差，便邀请他到北京总部参观，由公司高管出面接待。总工表示时间很紧，不能确定具体行程和时间，到时候再看情况。

这位总工对项目有很大的决策影响力，是位极关键的人物。如果能促成北京的参观交流，将大大加深他对我们的认识，甚至赢得他的认可和支持，并且他的态度会影响项目组其他几人的态度。这种机会一定要把握住。在得知总工将在北京停留三天的消息后，第二天我们就从公司预订了商务车，早早等在总工开会的楼下，一直等到中午十一点，等总工把上午的事处理完后，把他接到公司参观，由高管出面接待并共进午餐。总工受此礼遇非常高兴，加之对公司实力和方案的认可，表露了合作意愿。

就在总工参观北京总部的一周后，销售人员接到了处长电话，那个电话让销售人员很兴奋。处长说："你们能不能把上次交流的方案，再给我们的董事长做次汇报?"曾经阻拦我们见领导的处长，竟主动邀请我们去见董事长！

虽然这是第一次在高层面前亮相，但这将是项目的关键一战，我们必须精心准备、全力以赴。公司不仅安排了上次汇报的行业总监，还安排了高层、咨询顾问等，组成了强大阵容，表示了充分的尊重与重视。那次汇报会，客户方有二十来人，董事长以及几位主管经营、财务、技术、企管的副总和相关部门处长悉数到场。汇报过程中，那位处长坐在董事长身边，每讲到关键地方，他总会在旁边小声为董事长解释，董事长也随着点点头。总工坐在一边面带笑容，泰然自若。

汇报完方案并提出实施建议后，在总工的主持下，各位副总分别表态，大多是说这样的系统对企业很有价值，能提高管理水平，应该尽早建设；也有副总提出在后续服务过程中要关注企业实际情况，多调研、多分析。副总们发完言，总工说："刚才的方案大家都看到了，对我们来讲是适合的。这家公司我们考察过，很有实力，做过很多同行业企业的项目，经验很丰富。他们有能力开展我们的项目。"

接下来，董事长说话了："企业要发展，管理必须提上去。这个系统无论对提升管理水平，还是对堵塞管理漏洞，都很有价值。这个项目由总工负责，担任项目总监，经营部门是使用单位，×副总（主管经营）任项目副总监，经营处长担任项目经理，×处长（那位处长）任副经理，进入招标流程吧！"

大家知道，这是此次汇报成功的标志，这种情况下只要后面不犯大的错误，这项目应该已成定局了。

接下来的工作就能有序开展了。为了更清晰地了解客户业务现状，同时表示对使用部门的重视，我们安排了顾问进厂做调研，精心准备了解决方案建议书。事实证明，对使用部门的重视对于拿下项目起到了重要作用。经营处长后来明确表示支持我们，因为竞争对手几乎没有和他单独做过交流。

经过一段时间的接触，我们和客户中的多人建立了良好关系，包括总工和那位曾经阻拦我们的处长，还有企管办主任等。通过细致精心的工作，我们不仅对客户的标书起草提出建议，还在关键时刻根据各种信息和客户的建议制定了有效的价格策略，通过有序的招标流程和商务谈判控制成功拿下了这个项目！

在竞争对手占据优势的情况下后来居上，运气固然是一方面，在每个重要时刻抓住重要机会，制定正确策略，面对不同关键人做出正确事情，才是项目成功的关键。

在这个案例中，我们刚开始无法接近客户高层，几次约见都被处长挡回来。为什么刚开始他们不愿意把我们引荐给高层，而后来又不拒绝安排参观，乃至后来又主动把我们介绍给董事长呢？很显然，我们做对了一件事，就是不仅没放弃反而更加重视这些人，并通过努力证明他引荐我们是有价值的，对他们是有帮助的。

在这个案例中，客户参观完同行企业后，还不确定会不会到公司参观，当时即使把他们“劫持”到公司，他们也是持怀疑甚至敌对态度的，直到我们通过关键问题捕捉到他们的关键需求之后，客户才认为我们可以帮助到他们。

那次方案交流会之后，阻拦我们的处长为什么会红光满面？事实证明，他向总工推荐我们不仅帮他挣足了面子，而且证明他在采购中公平、公正、公开地选择真正有实力的优秀供应商，这不仅让他个人得到“赢”，还让他得到了总工的信任。

总工从只给我们 20 分钟介绍方案，到后来在企业内部组织一次关键交流会，主动把我们介绍给董事长，他后来为什么不再阻拦我们去见高层，反而还推荐我们呢？我们了解到这位总工性格豪爽耿直、注重结果，因为清廉公正而深得董事长信任。我们的行业经验、解决方案、公司实力等能带给客户“业务结果”。他把真正解决问题的方案和供应商引荐给公司，不仅符合他为人处世的原则，是他的个人“赢”，也是他对董事长信任的回报，反过来又帮助他更好地赢得了董事长的信任。

所以，当我们希望约见高层时，某个难缠的角色以种种理由阻拦我们，并不是因为他多可恶，也不是他故意与我们作对，很可能是因为没让他看到引荐我们的理由，他把一个心里没底的厂商引荐给高管或上级会是什么结果，他根本无法预料。局面一旦失控，就证明了推荐人的无能，这是他不希望看到的。

让他不再阻拦我们，只有一个办法——做能帮阻拦者赢得他老板信任的事，让他在老板面前有面儿，只有这样才能赢得阻拦者的信任。

如何才能让阻拦者知道我们能帮他赢得老板的信任呢？这就是我们要做的事，比如如何体现专业水平、如何展现丰富经验、如何让客户感觉我们真的在为他们着想，等等。只有让阻拦者看到这些并赢得他的信任之后，才能让他相信把我们引荐给高层对他是有帮助的，引荐成功他就能赢得老板的信任。

还有很多销售人员没有对阻拦者给予足够重视，在被阻拦之后低声嘀咕："你算老几，牛什么牛！""我认识你们的谁谁谁，你还敢跟我牛！""等我和你们老大在一起的时候，看你怎么低头哈腰！"或许销售人员与这位阻拦者的领导有着良好关系，根本不把这个人放在眼里，试图凭借良好关系绕过阻拦者，岂不知这么做只会给自己埋下隐患。

◎ 见面不知道说什么

拜访客户高层，要么约不到，要么即使约到也只是象征性地见个面，说些不冷不热的话。很多销售人员担心说错话，觉得见面反倒不如不见。有的销售人员进到总经理办公室就紧张，像小学生进了校长的办公室，手脚都不知道怎么放。有的销售人员为见某位高层领导做了充分的准备，一见面就像放机关枪一样把准备好的话全抛出来，也不管对方是不是在听。很多销售人员在从没有见过客户高层的情况下，把高管或专家推上去，让他们想办法搞定，把销售成败寄希望于那些人的现场表现，寄希望于碰运气。

销售人员对高层有恐惧心理很正常，因为客户高层管辖着几千几万人，手里掌管着几亿元甚至几十亿元的资产，位高权重，名声在外，受每一位企业员工敬仰，就像精神领袖一样。销售人员去见这样的决策者能不紧张吗？如果总想他们拥有多少资产，有什么身价，电视、报纸上的形象多么光辉，就会越来越紧张。其实，在这些光环背后，他们也是普通人。

有位朋友跟我到一位亲戚家串门，那位亲戚是市级领导。那天，这位亲戚和我们一起坐下来聊天，一样和我们开玩笑，一样扔过烟来让我们抽，讲得兴起时手舞足蹈。朋友出来后说："这和电视上看到的一脸严肃的形象千差万别啊。"我说："他本来就是这样的。"做过多年销售的老手都知道，越大的老板道行越深，他们和蔼不张扬，不炫耀自己的权力和地位。换个角度考虑，他们也是有家庭、过着正常生活的人，他们也喜欢种花养鱼，喜欢琴棋书画，也会像正常人一样视自己的孙子为掌上明珠，或是为了孩子升学问题而伤脑筋，他们都有自己的苦恼与快乐。

所以，面对客户高层时，没必要有太多恐惧。我们去拜访他，就是了解他关心的具体问题是什么，是去为他解决问题的。

在负责营销学院的日子里，我总能接到一些培训公司打来的电话，或是接待他们来访。很多向我们推荐课程的销售顾问在打电话时，好像根本没想好要说什么，就是打个电话联系一下，还找出很多“近期工作忙不忙啊”“天气真热啊”“日食看了没有啊”这类话题，希望借此打开局面，找到双方谈话的兴趣点。在接这种电话时，我总有一种马上挂掉的冲动，甚至想和他们说：“有事说事，没事别耽误时间。”反观很多销售人员在拜访客户时，一样没想好要和对方说什么，理由只是“打个电话联系一下”“加强联系，增进感情”等。不知道电话那头的客户是不是也如此反感。假如对方是客户高层，不知下次还有没有通话机会。

我们很多时候真的没想好为什么要见高层、希望达到什么具体目标，而更多地认为这个阶段有必要见高层，为了见而见，以为见了高层就有戏。还有的销售人员说见这位高层是想“让他支持我”，甚至是因为竞争对手见过了，自己也要见一见，否则就要吃亏。如果没有一个合适的理由，见面不知道说什么，也不知道要达到什么目标，那为什么还要见面呢？

◎ 约见客户要有理由

客户高层的日程一般排得很满，他们每天都要处理很多事情，如果同意和我们见面，那么这件事在他们的日程表里应该处于“重要且紧急”的时间管理象限。客户抽出宝贵时间来见我们，一定是认为这件事值得花时间和精力，他们内心深处一定是想得到些什么。

我们在销售中经常约见客户。在多次培训中，大家制定面向决策者的“行动目标”和“约见理由”时，大部分是“礼节性拜访，表示重视，加深印象”“给他递张名片，告诉他我们公司也来参与这个项目”“让他知道我们方案的优势”“给他演示产品，告诉他我们的产品有多好”“吃个饭，拉近关系”“公关”“希望他更支持我”等，能列出去见客户的100个理由。这些理由我们自己看来能把项目向前推进一步，但这些理由未必是客户见我们的理由，未必能打动客户。

前些年在总部负责业务时，我接触了很多一线销售人员，其中不乏大批优秀的销售能手，他们将客户约见设计得非常好。也有很多销售人员约见客户的理由是：“有时间吗？我想去拜访您。”“我们总部的专家想和您做个交流。”“我们总经理要去拜访您。”……这样的理由连约我这样一个小角色都会很困难，又怎么能约到那些位高权重的大老板呢？

所以，如果没有一个明确且合适的理由约见客户，或是拿自认为的理由、只对销售推进有利的理由去约见，完全是一厢情愿，相当于在大街上看到一个漂亮女士，直接走上去问：“你能嫁给我吗？”

如果想让客户把宝贵的时间预留出来和我们见面，在客户看来必须有见面的理由，这次会面能给他带来有价值的信息。

一个有效的约见理由能告诉客户这次约见的真正目的是什么，是客户“为什么要见我”，而不是“我为什么见客户”。同时，你的理由不应该让客户像被带进茫茫沙漠，根本不知道要到哪里去，见面时“无语凝噎”，不知从哪儿说起。

有效的约见理由也能说明我们是有备而来，是用心的，这比其他“表示重视”的做法更直接、更实在，因为我们关心的是客户内心真正的需求，这次即将到来的会面是在帮助客户解决他的问题、实现他的目标。

顶级销售人员关注的是拜访的质量而不是数量，关注每次拜访的效率和成果，这可能和很多刚入门的销售人员“跑起来”“提高拜访数量”有所不同。在很多复杂项目中，并不是说跑得越多就越有效，有时候没有准备地拜访还不如不拜访。大家要知道谈什么、重点在哪里，而不应漫无目的地绕圈子。在很多客户看来，销售人员应该有目的地去拜访，这是为客户节约时间，这种做法是对客户的尊重。客户往往会因为销售人员的高效拜访而对某家公司或某个销售人员有良好印象。

在真实的销售场景中，有时候我们很清楚客户高层“担心产品是否满足需求”“担心项目能否成功实施”，于是急于向客户演示产品来证明自己可以。或者，当某位高层对竞争对手略有倾向，我们就认为这人支持对手，就要用公关手段。看到竞争对手做了动作，加上客户略有表态，很多销售人员就乱了章法，无所适从。

我曾遇到过这种情况：竞争对手的高层在某次会议上见到了客户董事长，我方销售人员就要安排我方高层也专程去拜访客户董事长。当时，我问他：“客户董事长见了对方高层，感觉怎么样？”他说：“不知道，反正竞争对手见了，我们也必须见。”

试想我们以“演示产品”“出来坐坐”或“高层亲自拜访”为

由约见客户，客户真心接受吗？客户会有什么感受？

客户同意和我们见面，是迫于我们的勤奋、死缠烂打，碍于面子不好意思呢，还是因为客户清楚地知道这次会面会给他们带来什么价值呢？

对于一位正在进行项目规划的高层，相较于请他喝酒吃饭的销售人员，可能他更愿意花时间见能给他介绍一些经验、提供一些建议或风险提示的销售人员。对于一位正想办法管理外地公司的老总，相较于高层礼节性的拜访，可能他更愿意见能给他提供集团化集中管理相关信息的专家。约见客户高层时，这些情况更需要用心思考。老板关心的是整个企业的经营战略、运营稳定性和盈利能力，他们需要增强企业运营的掌握能力、风险管理能力和对未来的预见能力，而能帮助他们提高这些能力的知识、信息、经验正是他们关心和需要的。

客户对约见理由漠然或我们自己感觉都不自然，说明还没理解对方处境，没抓住对方动机，没有考虑对方的“赢”。如果约见理由与客户目前最希望得到的信息有关、与处境和动机相吻合，那么他会很期待与我们见面，因为他知道这次见面可能会给他带来什么。

这种见面能推进项目进程，和客户息息相关，是客户为实现自己的目标而与我们共同努力。很多销售人员听说客户同意见面后，一个劲儿地说“谢谢”，对客户同意见面的“恩赐”心存感激。其实，对于真正有效的拜访来说，客户应该感谢销售人员，至少双方要相互感谢，因为这种沟通是对双方都有价值的事情。

我们必须向客户清晰传达有效约见和会面对客户所起的积极作用。很多销售人员习惯电话预约，告诉客户“我明天上午九点钟去见你”。但俗话说好记性不如烂笔头，这种口头信息传达是否清晰准确、是否容易被遗忘呢？很多销售人员习惯于拜访前通过邮件、传真甚至短信和客户确认，将拜访会谈的主要内容、时间、参与人员等进一步明确。后者既正式又专业，还体现了对客户的重视，客户也会重视起来。我国传统文化讲究内敛和中庸，很多话只可意会不可言传，要表达出来但又不能讲得太透，这是高级销售的另一项修炼。

◎ 利用第三方意见

女孩子逛街都喜欢找个伴儿。相比自己逛来逛去，她们更希望找个有眼光的好友陪着，如果发现哪件衣服感觉不错，便穿在身上试试，扭头问好友“你看行吗”，根本不理会旁边不停忽悠的导购员，因为她知道那个导购员就想卖给她，而她的小伙伴则不然。

朋友看我从事软件行业，感觉我应该是个“电脑通”，其实我一点儿技术也不懂。早些年朋友家里要买台电脑，给我打电话：“我家要买台电脑，你看什么牌子的好啊？”“你说我是买联想的，还是买方正的啊？”其实我真不懂，但在他们看来，我就是专业人士，我的意见对他们很重要。

开公司的朋友很多，以前经常有朋友咨询我。比如一个经营手机连锁店的朋友问我：“我想用软件管理几个店的货，你们的软件能管吗？”“像我们卖手机的都用什么软件啊？”“你们公司的销售人员给我演示了好几遍，可我总感觉太复杂。”“你觉得我们需要花多少钱啊？”一股脑儿抛出一堆问题，看得出来他不相信向他推销产品的销售人员，而更愿意相信我这样一个“对这行有些懂”的朋友。

一个做农产品加工配送的朋友问：“像我们这样的公司，用你们的进销存软件可以吗？”“我们就是管理库存和进出货，我考察过了，他们向我推荐的是低端小产品，你看可以吗？”“他们这个价钱，你觉得高吗？还能便宜多少？”“找这家代理商可靠吗？”……问题提了一箩筐，从头到尾问个遍，最后还是和那家公司以谈好的价格成交了。不一样的是，经过和我这么一交流，他放心多了。

后来，我从事营销管理咨询和培训，也有朋友问我：“我们的销售团队能力不行，你说怎么办啊？”“我们想搞个培训，你觉得哪方面的比较好？”“有人给我们推荐了××课程，你觉得有用吗？”“××老师，你听说过吗？”问类似这样的问题，或许他们是真的想了解一些信息，也可能他们只是想从我这里得到一些决策的安全感。

作为朋友，在知识和能力范围之内，我当然愿意给他们提供一些建议和意见，这是举手之劳，还能增进我们之间的感情。朋友间的感情就是在这种你来我往、互相帮忙中积累起来的。

“你的车怎么样？我最近也想买一台。”“这个品牌的手机好用吗？我最近想换一个。”“那家饭店怎么样？服务态度好吗？”在我们的生活中，几乎每天都发生着这样的问话。这都是在做出决定时征求第三方的意见。人们认为那些“知情的第三方”会从公正的角度进行评价，那些有经验的过来人会从购买者同理心的角度提出建议，这些评价和建议对人们决定是否采购有重大影响。采购者的这种心理，在复杂销售中也经常出现。

钢铁行业的高管经常在各种行业会议上碰到，那些都是掌管着巨额资产的当家人。他们在一起有时候会谈：“你们的烧结机用的是哪家的技术？感觉怎么样？”“你们的轧钢生产线是哪家设计的啊？”“你们的信息系统是哪家公司的啊？”……这些老板交流管理经验，也交流各种采购信息，交流对不同供应商的感受和看法，即通常所说的“口口相传”。而这种交流，可能比销售人员做十次演示的效果更佳。

客户在面对销售人员的时候总有一种提防心理，总是在不断提醒自己“他们要卖给我东西”“他们要从我兜里掏钱”“他们是销售”，甚至提醒自己“不能上当，东西要买得物有所值”。所以，很多销售人员在面对客户时苦口婆心、喋喋不休，客户就是不为所动。这说明他们只是想卖东西给客户，没有找到客户关心的重点，没有发掘到客户真正的“赢”，和客户没有共同目标，仅仅是在“销售”而已。特别是面对客户高层时，如果无法有效捕捉到这个角色的“赢”，引入第三方意见可能是不错的选择。

第三方可能是同行企业的管理者。同行之间的交流非常密集，很多行业有“对标”一说，即企业把自己的主要经营指标拿出来做比较，找到对方比自己强的指标，学习相关经验，“对标挖潜”，共同提升。生产部门对产量标、质量标，财务对成本标，销售对市场标，连办公室也对酒量标。除了日常交流，每年大大小小的会议接二连三，高层领导之间见面机会很多。谁不经意间的一句话，就可能会给对方留下深刻印象。很多大项目，很可能是决策者在拍板那一刻想起了谁的一句什么话，即所谓的“理性选择，感性决策”。在复杂销售中，客户高层的很多信息是在销售人员不知道的情况下获得的，而同行之间的信息是最容易共享的。所以，很多精彩的销售案例，就是利用领导之间看似毫不相干的交流，触动了客户那根决策神经。

第三方可能是那些有真才实学、被企业信任的大学教授、研究员或行业协会专家。“产学研”这个说法的产生有一定的历史和社会背景。随着市场经济的发展，很多企业下属的研究院、专属院校从企业剥离，但长久以来形成的人脉依然能起到一定的作用。在很多行业，很多企业乃至厂商与知名大学、研究院（所）、行业协会的专家合作，这在一定程度上是学术行为，同时也是市场和销售行为。他们所利用的是社会上这些专家作为第三方的专业影响力。

第三方可能是有过合作历史的其他供应商。在与客户接触的过程中，我曾多次被客户问：“这家公司服务怎么样?”“他们口碑怎么样?”“你看这样的配置能达到标准吗?”有时，我们也主动给客户推荐其他的关联产品或方案。在客户看来，我们不是在做销售，而是在真心帮他们。因为我们与客户有过很好的合作，所以客户在选择其他产品、方案时，出于信任，更愿意听取我们的意见。这时，作为第三方，我们的意见对客户来讲真的很重要。现在的销售人员无孔不入，当无法接触到决策者时，他们也会试着得到有合作历史的其他非直接竞争厂商的推荐。

第三方可能是高层身边的小角色，比如秘书、爱人、子女、亲友，甚至保姆。他们有时候不经意的一句话，可能会影响高层决策者的认知，比如“这小伙子挺懂事的”“他们服务真差，出了问题没人管”“我听说有家企业因为供货问题，正打官司呢”。这些意见不是客户高层主动征求的，而是第三方无意表达的。每当高层在为决策犹豫不决时，这样的话无疑成了最后一根稻草。

一些国际公司有种做法：每当有大项目招标时，他们都会为客户推荐评委。当然，推荐的这些评委，都和这家公司有着长期合作关系，每年的市场活动、各种研讨会，都有这些专家的身影。有的评委是因为选择了他们的产品而被冠以“业内专家”的头衔，堂而皇之地坐在评委席上，为这家公司投出支持票，尽管他们自己家里还有一大堆麻烦事。这也是在利用第三方意见，可这种利用太赤裸裸了。除非客户内定了这家公司而只是走个过场，否则真正负责任的决策者是不会将这些专家的意见作为决策依据的。

我们应该怎么有效地利用第三方意见呢？

如果我们希望通过第三方向决策者传递信息，那么决策者听到的第三方意见越公正客观，可信度就越高。决策者之所以主动征求第三方的意见，是因为供应商一家一个说法，下属也是说法不一，决策者无法做出客观判断。在他们看来，第三方非局内人，也非直接关系人，在没有强烈个人动机驱使的情况下的观点可能更值得信任。

正是基于上述原因，第三方不要明确地推荐，而只应从某个专业角度提出建议或只谈自己的感受，尽可能地用实例说话。有位总经理和我谈起过为什么选择某家厂商，他说："当时就这件事我们也征求过一家同行企业的意见，他们正好用了那家供应商的产品。听他们说，那家供应商有个服务工程师姓王，给大家做培训特别尽职尽责，手把手教那些学员，同一个问题讲十遍都不嫌烦，直到大家学会为止。为了解决一个技术问题，小王竟然连续工作 32 个小时。问题一解决，他就晕倒在现场了。你说有这样的服务人员，能不让人放心吗?"这是否真实不得而知，但我坚信提供第三方意见的领导确实厉害。相较于说"那家供应商的服务挺好的，挺让人放心的"而言，用场景讲故事就生动多了。

很多不成熟的销售人员恨不得把自己认识某个专家告诉全世界，唯恐客户不知道那位专家是帮他说话的。有的销售人员带客户参观样板客户时，总想表现得与这家样板客户的"代言人"关系有多铁。其实，表现得越铁，在来参观的客户眼里，这位"代言人"说的话可信度越低，客户可能会想："这家伙说得这么好，说不定收了他们什么好处!"即使那位"代言人"说的是事实，也很难得到客户的信任。提供意见的第三方，身上千万不要打上"××公司"的标签，不要让高层感觉这个第三方在帮着某家公司做销售，因为那些"帮着做销售的"很容易被一眼看穿，客户会把他们也当成销售人员看待。这样的案例太多了。

因为不直接参与决策，他们才叫第三方，他们没有否定权，没有决策权，但他们的意见有时很关键，因为越是和决策没有直接利害关系的人，越容易公正客观地看清问题，所谓当局者迷、旁观者清。如果这个第三方与决策有直接利害关系，或者被最终决策者授权，那么他就不再是第三方，而成了项目中的 TB。

有效利用第三方意见，是很多销售人员操作大单的必修法门。

优秀的销售人员可以让自己变得看起来像个第三方，变成给客户提供忠告的人。在客户看来，他们不是在“销售”，而是在提供公正的建议，他们值得信赖。

如何面对技术选型者

◎ 销售人员眼中的 TB

我曾问过很多人：“在你眼中，技术选型者（TB）是什么样的人，你怎么评价他？”这个问题一抛出，大部分销售人员会皱起眉头，表情严肃。“技术出身比较多”“你说他懂业务吧，他又不懂；你说他不懂吧，还不懂装懂”“他们总是死抠一个具体的小功能”“总觉得是他说了算”“死要面子”“过于自信”“有时会提些非分的要求”……基本上没人给什么正面评价。

在销售人员看来，TB 是很难缠的一帮人，但也有很多销售高手利用 TB 给对方挖坑设套，因为 TB 握着选型标准，对供应商和方案拥有否定权，可以随时利用手中权力把供应商排除在外。更多的销售人员则为应对 TB 伤透了脑筋，时间一长，很多人就把 TB 视为“销售杀手”。

某天，有个朋友悄悄和我说：“我终于找到 TB 的历史形象了。”我问：“是什么？”他说：“明朝张居正说过，人们怕那些吏，一定要贿赂那些吏，并不是指望从他们手里捞点好处，而是怕他们祸害自己。吴思在《潜规则》里说，合法地祸害别人的能力，乃是官吏的看家本领。这是一门真正的艺术，种种资源和财富正要据此分肥并重新调整。这不正是对TB的真实写照吗？”我笑了笑，没说话。

若放在早些年，我也是这样认为的。因为TB有“合法地祸害别人的能力”，他能用一条标准和要求不让我们入围，就像本书刚开始那个案例，竟然以“比别人晚到了十分钟”为由把我们淘汰出局；在一个物流项目里，因为“没有介绍生产系统”而让我们前期所有努力化为泡影；把一个千万级的项目交给一个没有调研、没有出过方案的供应商……这不是为了“据此分肥并重新调整”吗？

大部分销售人员有同感，在他们看来，很多项目的失利，正是因为被TB以一些看似并不重要的理由“祸害”了。他们提供了最好的方案，请了最好的专家，那些TB就是不感兴趣，不懂装懂，说竞争对手的技术先进，硬说我们技术落后。

对TB认知的改变源于我做甲方的经历。在负责营销学院时，我经常参与外部培训的选择，接触了很多培训公司，在这个过程中从乙方的角度反观销售，感受很不一样。TB并非大家想象的那样“专门找茬”，他们一样有自己的处境，有来自内外部的压力，有自己的动机和价值观，有为组织和个人发展贡献力量的意愿。

TB知道自己的成功与项目的成功息息相关，自己个人的“赢”建立在公司良好的“业务结果”之上。大多数TB尽职尽责，精心为企业筛选、评比、推荐，希望借助选择一家优秀的供应商，出色完成自己的本职工作，使自己得到能力上的提升。正如很多客户的信息主管精心选型，在实施过程中呕心沥血，事成之后不仅成为中层甚至高层，有的还在信息化领域有了一定的知名度。这正是因为TB在选型过程中，看到了选对供应商对公司和个人的价值。所以，除了极个别损公利己的人，大多数TB是不会拿选型开玩笑的。

TB在很多情况下认为自己是专业的，他可以虚心向某个供应商学习，但供应商不能说这个TB不专业。就像我面对那么多营销培训机构，作为营销课程选型的TB，我有十余年的营销经验，身经百战，虽不能说战功卓著，但也是伤痕累累。人在江湖漂，谁能不挨刀？每一刀都是一笔财富，特别是我最清楚我们的销售需要什么样的培训，销售培训课程的人哪能比我更清楚我自己要什么？如果哪个供应商说我外行，我会服气？

所以，TB并不想“祸害”谁，如果他真的存心“祸害”谁，那一定是有什么原因，或者被忽略了，或者他的专业、权威受到了挑战，或者被自以为是的销售人员伤害了。

◎ TB自身的困惑

TB是一个特殊的人群。

TB可能懂技术，但那些技术相对供应商来讲，有时候算不上权威。TB可能懂业务，但那些业务知识可能对真正的使用者来讲又是外行。TB也会提出需求，但TB提出的那些需求相对UB的使用需求来讲，好像显得并不那么重要。TB不是最终的使用者，但TB的意见会影响产品的使用。TB不能做出最终决策，但TB的意见能影响决策。

这些不仅让面对 TB 的销售人员困惑，其实 TB 自身也很困惑。

企业中有很多类似信息中心、技术中心、采购中心的部门，这些部门并不会真正使用所采购的产品，但他们可以对所采购的产品提出要求和建议。就像在为公司选择培训课程时一样，作为营销学院负责人，从专业角度来讲，我知道营销能力体系应该是什么样，选择的培训应该具备什么条件、达到什么目标。当有外部机构推荐课程时，我理所当然要参与评审和选择。出于在这方面所谓的专业和权威，我对这件事情的影响力至关重要，甚至选择哪家的什么课程，是我说了算。

因为职责所在或领导授权，TB 会参与项目选型。正是因为负责这方面的工作或领导授予筛选和推荐的权力，TB 经常将领导委托的“选择权”视为获得了这个项目的决策权。从内心来讲，很多 TB 并不愿意承认“我的意见并不重要”“我参与选型只是为了给领导提供参考意见”，更多情况下他们认为自己在这方面很专业，选择出合适的供应商和方案是职责所在，所以“我有权决定选谁”“这事我说了算”。

除了考察和推荐，还有一些 TB 负责对筛选供应商的把关，看供应商是不是符合特定条件。这时候，如果 TB 说谁行，不一定能让某家供应商赢；但要拿着自己认为的关键标准说谁不行，供应商就很难过这一关，正所谓“也许不能帮你，但能害你”“说你行，你不一定行；说你不行，你一定不行”。这种“让你通过”或“合法伤害”的权力正是 TB 手里“真正的权力”，TB 经常把这种权力当成决策权。

大多数 TB 秉着“公平、公正、公开”的原则，尽职尽责地为公司推荐或选择供应商，因为他们所选择的供应商给企业带来价值是他获得个人价值的基础，也只有把工作做得更出色，才会赢得领导更多信任。赢得领导信任也是 TB 个人的“赢”。

也有一部分 TB 利用他认为的“决策权”或“否定权”来维护自己的权威，甚至谋取个人利益。很多 TB 之所以坚定支持某家供应商，否定其他供应商，一般是因为有着自己的小算盘，比如希望与某家掌握先进技术的公司合作，在这个过程中多学习先进技术，为自己以后“升值”做打算；或者是因为领导和这家供应商的关系不一般，支持这家供应商可以更加接近领导；或者是 TB 私下收受了某家供应商的好处，于是给其他供应商制造很多麻烦；或者什么也不为，就是感觉和这家供应商打交道很舒服，那种谈得来的感觉很爽。

领导委托的“筛选推荐权”、可以说不的“否定权”，让很多 TB 产生了错觉或幻觉。虽然如此，TB 的地位仍然相当重要，我们必须重视，不能绕过或忽略 TB，否则只会给自己制造很多麻烦。当然，也不能仅仅把赢得 TB 支持视为销售的成功。

顺利通过 TB 这道门，是走向成功的必经之路。

◎ 忽略 TB 的代价

因为手握领导委托的“筛选推荐权”和可以说不的“否定权”，TB 成了很多销售人员难以突破的屏障，销售失败往往就是因为 TB

的否决。即使有一万个理由支持，TB 就是咬住了那一条不支持的理由，销售人员也难以突破困局。“一朝被蛇咬，十年怕井绳。”与 TB 打交道成了很多销售人员心中永远的痛。到底怎么和 TB 打交道呢?

不知道应该怎么做时，我们先看看不应该怎么做。

2008 年，我负责公司某个行业的业务，该行业做的是新开拓业务，产品基础比较弱。从行业推广经验来看，要想迅速打开局面，一方面要有战略原型客户突破，另一方面必须尽快推出行业解决方案和产品。为了加快行业化产品的开发速度，使产品更具行业特点，我们决定选择一家有相关开发经验的合作伙伴，在我们标准产品的基础上，用两三个月的时间开发完善行业应用。就这样，我们做甲方，选择开发合作伙伴。

公司负责选择的有开发管理部、行业开发部、产业管理部的负责人。我作为行业总监牵头，一不小心还是做了 TB，负责筛选、推荐，然后向主管高级副总裁汇报评测结果。

来应标的有三家公司，它们分别介绍了各自的公司实力、行业产品现状、愿意为此合作投入的资源、开发承诺等。第三家是综合来讲最有实力的一家，我们本来倾向于与它合作。可等这家公司讲完，其总经理居然轻描淡写地说了句：“也别太认真，这事你们几个说了不算，得听领导的。”

他说的“领导”是我们的主管高级副总裁。谁都知道这个总经理有很深的背景，与我们的主管领导关系也不错，甚至可能来述标之前已经和那位领导打过招呼了。

我们几人听他说完，互相看了看，没说话。

等这位总经理一出门，我们准备填写评测意见表，有位经理说了句："同意他先出局的举手！"

当时我没举手，因为举与不举都没关系了——其他人都举了。有位哥们儿说："牛什么牛！他不是说我们说了不算嘛，证明给他看，我们说了到底算不算！"

这家最成熟、最有实力、原本最有希望的公司，还没进入第二轮谈判就出局了。

TB 最怕什么？最怕别人说"你说了不算""这事你做不了主"。听到这样的话，TB 会把那口气深深憋在肚子里，然后等待时机证明给你看。我们以前经常说："你一个信息部长，懂业务吗？""你说的技术太落后了，我们这是最先进的技术。"现在回想起来才知道，这句话对 TB 的伤害有多大！

当销售人员试图绕过那些看似不起眼的阻拦者，特别是倚仗良好的高层关系，不把这些夹在中间的 TB 放在眼里时，一定会出事。无数案例证明，凭借先进的技术产品或倚仗与高层不错的关系而忽略一些小角色，这些被忽略的小角色往往会成为竞争对手的最佳切入点。

忽略 TB 的真实想法和内在需求，是销售人员常犯的错误。

多年前，我曾经丢过一个单子。在那个项目中，客户的业务部门非常支持我们，只有信息中心主任不松口，商务谈判时他要求价格再降几万块钱。我们认为，领导和业务部门都很支持了，你在中间还装什么强啊，就没给他面子。而他却以比价为由把竞争对手拉进来，最后导致我们丢掉了那个项目。

几年之后又见到那位主任，那次交流对我启发很大。

谈起当年的项目，那位主任说："你们是不是认为当时领导认可了你们的方案，业务部门也都支持你们，这个项目就铁定是你们的了？"

我说："说实话，我们确实有这样的想法。可你为什么非要让我们降那几万块钱呢？"

他说："其实不是那几万块钱的事。从一开始，你们就围着业务和领导转，从来没把我放在眼里。"

我说："哪有啊，每次到企业去，不都去你办公室拜访一下吗？"

他说："拜访一下？我当时给你们提了几点要求，你们根本没当回事！整个过程中，你们也没人主动给我打电话问我的需求，都没有认真听我说出我的想法。我在信息中心，对信息化建设成什么样是有想法的，那些都是我研究思考多日、精心规划的。特别是实施过程要有我们的参与，做不好可是我们的责任。所以，我后来特别提出要细化一下你们的实施方法、明确负责的顾问，可你们给我的回复太敷衍了，我都不敢轻易相信。"

听完他的话，再回头想想，我们确实没把他放心上。因为有时候销售就是博弈，我们觉得无法争取所有角色的支持，就要靠 UB 和 EB 的支持来压制住 TB 的想法。可在这个案例中，我们犯错了。

那些获得某些角色支持，甚至没有任何人支持的销售人员，很多时候不愿意问 TB 的需求。从经验来看，可能销售人员只愿意和熟悉的人联系，或有什么事直接与联系人沟通，而不去关注拥有否定权的 TB；也可能销售人员认为，应该做对推进项目有利的事，安排拜访、交流、讲方案、参观、报价等工作对推进项目有直接效果，与使用者、决策者沟通才是重要工作，和 TB 的沟通有些流于形式；也可能销售人员忽略了对真正需求的探索，自认为已经清楚掌握了客户需求，或提供的是标准产品而非个性化服务，所以不用关注客户的需求是什么；也可能是销售人员没有合适的约见理由，见面不知道说什么；也可能是销售人员根本没想起有个陌生角色会影响决策。

从我做 TB 的经历和感受来看，如果有人打电话问我，我很乐意与他们分享我们的需求和想法，听取他们的意见，也希望他们能帮我出出主意。可是通常没人联系我。

更危险的是，如果销售人员直接与“联系人”有更多更深入的沟通，TB 就会有一种被忽略的感觉。我曾经作为甲方深刻感受到，被忽略是一种说不出的、很不舒服的感觉，这对乙方来讲真的很危险。

忽略即风险，忽略即威胁，忽略是随时可能爆炸的雷。

在很多销售人员看来，向那些例行公事、“自以为是”的 TB 低头是件很痛苦的事，他们打心眼里瞧不起那些装腔作势、不懂装懂的 TB。其实，不是所有的 TB 都这样，很多 TB 有想法、有需求，选型中真心为企业着想，真心希望选择出适用、易用、好用的产品，真心希望帮企业把事做好。

所以，销售人员要重视 TB 的需求，尊重 TB 的意见，考虑 TB 个人的“赢”。不企图避开、绕过或忽略 TB，就不至于把自己推进雷区，不会为自己在销售中又多树一个敌人。

◎ PK 的壮烈场面

销售人员自己搞不定的事，总想寻求外部资源来搞定，比如请专家、请老大，比如安排样板客户参观。特别是面对难以搞定的TB时，销售人员总希望能请这些高人改变 TB 的认知。前面说过，TB不支持往往是因为提出了明确的需求和想法而没有被重视。销售人员能否满足 TB 的需求不是最重要的，最重要的是尊重和重视TB的想法和标准。

大家经常用这几个词来形容 TB：固执、封闭、死爱面子、过度自信。

TB始终认为自己很专业。很多 TB 确实很专业，只不过我们觉得他们不专业而已。TB 认为自己的认知和标准是正确的，谁要敢说 TB不对，他会亮出自己手中的否定权，甚至为捍卫自己的权威和尊严而不顾一切。如果我们请的专家或顾问也固执或过度自信，那就麻烦了。

先看个不是很壮烈的故事。

选择营销课程时，我们约了某全球知名培训机构来交流，因为有位同事参加了他们的全球公开课，感受比较好。当时来了两个人，一个销售人员，一个专业培训讲师，典型的“客户经理＋顾问”配置。

开场之后，这位讲师简单介绍了他们公司是全球性培训机构、在销售课程方面有优势等，然后就站起身，拿起笔在白板前边说边写，开始介绍他们的方案。

我和同事有明确的目标和期望，更希望他们听听我们的想法，希望他们针对我们的想法给些建议，但当时根本没机会张嘴，只能听这位讲师讲。他觉得自己非常专业，能够引领我们的认知。

刚介绍到课程框架时，我提出了困惑：“这个策略销售的框架，如何与解决方案销售的过程结合?”这位讲师好像没什么准备，反问道：“你说说看，解决方案销售都有哪些阶段？你们在使用解决方案销售中遇到了什么问题呢?”

这个反问让我们很不舒服。

在我们看来，这是常识性问题。问我们这样的问题好像我们什么都不懂、被他考试一样，而且这个问题与我们提问的动机和关注点相去甚远。再看那位讲师，问完之后，一只手抱胸，另一只手摸住下巴，紧闭嘴巴，低头微笑着看着我们。解读他的肢体语言：抱胸表示防卫或自以为是，摸下巴可能在抑制说话的冲动或是强行在给嘴巴下指令说“不要笑”，微笑着紧闭嘴巴代表不想与他人分享内心想法，而微低头看我们则带有一定的挑衅意味。

那位陪同的销售人员也很无奈，因为他也不知道要做些什么。以后再见到这位讲师或者想起这家全球知名机构，我们就会想起那位讲师的典型甚至夸张的动作。

我们作为 TB 希望与他交流，而这位讲师不仅不了解我们的真实需求，反而像在给学员上课，甚至像在教小学生，让我们感觉极其不爽。那次交流之后，我们就把这家机构排除在外了，因为他们作为一家营销培训机构，居然不知道如何提问、倾听客户真实需求，如何反馈客户意见，还以“我是老大、我专业”的心态自居。和这样的营销培训机构合作，我们很担心后续课程的质量，他们能为我们训练出优秀的销售人员吗？

我回想自己当年做销售或售前服务人员，一定也有过类似情形，对客户某些小角色不屑，甚至有嘲笑的语气、轻蔑的神态，对方是什么感受？有销售高手曾说：“我们之所以获胜，是因我们犯错比竞争对手少。”这实在是至理名言。不是你做得多好，只是对手比你做得更差！

有位朋友给我讲了一个他亲历的、让他刻骨铭心的故事。

在一个项目中，他遇到了一个很难对付的 TB，他说什么 TB 都不感兴趣，始终强调“你们的技术落后，还不懂我们的行业”。朋友没办法，只能申请专家支持，让客户见识一下真正的专业水平什么样！

进客户门之前，朋友和专家说：“这个角色很难对付，好像挺懂技术的，行业背景也很深，你看我们怎么谈？”专家说：“这有什么。让他去各大网站查查，在咱们这个行业里，我的文章很火的。再说我全国各地跑的地方多了，什么样的客户没见过。对付他，没问题！”

听完这话，朋友心里顿时有些发紧。他记得那位 TB 也和他说过：“专业杂志上我没少发表文章，这个行业我好歹做了二十年，闭着眼都知道是怎么回事！”这两人见面，将会是什么情况呢？

那天，戴眼镜的 TB 和戴眼镜的专家对面而坐。

专家听完 TB 的想法后说：“你说的这个不行，我告诉你最新技术是什么。”TB 说：“不行？我当年是这个行业应用的先行者，参加过业内多次技术交流会，还在全国交流会上分享过经验。”专家说：“今非昔比，那是多年以前的事了，你说的技术都落后了。目前最流行的技术是……”TB说：“流行不流行不重要，我知道什么是最适合我们企业的。”专家说：“你的思路有问题，不是说让产品适应你们企业，你们企业应该适应新技术……”

搞技术的有个特点，就是把技术视为自己的尊严乃至生命，谁要说他技术不行，他跟谁玩命。谈起技术，两个人都认为自己是专业人士，谁也没办法说服谁。说到行业，专家认为自己做过很多同行业案例，很懂，也知道这样的企业该如何规划，竭尽全力为客户建立标准。而TB认为自己的企业和别家不一样，自己知道企业的实际情况，别家的经验不能完全照搬。就这样，两人你一刀、我一枪，拼杀起来。

直到双方都伤痕累累，在朋友努力劝说下，“战斗”才停止。走出客户的门，朋友无可奈何地摇了摇头。那位专家也心有不甘：“这人思想太僵化了，简直是顽固！以后这样的项目你别找我支持了！”门里面的TB心中暗想：“还想来教训我，下次别让我再碰到你……”

销售人员企图控制客户，改变客户认知，给客户建立标准，让客户跟着我们的思路走，而不去关注TB的真实需求和内心的“赢”，双方就会PK起来，导致“惨案”发生。

自认为知识越多的人，就越不愿意低头服输，越难把别人的感受放在道理之前，越容易忽略人性。TB是这样，很多顾问和专家也是这样。难怪说“知识越多越反动”。

很多技术和知识能给客户带来企业价值，即业务结果。而客户中不同 TB 的个人“赢”不一样，销售人员很难用同样的结果给不同 TB 带来相同的“赢”。

所以，不仅不能忽略 TB，反而要尊重 TB；不仅不能强行改变客户认知，反而要真正探索和分析每个 TB 的需求和个人“赢”在哪里，才能获得 TB 的认可和支持。

◎ TB 希望我们赢

其实，很多 TB 是很可爱的，把自己的成功寄希望于他所推荐的供应商。只有那些供应商表现好了，TB 才会在企业中站住脚，赢得领导和其他人的信任。

2002 年春天，我参与了这样一个项目。

销售人员接到一个电话，说外地一个大型化工企业想做 ERP，请我们的专家去做交流，同时还邀请了其他两家公司。那个电话是信息中心主任主动打来的，他曾经在大学做老师，和我们公司有过接触，知道我们是大公司。经过分析，我们判断这个项目还在前期，不存在陪标的情况，并且感觉这位老师对我们很好，有些倾向于我们，所以还有较大机会。

交流是一定要去的，但问题来了。当时申请资源很难，我们只抓到了刚到总部入职的“学生专家”，又安排了分公司的销售人员冒充咨询顾问，就直接去了。因为他们两个都不太懂，交流时不仅 ERP 理论没讲清楚，需求没了解到，而且演示产品时连网络也连接不上，根本没登录上去，总之表现非常糟糕。

冒充顾问的销售人员回来说了当时的情况，我们感觉问题很严重，必须尽快弥补。随后，我们带了礼品想去拜访那位老师，打电话说："老师，听说这次交流的不太理想？"那位老师说："何止不太理想，你们介绍的那也叫 ERP？"我们说："是，是，我们准备不太充分，希望见面谈谈。您看怎样重新安排一次？"那位老师说："还想重新安排？你知道领导怎么说的吗？领导说是哪个饭桶把这家公司请来的?!"说完放下了电话。后来，电话约不到，我们直接去了这家公司，在他办公室等了两个小时也没见到人。他根本不想见我们了，我们没机会了。

这位 TB 向领导推荐了我们，他希望我们表现好。结果，我们表现太差，领导对他不满。从那之后，他在项目中的地位和话语权一落千丈。而这个化工企业的项目最后落到了一个面向机械行业的厂商手里，听说实施得并不顺利。现在回想起来，我们真是辜负了这位老师的一片好心。

如果 TB 帮我们引荐或组织交流会，我们一定要认真准备，好好表现。因为在其他人眼里，我们的表现代表了 TB 的水平。我们有很好表现也是在帮助 TB，大家就有了共同的"赢"，这对销售结果至关重要。

◎ 警惕潜伏的 TB

不得不再次提醒销售人员：警惕潜伏的 TB。

有太多项目正是因为潜伏的 TB 突然冒出来，销售人员措手不及，不明不白就丢了单。这种情况比"我知道谁不支持我""这项目可能会丢"更让人心痛和胆寒。

在与客户交流的过程中，碰到那些露面的潜伏者是我们的幸运，而有很多 TB 潜伏到最后一刻才露面，甚至在整个过程中一直潜伏着，在暗中影响或决定着我们的成败。

有一次我和同事分析一个项目，当时处于项目前期。销售人员给我们介绍了客户参与项目的主要人员：董事长、总经理、营销副总、销售部长、财务部长、销售会计、财务部下面一个负责计算机的主管。客户此次希望购买一套分销管理系统，通过系统管理全国的销售网络，包括销售订单、发货、各网点库存、收款等业务。当时，财务部门使用的是对手的产品，应用效果还可以。

销售人员判断董事长是 EB，销售和财务部门的人员是 UB，总经理和财务的信息主管是 TB，据此制定了策略和行动计划。他认为，拿下营销副总、财务部长，然后通过方案打动董事长和总经理，赢得他们的认可，这个单子就能赢了。或者在财务部支持对手的情况下，拿下销售部，最后看销售部和财务部谁的分量重，如果财务部厉害我们就丢单，如果销售部厉害我们就赢单，碰碰运气。

后来分析发现，这个项目因为会涉及企业流程变化、销售和财务的业务关系，将给企业带来较大变化，董事长确实是 EB。营销副总、销售部长、财务部长、销售会计，这四位明显会使用我们的产品，其工作也会因为采用我们的产品而发生变化，这四位是 UB。剩下的总经理和计算机主管是不是 TB 呢？这是大家讨论的焦点。

这家企业里董事长比较强势，总经理会不会是 TB，由他负责筛选推荐呢？不排除，但不能确定。据说总经理主抓生产，他亲自参与技术交流、筛选、推荐的可能性不大。

财务部的计算机主管会不会是 TB 呢？我们首先分析他是否具备相关经验。他只是在财务部门上软件时起到了辅助作用，懂不懂分销也不一定；况且这样的项目涉及全国分销管理体系，这样一个角色，何况又出身财务部，销售部会信任他吗？显然他很难担任 TB 的角色，最多可能会在计算机、网络、技术等方面做些辅助工作或提些要求。虽然目前他负责对外联系，但对一个 TB 来讲，他的分量明显不够。

还会不会有其他 TB 呢？

这时候，我们让销售人员把企业组织结构图画出来，标注上每个部门的负责人。当一张比较完整的组织结构图展现在眼前时，我们才发现还有可能作为 TB 但目前不在项目里的一个人——企管部长。

这家企业的管理流程和制度都由企管部负责，而我们所要推荐的分销方案，必将影响到企业全国分销体系管理制度的变革。同时，销售部和财务部在分销管理上也存在着一定的矛盾，销售部关注订单和发货，财务部关注发出去的货是否回款、发票和回款是否能对上。很多企业业务部门和财务部门都有着这种交叉和制约关系。这样一个分销系统，是让财务部牵头呢，还是让销售部牵头呢？谁牵头都不合适。那么必将有一个第三方负责汇总两部门的需求，协调两部门在流程上的冲突。纵观整个组织结构图，除了总经理之外，就是那位企管部长——他可能会成为这个项目的 TB。

事实证明我们的判断是正确的。

在我们大张旗鼓与销售、财务打得火热时，竞争对手和我们展开了面向销售、财务和高层的“遭遇战”和“拉锯战”。与此同时，我们悄悄与这位企管部长保持了密切且低调的联系，把他视为一个TB对待。

财务部支持对手，那个计算机主管也倾向于对手，而销售部支持我们。就在双方分歧较大、董事长也不好做决定时，在我们的建议下，企管部长“正式出场”，牵头负责这个项目。而这时候，我们占据了销售、企管两条线，对手只有财务的支持。凭借后期细致的工作，我们最终赢下了这个项目。

如果刚开始我们无法找到一个真正的 TB，仅靠销售和财务两个 UB 部门 PK，这个项目是否能赢还真难说。

对于竞争对手来讲，那位企管部长就是一位潜伏的 TB，并且前期我们有意让企管部长低调地潜伏下来，关键时刻再发力。这种潜伏 TB 的杀伤力，对于没关注到的人可以说是一剑封喉。

在复杂销售中，要尽可能找到那些潜伏的角色。即使他们表面上不会参与项目，也要把他们作为潜在的决策影响者对待，直到事实证明他们真的不参与。况且在很多复杂销售中，还有很多企业外部的 TB 可能参与或影响决策，那就更需要我们提高警惕。

如何关注应用选型者

◎ 应用为王

为客户创造价值是诸多企业信奉的经营理念。客户在使用产品、服务之后，业务流程发生变化、效率提高、成本降低，客户获得直接或间接收益。销售人员发现客户企业中存在的问题，销售过程本身为客户提供定义问题、制定解决方案的无形价值，而很少直接为客户创造业务结果和有形价值。所以，我们推荐给客户的产品或服务只有在客户成功应用之后才能创造业务价值，客户只有真正看到改变和结果才会真正满意。

最终使用产品的是 UB。如果想获得与客户的长期合作关系，必定是客户使用产品之后其需求被满足。所以，不考虑客户应用、忽略客户需求的销售人员，有可能拿下一笔订单，但从长远来看，他必将失去这个客户。

多年前，我在《计算机世界》读过一篇封面文章，小标题分别是：用户之灾、把客户“骗”到手、霸王条款“套牢”用户、实施风险转给伙伴、光环的破灭……文章谈到一家公司在为客户提供产品、服务的过程中，过于强调产品本身功能的强大和复杂，过于关注销售过程中对 TB 的怂恿，而忽略了本土客户正在发展变化的实际情况，忽略了客户的真正需求，忽略了 UB 群体，导致很多知名企业购买他们的产品后，根本没有成功应用起来。

这样的局面，与他们的销售方法不无关系。有很多销售人员过于关注技巧和方法，非常善于抓住 TB 这样的角色，用先进的理念忽悠，通过“学会之后将来可以跳槽”“在选型过程中能到国外参观考察”“巨额资金投入可能带来灰色回报”“我们的产品是世界上最好的，如果用最好的都不能成功，用谁的还能成功”这样的说辞来引发 TB 的兴趣，充分照顾了 TB 的“赢”。

整个过程中，他们很少与 UB 深入沟通，他们接触 UB 的目的就是“让他们不要反对”，把购买他们的产品说成“企业发展需求”“公司领导决策”。忽略UB的需求和应用，注定签单后客户在使用过程中无法满足企业需求，注定UB的“赢”会被伤害。

所以，在有些公司的项目中，TB往往是坚定支持者，基本上很少有UB支持。赢单的项目也都是TB在决策中占了上风，而UB话语权非常小。

早在2006年第8期《中国计算机报》上，我曾发表过一篇文章——《ERP市场混乱竞争白热化，企业警惕落入ERP陷阱》，对软件领域存在的一些陷阱做过总结分析，也对企业如何选择供应商提了一些建议。文章提到，在招标过程中，很多厂商对所谓招标书中的需求内容不熟悉，为了争取项目，一口答应“全部满足”，而不管现有产品能否满足，这是一种不负责任的做法。“拿下单来再说”是部分厂商的心理。

弃客户成功于不顾，只想拿下单子的做法，把为客户创造价值的承诺变成了未知数，其结果很难让客户真正满意，从短期来看虽然战胜了客户、赢得了订单，但这种“我赢你输”的做法迟早会导致客户离我们而去，最终可能是双输的局面。

◎ 需求为先

UB的业务需求若能被有效关注和满足，这位UB很可能会成为我们的支持者。

上大学的时候，我参加过某知名方便面企业的市场调研，那次市场调研给我的印象非常深。主持人是一位长着络腮胡、酷似老外的中年男士，会议室远端架着一台摄像机。那家企业准备推出一款类似点心的干脆面新产品，调研目的是让我们尽可能地分享认知，认为这款产品应该是什么样，有什么具体要求和想法。

那次调研之后，我一直关注这家企业，看他们这款产品何时问世，到时候我可以自豪地说："想当年他们推出这款产品前，我还提出了需求呢。"毋庸置疑，我会成为那款产品的忠实消费者。

有个说法叫"创造客户需求"，就是在客户没有明确需求时，通过引导客户认清现状，找到潜在问题和差距，然后让客户产生急迫购买的意愿，从而达成交易。

我刚开始做销售时有一个项目，至今印象很深。客户是一家民营企业，在我们的不懈努力下，客户方信息主管终于同意帮我们约董事长见面。当时，我们想，见董事长谈什么呢？肯定要谈些有高度的话题，最好能谈到管理思路。如果这样，我们肯定不行，必须从总部请一位高手。于是，我们邀请了一位销售型专家。

那天会面，董事长如约出席，参会的还有他担任副总的二儿子，以及帮我们约见的信息主管。那次沟通让我们见识了什么是高手。我们的专家从企业管理原理开始，讲了企业总体业务流程，然后庖丁解牛一般分析各个业务环节可能存在的管理漏洞，剖析形成原因，最后结论是客户需要一套我们的产品，还清晰介绍了应用产品之后客户将怎样弥补那些漏洞。

整个过程中，董事长等人听得非常认真，并对企业存在的漏洞深有感触，感觉应用我们产品非常有必要。这时候，客户感觉他们的企业因为管理问题，每天损失数万元，这个方案能帮他们省大钱！

董事长问："像我们这样的企业，应该如何建设这样的系统?"专家说："我们做过很多家企业，也有一大批成熟顾问，接下来，就是看什么时候签约?"这位专家以 Call High 和小单大签著称，面对可以随时做出决策的"一把手"，他经常能找到对方的痛点，并让他们在痛不可言时做购买决策，一举拿下此单。

董事长又说："听你介绍的内容，不像自动生产线，买来放那儿就能自己转，这好像是套管理工具吧。既然是管理工具，就得有人来用。这样，你们安排一下，给我们的中层搞个演示，让他们也看看产品什么样，能起到什么作用。"专家说："这是管理思想，由一套管理工具支撑，最终受益者将是企业管理者，管理者看到价值比使用者看到价值更重要，所以没有演示的必要。"

信息主管见董事长有些不爽，插嘴说："你们不演示也可以，那得做个调研，出个方案吧。"专家说："同类型的企业我们做过很多家了，经营中存在什么问题、怎么解决，我们也很清楚，这属于实施过程中的工作。"董事长又说："我们和其他企业不一样，况且我是担心基层员工的素质不够高。"专家说："买不买是企业的事。如果您还没考虑好，我也不建议您马上签合同，等您考虑清楚再说。"

那次交流就这样结束了。下一步安排就是专家留给客户的"等您考虑清楚"。直到后来，我们再联系信息主管，回答是"领导还没表态"。我们提出安排调研、出方案，也被拒绝了。那个项目几年内一直没签成。

后来，我们做过总结：如果在做高层汇报前，我们对各业务部门做个调研，即使形成一个简单的调研报告，也能体现我们关注业务部门，领导决策时也可以借鉴这些内容和意见。如果那天有业务部门的人在场，针对业务做过交流，也能找到一些“证据”证明方案的适用性。

“不调研，不出方案，直接签单”不是没可能，前提是我们必须清晰掌握 UB 的应用需求，而不仅是 EB 的意愿。UB 的应用需求往往是 EB 做出决策的重要影响因素，因为 EB 做决策买了产品，都希望 UB 用好、用出价值。

UB 的应用需求会因企业管理模式、管理思路、组织结构与流程、企业文化等情况不同而各有差别。在需求创造和引导过程中，不关注 UB 的真实应用需求，EB 和 TB 的购买动力就成了“无源之水，无本之木”。

当我们忽略 UB 的需求，EB 或 TB 做了决策，让 UB 使用我们的产品时，UB 内心深处总会有一种无形的抵抗，甚至会想办法挑刺，因为他们没有参与前期讨论和选型，不知道背景和缘由，在这样的情况下直接买来让他们用，他们很多时候想不明白：为什么非要改变原有工作习惯，用这个烂产品呢？

公司前些年买了网络安全产品，要求每位员工的笔记本电脑上必须安装一个监控程序，上网时必须先登录一个安全控件。有些同事抱怨：“公司整这个干吗？每次都要登录，这么麻烦！”“公司不就是为了监控我们使用计算机和上网吗？”“说不定还要监测我们的聊天记录呢！”很多同事对这套产品非常反感。确实是这样，UB 根本不知道产品能带来什么价值，只是用作管理和控制员工的工具而已。

其实并非如此，这工具对全体员工安全使用计算机很有价值，是一套网络防病毒和安全保护的有效工具。但 UB 没有认识到这种价值，他们也没有被问过网络安全方面的需求，所以才会抱怨。

这样的情况很普遍。

比如公司买了台打印机，同事会说："这破机器是从哪儿买的啊？总是卡纸，操作还这么复杂!"心里可能会想："为什么买这牌子，而不是那牌子呢？是不是这里头有什么猫腻?"比如，朋友单位每人发了一台不错的笔记本，采购时没征求大家意见，到手之后有人会说："这破本儿怎么这么沉啊？不像个好东西。"别人问起来，他们会有意无意把这种意见传达给第三方。如果在采购过程中征求一下他们的意见，听取一下他们的需求，他们即便提不出什么关键的建议和需求，也会因为被尊重而不再那么抵制或反感。如果他们提的需求被关注和满足，那就是按他们的要求买的，买回来即使不好用，也不会说什么了。

在很多复杂销售中，作为产品服务的使用者，UB 对需求有很多想法，那种埋藏在内心深处的感觉和期望如果被发掘到，这位 UB 就会不自觉地参与到项目中来。他与我们共同制定满足其需求、解决其问题或实现其目标的方案，他就会认为这个方案不是供应商的，而是他自己的。

销售人员应关注并重视 UB 的使用需求，不仅是因为 UB 最终成功使用产品才能创造价值，也会让 UB 觉得我们是在帮助他们，在关注他们的需求，讨论形成的方案是大家共同创造的，也是他们的心血，这样就会有更多 UB 成为我们的支持者。

◎ 建立 UB 根据地

复杂销售涉及多人参与决策，这让整个销售过程充满变数。在很多大项目中，特别是解决方案销售中，参与选型的角色很多。这些角色因为个人利益甚至内部政治关系很难形成一致意见，这样一来，有些项目形势就会变成客户内部多个利益团体或派系之间的博弈。

只有赢得更多人的支持，胜算才更大；但要想赢得所有人的支持，难度非常大。作为方案和产品的使用者，UB 是需求的提出者，他们如果被我们发动起来，其力量不可小觑。

一家老客户使用了我们的财务管理产品。通过日常联系，我们感觉财务部长对我们的产品比较满意，但遇到了新问题。他们在处理采购付款业务时，看不到这笔款的合同情况、采购到货情况、到货检验后的入库结果。个别采购人员利用这种信息不畅，将还没到货的款违规提前支付给供应商，导致财务的资金总是很紧张，领导对财务的资金管理工作很不满意。

这种部门间信息不畅的问题，信息部门一直很关注。而竞争对手和信息部关系很好，希望信息部采购他们的软件来解决这些问题。信息部也做了很多努力，帮助竞争对手安排了技术交流会，还把方案报给了领导。

当我们去拜访这位信息主管时，他的态度让我们很尴尬。他说："我们已经用了你们的产品，可是解决不了我们的问题。"我们说："没有解决问题，是因为没买相应的产品，这问题我们肯定能解决。"信息主管说："另一家公司技术比你们先进，比你们更重视这项目。"

一般碰到这种"不用事实说话"的情况，我们就知道情况不妙，信息主管肯定有他自己的想法。后来，听说该主管喝酒时曾和手下说："以前系统虽然用得好好的，但在这个基础上拓展，做好了功劳还是业务部门的。"

我们与信息主管保持沟通，同时加紧做财务和采购部门的工作。我们先安排顾问对财务和采购部门的岗位设置和工作流程进行了调研，确认了业务流程现状，明确了每张单据分别由哪个岗位做、相互之间如何传递，然后又分别拜访了两个部门的主管，听取了他们对业务现状的看法，请他们提出改进意见和期望。他们含蓄地表达了一个重要的观点，就是在规范控制的同时，部门的权限不要被弱化。

在搞清楚业务部门的需求后，我们又用了一周时间和客户一起设计新的单据传递流程。针对两个部门都担心的权限问题，在流程设计中专门考虑了权限控制方案。财务部和销售部认为这样的方案既能提高工作效率，又能规范部门员工行为，还充分保障了各部门的信息安全性。

得知我们进行调研和方案设计之后，信息部门也安排了竞争对手调研。虽然信息部门强力支持我们的竞争对手，但业务部门对信息部门推荐的这家公司不放心，竞争对手调研的收获不多，业务部门也没有像对待我们那样投入和专注。

方案汇报和论证时，公司领导、业务部门和信息部门都参与了，对手和我们分别介绍解决方案。信息主管在会议上态度比较明确，强调对手的产品技术先进，能规范和提升公司的管理水平、提高市场应变能力和竞争力。业务部门在发言过程中，用具体事实讲清了我们的方案如何解决业务中的具体问题、对隐藏的漏洞是如何弥补的，明确支持我们一起制定出来的方案。

领导想知道这次采购到底能解决什么问题，而不是泛泛地“提升公司管理水平、提高市场应变能力和竞争力”，更不是买一套技术先进的产品充门面。因为UB对方案高度评价，突出了方案带来的积极作用，最后我们拿下了这个项目。

UB总是期望得到更好的产品服务，希望供应商能帮助他们效率更高、成本更低、工作更轻松。而效率怎么提高、成本怎么降低，源于UB对现状的感受、对愿景的期望。这种感受和期望就是我们要实现的目标、要达到的效果。没有这些具体翔实的证据，决策理由看起来再冠冕堂皇，仍然显得太虚。即使TB汇总了UB的应用需求，把需求作为筛选标准，一定程度上来说TB对需求的理解也远不如UB透彻。

优秀的销售人员能率先把握到UB的“源动力”，然后满足TB的“及格标准”。相对筛选标准，真正为客户创造价值的根源在于对UB需求的满足，以及购买后UB应用带来的改变。

关注客户满意、期望与客户建立长期关系，就必须始终把满足客户需求作为第一要务。UB被重视，我们与UB共同制定解决方案，共同拥有方案的“创造权”和“所有权”，应用需求被满足，UB就会坚定地支持我们，就成了我们的根据地。这种做法是真正关注客户的应用需求，也最能赢得客户长期信任，而不至于把赢得信任的压力交给实施服务的人员。

如何发展与使用Coach

◎ 好Coach

知己知彼，百战不殆。

很多时候做到知己都很难，做到知彼就更不容易了。

无论古代金戈铁马的沙场，还是当今刀光剑影的商场，信息对局势的变化一直发挥着重要作用。信息战已经成为一个专业领域。在战争中，指挥官为什么对信息如此关注？难道望远镜和侦察机得到的信息不真实、不能作为制定策略的依据吗？难道拜访客户过程中得到的信息不能作为制订计划的指导吗？这些都是有用的信息，但不是信息的全部，我们需要掌握更独特、更关键、更有价值的信息。

想追一个漂亮女孩儿，要和她信任的人成为朋友，保持密切联系，掌握女孩儿的最新动向，才能知道她对你有没有意思、你做哪些事获得了好感、哪些事她欣赏、哪些事她不喜欢、她是怎么评价你的。

销售人员需要一个人能给我们真实、关键、独特、有用的信息，这个人就是我们提到的 Coach。Coach 是一个特殊角色，我更愿意把这个角色称为销售顾问。顾问是具备某方面专业知识、为个人或团体提供咨询的人。

在我亲历的一个复杂项目中，如果没有 Coach，都不敢想象会是什么样。

那个项目预算很高，前期来做交流的厂商有 20 多家，国内的、国外的，原厂的、代理的，大的、小的，几家咨询公司也来了，让我们眼花缭乱。我们要想参与这个项目，要想在众多厂商中脱颖而出，是不是要关注这 20 多家厂商？如果每家厂商拜访客户一个角色或做一个销售动作，我们是不是也要去拜访这个人、做这个销售动作？如果不做，我们就很有可能把这个角色让给对手；如果做，怎么做得过来？

怎么办？唯一的办法就是必须先知道这 20 多家厂商中，客户对哪几家印象好，谁会进入下一轮。于是，我给 Coach 打电话："这么多公司，别说客户，我都晕了，怎么办？"Coach 问我："在你们这个行业里，有实力、有规模的是哪几家？"我说："国外的 X、Y 两家，国内的 A、B、C 三家。"Coach 说："客户的同行业，使用谁的最多？"我说："使用最多的是 X、Y，还有我们和 A 公司。"Coach 又问："据你了解，客户感觉怎么样？"我把知道的几个客户对各家厂商的态度和评价如实告诉了 Coach。他听完，说："我知道了。半个小时后给你回电话。"

半个小时后，Coach 打来了电话，说："我了解过了，上面感觉 Y、D、E、F、G 还可以，你要重点关注这五家。"他说的"上面”是企业里有绝对权威的人。我问：“那其他厂商呢?”Coach说：“其他都是来做普及教育的，讲完课就走了，估计后面没什么机会。”

紧接着，我们组织专家团队去做技术交流。交流结束后，在办公大楼门口，迎面走来一位意气风发的中年人。陪着我们的一个部长赶紧介绍：“这是我们主管营销的李副总。”接着又向李副总介绍了我们。我们边握手边问候：“李总您好！感谢您对我们的关注，竭诚为您服务。”李副总说：“你们是××公司的？那好，我告诉你们，我们的销售发货必须实现‘一卡通’管理，客户提货要像在超市购物一样。否则，我直接‘废’了你们。”不愧是负责营销的副总，真有那种直爽和冲劲儿，可是我们被他吓得心里咯噔一下。

客户的高层、关键使用部门的负责人向我们提出明确需求，能不满足吗？这可是客户最直接、最迫切的需求啊！他要求的“一卡通”方案在很多离散制造企业都有应用，但在流程制造行业内几乎没有成熟方案，当时他们行业内没有一家企业用“一卡通”管理产品销售和发运。怎么办？按道理，我们要赶紧和“一卡通”伙伴沟通，想办法搞出这样的方案，投标方案要满足这个需求；否则，必定跟他所说的一样——先被“废”了。

针对这个情况，我给Coach打电话：“那个李副总太厉害了，要直接‘废’了我们!”Coach呵呵一笑，说：“为什么?”我把当时的情况复述了一下。他问我：“你们有没有成熟的解决方案?”我说：“没有。”他又问：“同行业有没有成熟的解决方案?”我说：“也没有，除非向其他行业借鉴。”他说：“那好。根据我对EB的了解，他要么不做，要做就做到最好。这个应用是行业内首创，投入的成本和精力都会很大。现阶段你们要争取先把当前的项目做好。‘一卡通’能不能运作到后期还不清楚，但总体规划中必须提及。”有了这个建议，我们在方案中予以适当覆盖，而将重点放在当下的系统上，让我们的工作更聚焦。那个“一卡通”项目在几年后成功上线了，还获得了省级科技进步奖，但是没有进入当时的项目，而是后来单独签的合同。如果没有 Coach 这个建议，我们就要费尽心思研究和规划一个复杂的方案，最后结果还不知道会怎么样。

我们还碰到了更大的麻烦。客户除了“一把手”董事长，还有位“二把手”总经理。总经理是从生产基层一步一步干上来的，对生产和设备非常熟悉。当时有一家厂商专门做设备维护维修，很多飞机、大型发电站等的高端设备的维修维护管理都使用他们的系统。当他们把这套先进管理思想的解决方案推荐给高层，建议用来管理生产设备运行时，这位生产出身、有过亲身感受的总经理非常感兴趣，在交流现场就当着众人说：“我们的设备如果这么管起来就太好了，这就是我们想要的东西。”

通过内部朋友得知这个消息后，我们感觉很不舒服，甚至有很大顾虑。总经理是企业“二把手”，是一个很关键的角色，竟然高度认可对手方案！他又是从基层一步步干上来的，在企业内肯定很有权威。他的意见会对董事长乃至整个项目的决策有什么样的影响呢？

这时候，我打电话给 Coach 说了具体情况，他说：“嗯，总经理的态度还是很关键的，特别是董事长也很信任总经理，很重视他的意见。”我听了很担心，说：“那怎么办?”他问：“你们现在的方案里，有没有这部分功能?”我说：“现在的没有。”他问：“那你们这条产品线有没有这个功能?”我说：“这条产品线上也没有。那家公司就是以做设备维护闻名。”Coach 问：“那你们这块就解决不了吗?”我说：“原本是解决不了的，好在我们前两年与这家公司成立了合资公司，可以销售他们的这部分产品，还有接口可以实现信息整合。可总经理感觉那家公司做得更专业啊!”

Coach 接下来的话让我感觉好多了：“这位总经理从底层干上来，很务实。他觉得那家公司产品好，也解决了困扰他多年的问题，更说明他就事不就人，更公平公正了。你给总经理做一个简报，告诉他你们和这家公司之间的合资关系、你们的方案和这产品之间的关系、整合之后对企业有什么好处。总之，向他传达一个信息：你们也可以做，整合起来比对手单独做效果更好。”

据了解，在最后拍板的决策会议上，总经理表态：“设备管理系统我认为非常好，只要方案能满足设备管理需求就行，选谁我没意见。”这样一个表态不仅支持了我们，还帮我们给其他竞争对手设了门槛。总经理这票从一颗“雷”变成了一面“旗”。

在大项目中，基本上每次有新信息我们都要征求 Coach 的意见，涉及关键决策者的意见时都会请他帮忙评估。甚至每次行动之前，我们都会商量这样行动是不是可以、会出现什么结果、过程中还要注意什么。

好 Coach 首先是信息源，他能给我们提供在其他任何地方都无法得到的、独特且有用的信息，这些信息我们是不需要再去想办法验证的。当自己判断或通过其他渠道获取一些信息后，可以请Coach来帮我们核实该信息的真实性、完整性。Coach也可以帮助我们评估影响决策的关键人的态度和影响力，并对行动提出建议。

很多成功的销售人员在大项目中都有一位好的Coach——他们给销售人员提供信息、给予指导。没有这样的角色引路，销售人员就像没有雷达的飞机在空中飞行，结果怎么样，真的要靠运气了。

◎ 假 Coach

如果我们在销售中得到了很多信息，也听到很多建议，但是对这些信息和建议半信半疑、不太放心，那很可能无法有效制定策略。更可怕的是，我们可能因此误入歧途，把自己的命运交给一个并不信任的人。

有位代理商曾遇到过这样一位Coach。那位代理商分析项目时告诉我们："我和这家企业的信息主管认识多年，这人是我的Coach。我们关系好到什么程度你都想不到。他对我极度信任，家里有什么琐事都会找我帮忙。告诉你一个秘密，他外面女人的生活费我都承担着一部分呢。"

代理商说那家企业的项目要启动了，我们的机会非常大，一定要我去和这位主管见面，看后面工作如何开展。我们约定一起吃个晚饭，顺便交流一下。我问代理商："他愿意见我吗？他信任我吗？"代理商说："没问题，我和他说请总部领导参与这个项目，他也很愿意与总部的人接触。"

那天晚上，主管如约而至。他们关系确实很好，点什么菜、喝什么酒，那位主管也不见外，代理商也很好说话。酒过三巡，菜过五味，我们开始谈起正事。我说："主任，您在公司里负责这项目，真是很费心啊!"主管说："可不是嘛，里里外外事太多了，哪家照顾不好也不行。"代理商紧接着说："是啊，主任很忙，对我们也很支持啊!"我没接代理商的话，继续问："咱们这次项目是什么范围啊?"主管说："这个项目，要看咱们的工作做得怎么样。咱们表现好的话，范围可以大些。"我问："那咱们大领导是什么想法？是什么事情触动了领导启动项目?"主管说："领导就是想加强企业的管理，其实上什么管理系统，领导也要看我们的规划。"

根据主管讲，项目好像还不是很清晰。我继续问："那咱们项目预算情况怎么样？领导说什么时候要定下来?"主管说："咱们既然是朋友，我也不瞒你，今年确实有 300 万元的预算，也有两家公司来过了，给企业做了讲座，大家先做了初步了解。"代理商接着说："是，主任都告诉我了，还把他们两家演讲的 PPT 也给我了。"在他看来，这个主任和我们关系确实不错，很支持我们。

我又问："咱们几位主要领导感觉这两次交流怎么样?"主管说："领导感觉信息化对提升企业管理水平非常必要，是发展的必经之路。其他也没什么感觉，就那样吧!"我又问："那您对我们下一步工作有什么建议?"主管说："下一步啊，你们等等吧，看看领导下一步有什么安排。"

看来企业已经着手做这个工作了，并且竞争对手也有所动作。我们希望尽快切进去，便给主管建议："主任，你看下一步，是先请我们的专家跟高层进行一次技术交流呢，还是先安排顾问对有关部门做个调研？”

主管见我们提出了要求，想了想说：“哎呀，现在领导都挺忙的，各部门也有很多工作需要处理，交流和调研目前不好安排。这样吧，尽量找机会吧，这事真得看情况再定。”代理商又插了一句：“放心吧，企业里有什么事情，主任都会告诉我们的。”

我们确信代理商和主管关系很好，他们真的是好朋友。并且那位主管多次提到，他和代理商相交多年，觉得他人很好，是个值得相交的朋友。代理商也借助这种关系向企业销售了一些小产品。面对这个大项目，主管也尽可能把各种信息告诉了代理商。在代理商看来，这人是很好的 Coach，值得信任和依靠。

但整个晚上，我都在征求客户决策层对项目范围和目标、后期如何推进的态度和看法，甚至明确提出接下来的两周内安排一些推进工作——或者调研，或者交流，或者高层拜访，但都没有得到他的明确回复，他也没有任何承诺或方向性的指导。

或许有很多 Coach 就是这样：他们是我们很好的朋友，很愿意和我们在一起。但一提到项目，特别是让他们给出一些建议时，他们就顾左右而言他，对我们的行动建议也是瞻前顾后，更不愿意为推进进程采取什么行动。

我在很多项目里遇到过这种情况：这人对我们非常好，竞争对手哪天来、去拜访哪个领导、又做了什么工作，都一五一十告诉我们；其他供应商的方案也告诉我们，竞争对手进行技术交流时讲的第一点、第二点、第三点是什么，都在现场发短信告诉我们，甚至连对方的报价都能透露给我们。我们得到这些信息之后，从其他方面一核对，完全正确。这人难道还不是我们的 Coach 吗？

不可否认，这人确实做了很多工作，他或许也非常期望我们成功，也可能是我们强有力的支持者。但复杂销售之所以复杂，是因为它是很多销售高手之间的博弈，很多事情都不是表面看起来那么简单。

我们要提醒自己几个问题：这个 Coach 在企业内是不是看得足够高？他知道决策者在想什么吗？不知道的话，他怎么给我们提出建议、对我们的策略进行评估？他给我们透露的信息，是不是从其他渠道也能获得，甚至有些信息是众人皆知的？他提供的信息和报价，会不会是竞争对手在给我们挖坑呢（很多销售老手有这样的经验，利用各种渠道向对手传递虚假信息，在价格上把对方运作成标王）？

很多销售人员很“可爱”。他们习惯了“做销售”的感觉，习惯了生硬的态度和被人拒绝。客户对他好一点，给他些资料，他就会认为这人支持自己，甚至是自己的 Coach。回头想想，对方提供给我们信息，会不会是他职责范围内的事呢？比如把需求和项目范围告诉我们，把产品数量或标准告诉我们，征求我们的意见；比如在交流之前私下告诉我们一些交流需要注意的事项；比如把标书提前给我们，让我们看看是否合理。

所以，不能把“我们的朋友”作为 Coach，他或许和我们关系很好，很喜欢我们，但他不一定能在项目中担任起 Coach 的重任。也不能把告诉我们很多信息的人视为 Coach，提供信息或许是他真心希望我们成功，也可能是他的职责所在，还有可能是对手想通过这人“告诉”我们什么。

有人真心希望我们成功，那他是不是我们的 Coach 呢？前不久，我和朋友谈起过一个真实的案例。

朋友告诉我：“在这个项目里，公司的总经理、副总经理认可我们的方案，信息部长也很支持我们，并且这位部长是我们的 Coach。”我问：“这位信息部长真是我们的 Coach 吗？”朋友说：“当然了，他特别希望我们成功，在多次技术交流场合都当着领导面公开表态支持我们，领导也很信任他。他还在单独沟通中给我们出了很多主意，告诉我们企业内部很多事情。”

这样看来，信息部长好像真是 Coach：他被高层信任，真的希望朋友赢。遇到这样的人真幸运。但我感觉不太对，想了想又问：“现在这项目有几家竞争？他为什么坚定支持我们？他的‘赢’在哪儿？”

朋友说：“目前，这项目就我们自己，没有其他竞争对手，因为我们的老总和那家企业高管是同学。信息部长之所以支持我们，是因为项目立项后，除了软件之外，信息部会拿到 600 万元的硬件和网络建设专项预算，那个规划是他们自己做的。”

朋友的话让我有些担心，我问：“我们和这个部长有多深的交情？他有没有接触其他公司？”朋友说：“我们就是正面交流，他也是执行领导安排的任务。据我了解，他好像没接触过哪家公司。”

接着，我又问了一个让朋友冒冷汗的问题：“假如，我是说假如，这时候竞争对手通过其他关系进来了，关系更硬，这个部长是支持我们呢，还是支持竞争对手呢？”

朋友看着我，没有说话。我从他眼神里读出了一种未知或者说是担忧。我问："你说，这个部长是支持我们，还是支持这个项目？项目能带给他们600万元预算。而让他获得600万元预算并不只是我们可以，竞争对手也可以。无论谁，只要项目立项获批，他就会获得600万元，是吗？他之所以帮助我们，一是他看到了项目对他的价值，二是领导安排。所以，他也可能不是真的希望我们赢，而是希望这项目能启动起来，谁赢都行，是吗？"朋友若有所思："哦，有可能他支持的是这项目，而不是我们……"

类似情况还有很多。客户某个角色积极推进销售进程，他会说："公司确实应该上这样的项目，你只要把方案做好，老板一定会掏钱。""只要把老板打动了，他一定会购买。"还会说："快来给我们讲讲课吧，我们公司急需这方面的认识。""我们公司很大，你要重视我。""你看我们的企业还没上这个项目，还有很多机会，你们的方案一定要到位。"其实，他们可能希望项目启动起来后能得到一笔预算，或项目实施能提升他个人在企业的地位，或显得他在某方面非常专业，具有超前意识从而赢得领导赏识，这都是这个角色个人的"赢"，这种"赢"是客户自己认识的，并不是和我们一起发掘共创形成的。带给他这个"赢"的，不只我们一家，其他供应商也可以。这时候，客户就可能借助我们的力量在企业内部热情地推广，劝我们积极参与。

对于这种"内部推广者"，我们要做两件事情：一是关注整个组织对这项目的看法，将企业的业务结果与他的个人"赢"结合起来，使个人"赢"基于组织结果和企业价值；二是将这个角色个人

“赢”与我们可以提供的独特优势结合起来，让他清晰知道他的“赢”基于双赢才可以实现，争取把他与我们牢牢绑在一起。

所以，从与Coach合作的角度来讲，希望项目成功和希望我们赢并不是一回事。只有对我们有十足的信心、真正希望我们赢的人，才能成为我们的Coach，在销售过程中给予我们指导。

有人自己找上门来要给我们做Coach，而且努力证明他具备做Coach的条件，这样的情况相信很多销售人员不止一次遇到过。

某系统集成商听说我们在做一个大项目，他认为所有项目都是关系的产物，便主动找到我们要求合作。我们问他和这家客户有哪些合作历史，他说：“这是我长期合作的客户，他们单位很多计算机、打印机、杀毒软件都是我卖的。除了这些，我还供给他们一些办公用品。”我们问他怎么看这个项目，他说：“我和负责采购的副总关系非常好。无论卖什么，只要我说话，他一般都会给面子。”然后用手捂着嘴悄悄说：“那人是我舅舅。”

我们表达了这样的观点：“首先，管理系统的采购不同于其他设备和工具的采购，会涉及企业管理。所以，这种项目往往需要多位高层共同决策，甚至‘一把手’亲自拍板。”那个集成商说：“那没问题，你们想见谁，我都可以安排。要不先这样，我安排你们和领导一起吃顿饭，你们看看我能不能约出来。”我们说还没做好见高层的准备，这事不着急，然后问他：“你还能帮我们做什么?”他说：“我给你们引荐，还能帮你们疏通关系。”最后，他仰坐在椅背上说：“这个项目离了我，谁也别想做成。”

最后，我们没和他合作，但还是拿下了那个项目。

很多销售人员认为这样的人可遇不可求，把希望寄托在他身上，把他当成 Coach，因为他有关系。很多时候，这种人往往努力证明他和客户中的领导有什么关系，唯恐没人知道这种关系。我们就曾遇到过一家国有企业总经理的儿子要和我们合作，总经理亲口告诉我们："我管企业这么长时间以来，没有从他那儿买过一分钱的东西。如果谁和他合作，谁就别参与这项目。"其实，有很多领导担心这种负面声音和影响，这样做对他们的管理或仕途来讲并非好事。

类似的人有很多种，背景也非常复杂，其中不乏真正为客户着想、有可能成为好 Coach 的人。那些总想证明给我们看他"能"（事实证明也真的"能"）的人，以及那些与高层有着不为人知的某种关系的人，他们也不一定是我们的 Coach。这是因为，Coach 是教练，是能告诉我们怎样才能赢的人，而不单单是进行引荐和推荐；特别是如果不能有效评估关键人、对我们的行动提不出好的建议的人，很难成为我们真正的 Coach。

◎ 如何发展 Coach

千军易得，一将难求，何况一个好 Coach。

每次和大家分享完 Coach 的案例，大家都会有个共同的问题——这样的 Coach 去哪儿找呢？也有人说："如果客户的董事长是我们的 Coach 就好了。"当然，EB 作为 Coach 的情况有，但可遇不可求。

在一个大项目里，销售人员精心发展了一个 Coach。这个 Coach 什么信息都告诉他，提供了很多有价值的内部信息，包括一些决策层和竞争对手的关键信息。销售人员对这位 Coach 非常信任，在项目推进过程中把自己很多情况、每次的行动计划和之后的效果都与这位 Coach 分享。在销售人员看来，他与 Coach 完全互信，因为他们不仅关系很好，还谈好了赢下项目后大家如何分配利益的问题。

投标之前，销售人员和 Coach 仔细研究了各家的竞争情况，共同制定了价格策略，甚至讲标过程中有哪些领导出面、评委从哪儿来，Coach 也都毫无保留地告诉了他。开标现场，销售人员发现参与评标的领导和 Coach 之前说的不一样，评委也有变化。更想不到的是，唱标结果出来，这名销售人员竟然是“标王”，报价最高。这名销售人员看了 Coach 好几眼，Coach 假装没看见，好像在故意回避他的目光。退场之前，销售人员和公司领导逐一点头示意。当看到那位 Coach 时，销售人员悄悄摊开手掌向 Coach 晃了晃，意思是说：“五！五！”其意不言自明。没想到，那位 Coach 看了看他，也悄悄摊开手掌，看了看一家竞争对手，冲着销售人员又把手背翻过来，意思是说：“他们给两个五！”

这当然是一个笑话，那人怎么会在投标现场当众和销售人员翻手掌呢？可是，我们遇到的情况比这好不到哪儿去。很多销售人员认为可以用钱搞定 Coach。我们要问，用这种方法搞定的是真正的 Coach 吗？我们可以这样做，对手不可以吗？其实，有这样的 Coach，销售人员内心也不踏实。这人能为利而来，就能为利而走。要知道，市场上很多对手是没有原则和底线的。

既然单纯用经济利益搞定的不是真 Coach，那么怎么发展真正的 Coach 呢？

我曾经有个很好的 Coach，他不是客户内部的人，但和客户高管有密切关系。刚开始我们谈合作时，他就明确告诉我们，如果为了挣多少钱而和我们合作，他不如去找市面上产品最贵的厂商或能给他带来最大利益的厂商合作；之所以和我们合作，就是看到了我们务实的做事风格，有一帮负责任的人在做这件事。他也在市场上打听过，我们做过的几家客户确实还不错。他和企业高管是多年好友，那家企业在扩大产能、不断改良产品质量的过程中，明显感到管理跟不上了。他说，如果哪家供应商真的能帮助那家企业提升管理水平，把项目干漂亮，就是帮了朋友的大忙。

难道他真的不是为了经济利益吗？不好说。我们后来听说，他的父亲和那位高管是世交，他从小就经常去看那位高管，看着老人家如此辛劳，他也许真的希望尽自己所能帮长辈分担一些。在他的概念里，这种对长辈的孝敬和帮助比挣多少钱更重要。而我们的行业经验和成功案例，也迎合了他个人的“赢”。

我的一次亲身感受可以证明有些 Coach 真的不是为了钱。有位好朋友开了一家建筑公司，他做事非常认真负责，我们也很谈得来。有一次吃饭时，他谈起自己在多个项目管理中面临很多困惑，我便想到用工程项目管理系统来帮助他，于是向他建议。他也非常感兴趣，委托我帮忙打听，有合适的帮他选一套。于是，我向他推荐了几家厂商，也让他们公司的人自己去多打听几家。

这时候，我推荐的厂商中的一家找到我，请我给些指导，我也很乐意。这家厂商也提到要给我利益回报，我断然拒绝并明确告诉他们："靠实力说话。如果有可能的话，把方案规划好，把项目做好，因为这事关系重大。"这种朋友之间的生意推荐，推荐者很小心。稍有不慎，给对方带来点麻烦，推荐人就会很自责。

企业中也有很多真正想做事的高层，他们或许能成为很好的Coach。在不只一个项目中，都有高层真心希望我们赢，并给我们提供了很多有价值的建议，我们彼此也非常信任。但在企业中，与"'＋5'热情拥护""'＋4'大力支持"的支持者和内部销售不同的是，Coach 不会在公开场合表态，因为除了帮助我们赢，Coach 也有其个人的"赢"，而这往往不是以经济利益为基础的。

有位高管被投资方调到一家企业担任企管副总，他去之前我们就认识。到任后，这位高管发现，这家企业的管理水平确实一般，如果不加强管理，增效赢利计划很难实现。不仅如此，他还有可能被企业原先的"老人"架空。在这种情况下，通过多次深入沟通，他相信我们可以借助信息化管理手段，在降低成本、提高效率的同时，帮助优化流程，摸清原有势力和利益格局，以加强他的控制力度。在与他的交流过程中，我们也将这些作为重点，并为此提供了很多差异化的做法来确保实现他的想法。就这样，他在企业不显山不露水，私下却给我们提供了很多信息，反馈每个关键人的态度，还对我们的每次行动给出评估。从某种程度上来讲，他就是我们的Coach。

发现准 Coach 内心的动机，判断他的"赢"在哪里，以独特差异优势帮他实现个人的"赢"，他就会信任我们，而这种信任对实现彼此共同的目标至关重要。

Coach在指导我们的同时，会认为我们也是在帮他，因为Coach看到的是自己更大的“赢”。

◎ 如何用好 Coach

谈到如何与Coach合作，有必要先澄清几个概念。

有朋友说决定销售成败的是“拥护者Champion”“内部销售”等角色，这点毋庸置疑，没有关键角色支持就无法拿下项目。

我们曾在“支持程度”中介绍过。比如“‘+5’热情拥护”者是完全坚定支持我们的人，他把项目成功看成他自己的成功，把项目失败看成他个人的失败。这种人不仅为我们提供信息、出谋划策，还能积极影响他人，敢于在内部明确表态，坚定地说出自己的意见，并对不同意见进行强有力的反驳。这种程度的人可以视为“拥护者Champion”。“‘+4’大力支持”者是坚定支持我们的人，他敢于当众抵制竞争对手的建议和方案，会坚定地投我们的票。作为“+4”“+5”的人，他们成为“拥护者Champion”“内部销售”还要满足特定条件，比如对项目有较大影响力、有话语权、得到决策者的信任等。也有人认为他们都属于广义的Coach。

我们这里所说的Coach是狭义的，指的是“销售顾问”，是具备专业知识或信息获取能力、能为我们提供咨询的人。他们一般不直接公开参与项目，这一点不同于内部支持者。

在一个国企的大项目里，有人找到我们，说希望一起做。我们对他也做了些了解：当年他就是这家企业的人，和公司的“一把手”、负责这项目的总工程师并称“三杰”。他还告诉我们，他和

“一把手”、总工相当于拜把兄弟，有福同享、有难同当，什么事都可以谈。这人曾多年代理销售我们的产品，是我们的合作伙伴，“他真的希望我们赢”这一点也不用怀疑。如此看来，他应该是我们一个比较好的Coach。

项目前期进展比较顺利。我们通过他提供的信息，知道了“一把手”多年来最关心什么，请专家针对“一把手”关心的问题举办了一次中高层培训讲座，效果很好。后来，根据他的消息和建议，利用总工出差的机会，安排我们高层与总工会面。双方对项目都很重视，也都初步表达了继续深入交流、考虑优先合作的意愿。

接下来的调研也很顺利，我们的提问、文档记录、方案提交等都表现了专业水准，给客户留下了良好印象。方案汇报我们也做了精心准备。那次汇报非常重要，客户也很重视，中高层都来了。这位伙伴也和我们一起出席，汇报过程中他就和我们一起坐在前排。

汇报很成功，就方案而言大家交流很愉快，反馈也很好。结束后，我们发现很多人眼中带着莫名的笑意，这让我们很纳闷。这时候，一位近50岁、身材精瘦的领导走过来，拍了拍伙伴肩膀，说：“我说呢，原来这事是你张罗的啊！回头请我喝酒！”伙伴的脸红了，不好意思地笑了笑。纷纷起立退场的人中有人哈哈笑出了声。

之后，企业中几乎所有人都知道我们是这人引进来的，还有传言说“一把手”通过他也有什么利益关系，越传越邪。虽然我们的方案和产品很好，样板客户也不错，但大家都知道这人在里面掺和。我们尽了最大努力做出的成绩，好像都被蒙上了阴影。

最后，这单子虽然赢了，但价格低于我们的正常水平。没办法，方案再好，也必须用价格证明我们是清白的——客户并没多花钱。如果价格高于对手，这里面很多事就说不清了。

这个案例很典型。Coach 在销售中出面，别人都知道他是我们的 Coach。领导也为此避嫌，不再和这个 Coach 有太密切的交流。自此，Coach 得到的真实、独特、有效的信息越来越少了。不仅如此，我们的处境的危险程度远远超出想象。

所以，在和 Coach 合作的过程中，不要让他出面，知道的人越少越好。否则，他可能就不再是我们的 Coach 了！

几年前，我遇到了一个 Coach，他和客户高管关系非常好，也非常愿意和我们合作，愿意帮助我们赢下那个项目。可是那个项目竞争太激烈了，几轮下来，信息部长对国外厂商非常支持。我们多次找信息部长沟通，他还是坚定支持对手。后来，我们了解到他在以前的公司和那家厂商有过“合作”历史。

没办法，我们只好找到 Coach，请教该怎么办。在 Coach 看来，一个小小的信息部长应该不会成为我们的阻力。他建议我们多找找主管副总，并把主管副总个人手机号告诉了我们，还交代了那位副总的生活习惯、和副总打交道的注意事项。我们问：“要不，你先和这位副总打个招呼？”他说：“我已经和副总提过了。说多了也不合适，你们直接找找他吧。”

根据这些信息和建议，我们去找了主管副总。副总根本没有给予我们足够的关注，我们和其他一堆供应商在门厅里排队用了两个多小时，见面用了五分钟。后来又约了几次，副总只是礼节性地陪我们吃了顿饭。现在看来，我们当时对他没有任何分析，也没一个合理的约见理由，所以拜访不尽人意。

我们只好又找到Coach。他问："你们见副总的情况怎么样？"我们如实说了，Coach叹了口气，没多说什么。后来，我们希望安排我们的高层领导和副总见面，请Coach帮忙约一下，他说了句："好吧，再努力一下吧。"不知道他说的"努力一下"，是找副总努力一下，还是再给我们一个努力机会。

那个项目最后丢了，之后我们和Coach有一次深谈。他告诉我："本来我真心希望你们赢，也看好你们公司，可是你们一次又一次让我失去了信心。你们先是没办法搞定信息部长，后来与副总也沟通不好。如果你们签了这项目，不知道能不能给客户服务好。你们的能力还要再提高啊！"

如果说无法争取到信息部长的支持是有原因的，那么和副总的沟通则是我们的能力问题。看到这些，Coach对我们十足的信心已经开始动摇。当我们说"你能不能把我介绍给这个人""你能不能帮我搞定他""你能不能帮我做某某事"时，Coach对我们的能力可能会产生怀疑，他心中会升起一种不祥的预感，甚至可能会想："即使帮他们赢了项目，他们是不是有能力帮助客户，还是未知数。"虽然有个人"赢"，但Coach也不会无原则地支持我们，他个人"赢"的实现与我们的能力密切相关。

所以，能力所限或不应该的失误，让Coach看到我们能力不足，从而影响到Coach的信心，那么他就不再满足"对我们有十足的信心、真的希望我们赢"的条件。

同时，Coach作为第三方，如果过度向决策者推荐某家供应商，他可能会因此失去第三方的公正形象，甚至让决策者感觉他有什么企图。如果 Coach 是企业中的 UB 或 TB，他也只能在责任和权限范围内适当表态，如果超出权限力挺某家供应商，很可能因为表现得太露头而被怀疑，甚至被领导拿下，成为“烈士”。

因为其特殊身份，Coach 正如象棋里面的炮。炮直接冲进敌阵就会被吃掉。怎样才能发挥作用呢？要有炮架，炮躲在后面，才能发挥威力。炮架是谁？就是每一位销售人员或内部的强力支持者，动作都是他们去完成，借助 Coach 带来的独特有用信息、对关键人的评估意见、对策略和行动的建议这些弹药。

所以，要根据 Coach 提供的关键信息随时制定策略。我们每次行动前最好先和 Coach 沟通，征求他们的意见。

◎ Coach 与“间”

有人把 Coach 与间谍相提并论，甚至认为 Coach 就相当于作战时的间谍。是与否先不下结论，我们来看看“间”是什么。

古典名籍《孙子兵法》第十三篇“用间”篇，强调了信息在作战中的重要性，同时论述了使用“间”侦察敌情在作战中的重要意义。书中提出“五间”，即五种用“间”的方式。我们先来认识一下这五种“间”。

“因间者，因其乡人而用之”，一般指利用当地（或敌国）乡野百姓作为信息源，获取一些重要信息。他们熟悉当地地形地貌、风土人情，甚至可能有亲属在军中当兵。通过“乡间”可以从当地人的角度获得一些信息，为作战提供重要依据和线索。

“内间者，因其官人而用之”，一般指利用或收买对方官吏作为信息源或指导者，他们能够接触到对方作战指挥层，能够知道那些将领的行事风格、探知或掌握对方的作战策略和行动计划，以使我方在制定策略和计划时赢得主动。

“反间者，因其敌间而用之”，一般指策反并利用敌人的间谍，使之继续潜伏为我所用，这类人也就是大家常说的双面间谍；或者设局使之获得我们希望他获得的“意外”信息，从而用计谋误导敌方。

“死间者，为诳事于外，令吾闻知之，而传之于敌也”，一般是指让我们的“间人”得到消息，故意向外散布虚假消息以迷惑敌人，诱使敌人上当。之所以为“死间”，是说事情一旦败露，这个“间人”难免一死。

“生间者，反报也”，指能够探知敌人情报还能活着回来报告的人，也是我们真正可用的人。

这五种“间”，是在战争时期为战胜敌人所用到的“阳谋”以及“阴谋”。假如一定要对应当前销售的话，需要先明确一个概念，即此“敌”非彼“敌”，一个是针锋相对的敌我双方，一个是互相依存、优势互补的长期合作双方。正如一位朋友所说，用“间”是为了搞掉对手、赢得战争，而我们从事的销售虽然也有竞争，但我们更提倡关注客户需求，创造客户价值，迎合客户的“赢”，通过帮助客户成功而获得销售的成功。

在这个前提和基础下，我们可以试着对应五种“间”。“因间”对应客户（以及对手）内部基层人员中的信息源，“内间”对应客户（以及对手）中高层的信息源和指导者，“反间”对应客户中竞争对手的支持者和指导者，“死间”对应佯装是我们指导者的人，“生间”是真正可用的指导者或 Coach。这些或许会对销售人员从哪里发展 Coach 有一定的借鉴意义。在我们的销售竞争中，很多方法偶尔被一些老手用到。

虽然可以对应，也有一些方法或策略可以使用，但从严格意义上来讲，“间”或许并非我们所理解的那样，Coach 与“间”也并非一回事。

首先，“间”的背后更多是信息战，是真实完整的信息而非“间谍”这种人。用“间”的目的是通过收集信息、利用信息、散布信息，从而掌握策略与行动的主动权。

其次，《孙子兵法》中还有一句“非圣智不能用间，非仁义不能使间”，即不是具备圣者智慧的人不能使用“间”，不是深仁厚义的人不能使用“间”。如果这种“计谋”或“伎俩”成为使用者追求的手段，而使用者忘记为人行事的根本，那么其终将多行不义必自毙。如果销售中一味追求赢单手段而忽略客户利益，那也很难长久存活。

再次，我们所说的 Coach 有三个作用——“独特信息源”“评估关键人”“对我们策略和行动给出建议”。成为 Coach 的前提是“我们与 Coach 完全互信”“他被决策层信任”“他对我们有十足的信心，真的希望我们赢”。从这个角度来看，“间”更多是指获取信息和散布信息的渠道，其指导作用以及与我们的互信程度远没有 Coach 高。所以，“间”应该只是 Coach 的一个部分或一个层级。

而且销售中我们有机会与客户进行面对面真诚沟通，通过为对方着想，探寻双赢方案而达成共识，并非如战场上的你死我活。

最后，我们不断强调的是，销售不是战争，商场不是战场。销售不以战胜谁为成功的标志。销售是帮助客户成功，以为客户创造多大价值、满足多少人“赢”的需求为标志。销售人员需要关注和尊重每一位客户，深入理解他们的处境和诉求，通过自身优势帮助客户解决问题、实现目标，建立双方的信任和共赢格局。在复杂销售的形势分析和策略制定中，销售人员要充分收集和利用各种信息，基于共赢找到能够指导我们的人，以与 Coach 的双赢、创造与客户的共赢！

如何应对消极和自满

销售中识别客户的 EB、TB、UB、Coach 四种角色，考虑的是关键人在采购决策过程中的不同职责和心理特征。但是，仅依据角色制定应对策略还不够，因为每个角色都是有思想的个体，都有自己的处境和感受。我们还要考虑每个角色对销售的支持度，结合角色、态度、支持度、社交风格和个人“赢”多方面因素，才能有效制定策略。

前面我们分析了客户现状与期望的关系，据此把客户反馈模式分为如虎添翼（G）、亡羊补牢（T）、我行我素（EK）、班门弄斧（OC）四种。G 和 T 模式较清晰，下面我们讨论分析针对 EK 和 OC 的应对策略。

先看如何应对 EK。

EK 的人觉得“现在挺好的，没必要改变什么”，也没什么新的想法和期望。这类人心中没有改变的动机，看不到这件事对自己的价值是什么，所以漠不关心，甚至觉得购买我们的产品、方案是“没事找事”。对于这类人，我们或者是帮他建立新期望，从而变成 G；或者是让他认识到现状正变得越来越差，从而转变成 T。

我在一家民营企业遇到过一个年轻的信息主管。那家企业在当地规模比较大，很多刚毕业的学生以能进入那家企业工作为荣。这个信息主管学的是计算机专业，企业里所有和计算机有关的事都由他负责，大家有什么问题都请教他，就连领导家里的计算机装个软件也都找他。他感觉深受重用，对现状很满足。

我们刚开始交流时，他觉得自己已经很专业了，对我们说：“买软件能干什么啊？这企业人员素质不高，光用办公软件就忙得晕头转向了，再买套管理软件，那不是没事找事吗？”无论我们怎么介绍软件的功能和价值，怎么介绍如何提高管理效率、降低成本，他都不感兴趣。因为他是 TB，不是 UB，从他那里很难发掘到业务管理问题。

他改变态度源于我们和他的一次深入沟通。那次，我们聊到了信息技术的发展，我问他：“你在这家企业里是最懂计算机的吧？”他说：“是啊，现在这方面很多事都由我负责。”我有意无意地说：“那你的收入一定很高了。”他略带谦虚地说：“呵呵，和你们比差远了，但在这鬼地方，还行吧！”

我冲他笑笑，然后说：“对了，前段时间我碰到一家企业，他们想聘请一个信息中心主任，年薪 20 万元。”他有些惊讶：“是吗，一个信息主管那么值钱啊？”我说：“是啊，要说懂计算机的人才不值这价钱，但他招的是信息主管，负责企业信息管理系统。很多大型企业都有 CIO 呢！”

年轻主管看看我，说：“我也知道有 CIO。你说，计算机无非是操作系统、网络、程序、编程语言，不就那回事吗？看不出来他们怎么就值那么多钱。”我说：“其实，计算机技术只能算‘术’，它要为‘道’服务。老板想的是怎么多挣钱，如何用计算机帮他们管好企业，在他们眼里计算机只是一个工具。信息主管和 CIO 的区别，就在于信息主管懂信息技术，而 CIO 懂业务和管理。”他又问我：“那怎么才能成为 CIO 呢？”我说：“很明显，要想成为 CIO 级人物，必须要懂业务和管理。这样的人将来即使不做 CIO，也可以进入企业管理层。”他若有所思，想了想说：“学管理也不是容易的事，何况我大学读的是计算机专业，怎么学管理啊？”我给他举了一个例子：“我有个客户，刚开始他们没有信息中心这个部门，后来他们有个毕业一年多的大学生跟着我们一起实施项目，对各个部门做了深入调研，分析了业务流程，找到了管理中的问题和不足，参与了管理方案的制定。那次方案汇报会，我们特意请他讲了一部分，结果领导对他刮目相看。他后来又承担起系统建设和维护的工作，现在讲起业务流程和管理来头头是道。你知道吗，他后来还发表了几篇文章，现在在业内也算个人物了！”那位主管听完，眼睛开始放光，看得出他脑子里开始想象他的美好未来了。

从这个案例来看，年轻的信息主管刚开始不仅没有期望，还感觉现状相当不错。在沟通之后，他找到了努力的方向，为自己的未来勾勒了美好蓝图。同时，他也把我们的项目视为他实现目标的一种方式，看到了与我们合作的价值。

在很多销售小说里能读到类似的故事。这些人刚开始不知道供应商的东西对他们有什么价值，经过沟通，他们发现可以借助这个机会实现自己的个人价值，找到了自己的“赢”。

对于 EK 的人，除了“拉高”他们的期望，还有一种有效方法，就是让他们认识到现状并不像他们感觉到的那样好。

我们有很多客户是新兴民营企业，这些企业发展非常迅速，取得了非凡的成就。这类企业的很多高层人士，刚开始对我们的产品、方案没什么认知。其实，大家都知道，越是这类企业的高层烦恼事越多，或是经营难题，或是管理内耗，或是时间精力不足，等等。正是因为他们对方案没有认知，所以，见到我们时，他们不会主动把我们的方案与他们的“痛”关联起来。这些高层人士多处于 EK 状态。

拜访这些高层人士时，我们大多会带上一些同行业的“成功案例集”，描述同行企业应用方案之后，在效率和成本上、在管理控制的深度和广度上都取得了什么样的成就。在案例中，我们还把客户使用前和使用后的各项目指标做了对比，让人一目了然。配合沟通过程，适时地把这些报告给对方看，其目的之一是借助这些材料，让他看到别人使用前后指标的变化，从而让客户自己看到和同行的差距，这样就有可能认识到自己的现状没那么好，甚至已经落后于同行了。

有时候，我们去拜访客户，会事先准备好要提问的问题，和客户一起认识到差距所在。行业内以顾问式销售技巧和 SPIN 技巧居多，其核心就是帮助客户发现存在的问题，找到不足。

比如 SPIN 技巧，S 是 situation，即了解客户现状；P 是 problem，即和客户一起认识现状中可能存在的不足；I 是 implication，即让客户联想到由此产生的严重后果并探寻各种改善的可能；N 是 need-payoff，即让客户认识到这些问题解决后的价值，以及需要采取的行动。有位老师解释 SPIN 就是在客户完好的皮肤上切开一个小口，然后把这个小伤口放大，再在这个伤口上撒些盐，让客户感觉更痛苦。当然，这位老师说得有些偏激。

使用这类销售技巧时，会使 G 型人、T 型人多少有些不舒服，因为他们内心已经有了期望，希望我们能讲清"病理"所在、"根据病症开药方"。而对于我行我素型人来说，硬让他们放弃目前的美妙感受，向销售人员承认自己的不足，则会比较费力，甚至荒唐。所以，销售技巧对于我们来说是"扎马步""手中的剑"。高手过招时，不会记得手中有剑，而是随机应变。

我们认为，大多数客户内心是有认知和动机的，俗话说"谁哪儿痛谁知道"，没必要在客户伤口上撒盐，让客户感觉更痛，从而把自己的产品卖个大价钱。我们应该通过探索，了解客户内心的真正想法，和客户一起寻找解决问题的方法。无论用哪种沟通、拜访技巧，我们都是在和客户一起认知差距并寻找解决之道。

从策略销售来讲，我们关注的是整个组织和结构，所以制定有效策略除了关注每个人，还要关注每个人在决策组织、决策链条上的位置。

我曾在项目中遇到过一位总经理。那个项目是我们和董事长、董事长夫人直接谈的。董事长夫人是主管经销的副总；总经理是从外面聘请来的职业经理，主要负责生产和内部管理。当时，董事长和夫人非常支持这个项目，因为这项目可以帮助他们加强对企业的控制、降低成本。而总经理作为外来人，觉得这项目就像给自己戴“紧箍儿”，没必要上，因此一直是 EK 型。

后来，为了推进项目，董事长任命总经理为项目总监，由总经理在前期负责主持调研会议、研讨会议，签订合同后负责整体项目实施；把项目成败纳入总经理的考核指标。这位总经理被董事长和董事会授权负责此事，这成为一项重要工作安排。总经理开始积极向我们征求意见，深入了解情况，和我们一起制定解决方案。总经理就是因为领导的“特殊关照”而有了压力，现状不如从前了，所以状态从 EK 变成了 T。

我们有很多这样的经历：客户中某个角色觉得买不买都无所谓，根本不支持我们的项目。而领导偏安排这人来负责，甚至在公司公开表示“这个工作完不成，就是态度问题”。这人之前现状不差，正是因为领导施压，现状变差了，而不得不改变。

当然，借助领导施压是比较危险的做法，因为任何人都不希望违背自己的意愿而顺从他人。但对于一些 EK 型的人，当没有更好的办法帮他建立期望时，通过某种方式改变现状或许是种有效方法。要特别注意，这时更不能仰仗领导的支持而忽略他，必须更尊重、更重视他才可以，让他感觉我们积极工作也是在帮他完成领导交办的任务，以维护现状的平稳。要让他感觉我们是在帮助他成功。

◎ 如何应对自满角色

人们之所以会自满乃至自负，是因为感觉现实远远超出他们的想象，比预期要好得多。持有这种态度的人非常相信自己的感觉。如果好言相劝，向他提出一些忠告，他会觉得你在班门弄斧。人在忘我和陶醉时听不进任何意见，很难通过“泼冷水”来让他清醒。

就像我们刚刚装修好新房，觉得效果太好了，太漂亮了，超出了预期。这时候，如果有个朋友来到家里，看到我们精心设计的罗马柱说：“这里为什么立根柱子啊？跟电线杆似的，傻乎乎的！”他看到我们引以为豪并备感温馨的卧室墙壁说：“这墙为什么刷成淡黄啊？跟二星宾馆似的，没档次！”他又看到我们精心选择的实木地板说：“这地板看上去脏乎乎的，跟没擦干净似的！”

正陶醉在完美的装修效果中、等待夸耀和羡慕的我们听到朋友这样评价，心里会极不舒服，甚至恨不得把他踢出去，不是吗？如果这朋友想推销一套家庭中央空调给你，你会买吗？肯定不买。这就是给自满“泼冷水”的效果。

有很多客户感觉现实情况比当初想象中的还要好，对现在的成绩非常陶醉，非常希望得到别人赞美。他之所以自满或自负，可能是因为他对现实情况认知不足或对现实产生了错觉，可能他对自己要求太低，也可能是出于对销售人员的反感或抵制。不管怎么样，他们对任何试图评价或改变美好现状的做法都有强烈的抵触情绪，甚至抗拒。

带来坏消息的人，在人们眼中是多么可恶，因为他带来的是痛苦。没有赞美，人们已经感到很失落了，如果再有人用残酷的现实打击他，那是什么感觉？那盆冷水泼向他的结果，可能是再也没机会和他做生意了。

公司负责院校业务的高管拜访一位大学副校长。见面寒暄后，副校长仰坐在沙发上，得意地说："你看我们学校该建的实验室都建了，已经成了国家级示范院校。你这次来，准备再卖给我们点什么呢？"高管笑了笑说："校长，我知道咱们是实践教学样板，这次就是来向您学习的。您怎么这么有前瞻眼光，把实践教学搞得这么好呢？"

那位副校长听了两眼放光，把他上任以来的治学思路、引进实践教学的想法、师资管理心得等，如数家珍般滔滔不绝向高管说了起来。高管坐在那里做认真倾听状，不时点头，时不时赞许一笑。等副校长讲完光辉历程，高管又问："校长，您看我在哪方面能帮您做得更好呢？"

副校长想了想，说："要说更好嘛，可能就是怎么提高实验室的使用效率了……"于是，高管与副校长就如何提高使用效率、帮助学生更好地学到真本领和更好地就业找到了共同话题，随之有了更深入合作的意向。

当时，这位副校长认为自己已经非常好了，甚至超出了自己的预期。如果当时高管说："也就算一般吧，很多学校的实践教学基地比你们好多了。"听完这话，估计副校长会很不舒服，也就不会有后面的合作意向。

对OC型的客户，即使知道他们做得一般，甚至仍有很多不足，除了不能泼冷水、用残酷的现实打击他们外，我们还要把姿态放低，以柔和的方式与他们交流，先要满足他们对“自满”的释放需要。所以，应对OC型的人，传说中的PMP（拍马屁）是很有效的方式。有时候PMP还不够，还要PMPMP（拼命拍马屁）。像这位高管一样，通过适当的问题让对方把自己的光辉历程和不凡成绩讲出来，那是一种释放，释放会让客户感觉非常舒服。

让OC释放自满，有很多种方式。在拜访中可以提出类似问题：“做到这种程度很了不起，你是怎么做这么好的啊?”“我一定要向您取取经。”“您是权威，能和我详细讲讲吗?”通过一些开放式问题，让对方讲痛快。只有他讲痛快、释放完，他才会觉得与我们的沟通很有效，会觉得你这个哥们儿很不错，能谈得来。

除了一对一沟通让他释放，还可以想办法搭台，让他在更多人面前、在更大场合下释放，那种感觉对他来讲是相当的爽。

有位销售总监遇到了一个OC型的客户。这家客户的产品占全球细分市场的60%，效益也相当好，是当之无愧的行业龙头。销售总监去拜访客户时，客户说：“我们在行业里管理还算有点儿名气，我们有自己的管理特色，还独创了很多制度方法，很多企业来我们这里学习。你们要想给我们做管理咨询，就算了吧!”销售总监说：“我知道咱们企业做得非常优秀，正好，我们组织的企业家俱乐部要召开会议，规格很高，俱乐部成员都是知名企业家，还有一些大型集团企业的董事长、总经理。我特地向公司申请了一个名额，请您去参加，相信您和那些企业家一定会有共同语言!”客户看了看请柬说：“哦，好啊，正好可以一起交流交流。”

那次会议，销售总监特意请这位客户与知名人士交流、合影，把放大的照片专程送到客户办公室，摆在显眼的位置。每次看到照片，客户就会想起那次和知名人士畅谈的场景，脸上洋溢着兴奋和满足，与销售总监的关系也日益密切。

利用更大的场合给OC型客户搭台，让其与别人分享他的心得和经验，这会让他们对我们另眼相看。所以，在很多行业会议、区域市场活动上，适当请一些OC型客户来做分享，可能是多赢的事。

很多销售人员无法应对OC型客户，他们会认为是自己的专业知识和能力不够，或自己级别不够，把期望寄托在专家或高管身上，希望具备专业知识的专家或位高权重的高管可以借助其知识、权力与客户对话。这种“改变客户认知”“拼一把”的情形经常发生。

但让OC型客户正视现实是件非常困难的事情。销售人员极力想让对方清醒认识现实，客户在陶醉中不断被打击，内心必定会充满抵抗。这种做法违背人的心理活动规律，对供应商来说风险很大。所以，销售中“破釜沉舟”要看对象。

陷入陶醉，恰恰是危机的开始。

把人从盲目自负状态强行拉回现实非常困难。对于OC型客户，除了不能打击他们、要满足他们释放的需求之外，最佳的策略或许是等待——保持低姿态，保持耐心，等待现实的到来。现实到来后，OC型客户自己会清醒过来。我们还有更多重要和紧急的事要去做，应该把时间和精力重点投放在有效果和能产出的地方。当然，等待过程中更应保持信息通畅，一旦客户不可避免地陷入困境时，要确保我们可以及时出现。

要点小结

最终决策者 EB

- 不知道他是谁时直接探问，请教 Coach，推测并且验证
- 被阻拦时做能帮阻拦者赢得老板信任的事，赢得阻拦者的信任
- 见高层时多做功课，提供“有用的信息”，准备“简报”
- 每次接触都要有“正当的理由”

应用选型者 UB

- 产品、方案的价值只有在使用者应用之后才为企业带来价值
- 忽略使用者的需求和想法是一种短期的销售方式
- 如果他的想法或需求被重视，他很容易成为我们的支持者

技术选型者 TB

- 他将决策者的委托、局部说“不”的权限视为决策权
- 他会因未受到尊重而阻碍或否决提议
- 不能无视他的存在，必须尊重他，否则就有阻力
- 不要企图让我们的顾问“说服”他，那是“对车”

销售顾问 Coach

- 能帮我们核实消息的真实性和完整性，能提供独特且有用的信息

- 帮我们评估关键人的影响力和对我们建议的反馈
- 尽量不要让 Coach 过多出面
- 不要将 Coach 与朋友、信息提供者、客户内部推广者等混淆

漠然消极的角色 EK

- 共同确立新的期望，让其看到更美好的蓝图
- 与其共同感受糟糕的现状而主动采取行动

自满的角色 OC

- 以柔和间接方式交流，满足他“自满”的释放需要
- 有时，耐心等待是首选策略，把更多的时间和精力投给 G 和 T
- “破釜沉舟”要看对象

实战演练

请针对之前所选项目，制定面向每位影响者的角色、反馈态度的应对策略，并考虑 Coach 策略。

姓名	角色	反馈态度	角色应对策略	态度应对策略	Coach 发展与使用策略

请检查上表并回答下列问题：

1. 你的应对策略是否考虑了角色属性？

2. 你的应对策略是否考虑了他的态度类型？

3. 你准备发展谁为 Coach，有哪些有效发展和使用策略？

赢单口诀

如何应对关键人

知人知势知内心，可定策略排行动。

项目成败终由人，理性分析感性定。

先询 Coach 再行动，EUTC 各不同。

EB 关注回报高，尊重 TB 好感生。

UB 买是为了用，应用成功有双赢。

出谋划策找 Coach，切忌出面险相生。

G、T 两类动力源，少了此类恐难成。

T 型着急 G 型高，两者应对要分明。

T 型过多都急迫，反应慢了有竞争。

G 型过多成本高，不变急迫难决定。

EK、OC 不可急，改变等待策略清。

EK 变 G 为上策，他人故事期望生。

EK 变 T 须谨慎，搞大问题手法轻。

OC 先要 PMP，释放自满耐心等。

精力投给 G/T，避免专家刀光影。

若难争取少树敌，EK 沟通 OC 捧。

欲速不达心莫急，支持不易大幅增。

—5 变—3 尚合理，—5 变＋3 掉泥坑。

销售不只为支持，内部销售资源生。

循序渐增尊人性，符合常理步步赢。

第九章

第八问：如何有效用资源？

作为指挥官，销售人员要经营好资源，排兵布阵，调兵遣将，请正确的人做正确的事。

为什么要动用资源

三国时期，诸葛亮善于用兵，刘备善于用人，两人合作而三分天下。然而，诸葛亮在用人问题上接连出现失误，用关羽守华容道放走曹操、用马谡导致街亭失守、弃魏延而不用等，导致了战略上的重大失误。可见，排兵布阵制定有效策略、调兵遣将用对人，两者都是取胜关键，缺一不可。

复杂销售是多对多、团队对团队，销售团队中的很多人也有不同角色，在不同阶段承担不同的工作。很多项目要组成团队来共同完成，特别是在项目不同阶段，会邀请公司高层、总部专家、合作伙伴等人员参与。

说到动用资源，很多销售人员一肚子苦水，抱怨申请不来专家，好不容易来个专家，却例行公事，比划比划就走了，也不管效果怎么样；找公司领导，不是客户时间不好约，就是领导时间不凑巧，即使双方见了，也大多只是礼节性见个面、拍拍胸脯表示一下重视；找顾问做个调研，顾问走马观花，拿个标准方案改改就抛了过来。这一切，后果都要由销售人员自己来承担。相信大家都有一大把这样的案例。

为什么要动用资源？很多人没想明白这个问题。

有的人说，因为这些资源具备专业知识，而销售人员需要用专业知识打动客户。这是大多数销售人员申请资源的理由。这些销售人员认为，具备专业知识的人更容易赢得客户信任，产品方案是最重要的，只要方案讲得好，客户就会买。不错，有很多专家具备这种有效沟通的能力；但也有很多专家以自己的知识为中心，而不是以客户为中心，他们把自己的认知强加给客户，这种做法恰恰忽略了客户究竟要什么、客户为什么购买、客户的动机是什么这些基本问题。准确获取客户动机和需求，是衡量销售人员是否专业的重要因素。

有的人说，因为这些资源有光鲜的头衔，客户更愿意见他们。这种“高层拜访”的理由对客户来讲或许不是理由，很多只是给些面子而已。作为销售人员的你有没有想过，为什么一定要有光鲜头衔，客户才愿意见呢？客户为什么不愿意和普通销售人员进行更多沟通呢？销售人员身上还缺了些什么？

有的人说，销售过程就是拼资源，来的人越多，就显得对这个项目越重视。其实，客户不会单纯因为被重视而选择哪家厂商，客户的决策要源于内心动机、满足需求、获得业务结果、实现个人“赢”。没有这些，即使人海战术也无济于事。拼命往上扑资源，恰恰是项目失控的前兆。

有的人说，高层和专家给客户拍胸脯，客户更愿意相信；销售人员自己拍胸脯，客户不信。来的官越大，胸脯拍得越响，押上去的筹码越多，成功率就越高。问题是，客户为什么一定要领导和专家拍胸脯心里才有底，而信不过销售人员，难道仅仅是因为面子吗？

有的人说，申请资源就是为了充门面，因为项目里必须要有专家、顾问、领导出面才完整。这种情况下有个假设，就是这些充门面的资源是木偶，能根据销售人员的需要来表演，只要不做错就可以。很多销售人员有过这样的案例：计划充当木偶的资源为了彰显个人风采，最终毁掉了一个大单。

有的人说，那家客户太倔强，销售人员搞不定，所以申请资源来帮忙。连整天跟客户泡在一起的销售人员都没办法，都不能了解客户的真实想法，都得不到客户的认可和信任，难道那些资源在短短时间里就能搞定？

有的人说，这个项目到现在不知道还能做什么，请资源出面或许能找到某些机会。没错，公司有很多拥有丰富销售经验的总经理和总监，他们能迅速判断项目形势并制定有效策略。但话说回来，如果销售人员因为“不知道做什么”“不知道怎么办”而申请资源，那公司有多少资源也不够用。

还有阴险的家伙说，反正这项目胜算也不大，请资源来，项目丢了可以拿他们“说事”。在这种情况下，那些被“说事”的资源恐怕是最后一次支持你了，他们会把这段经历埋在心底择机报复，同时会以各种方式尽可能地告诉周围更多人，最终损失的是销售人员自己的声誉，结果只剩下销售人员一个人在战斗。

还有家伙说，申请资源是为了给老大脸上贴金，也给自己表功。这样的销售人员看似很有头脑，但前提是他确认这个项目没任何风险，客户不会提出任何异议，仅仅走个过场而已。并且老大出面不能有半点闪失，这个项目后续一定要做得漂亮，否则就会有无尽的麻烦。

我们不否认一些优秀资源的出现会使局面变得不同。但动用资源有个前提，就是申请的资源应具备合格的专业能力，而不要强求他们拥有超强的能力，因为碰上拥有超强能力的资源在项目上力挽狂澜的概率实在不高，那样的资源也极紧缺。从销售角度来讲，我们是排兵布阵、调兵遣将的人，是操盘者，是指挥官，为成功而拿奖金，为丢单而承担责任。销售人员必须对自己负责，对项目负责，对客户负责。

那么，销售人员究竟为什么要动用资源?

在总部担任总监负责业务时，我曾接到一个电话，是某分公司的总经理打来的。他在电话里说："听说你在冶金行业非常专业，有多年经验。我这里正好有个客户，请你来支持一下!"我问："去做什么?"对方回答："来做个方案讲解。"我问："给什么人讲?"对方回答："董事长会参加。"我问："项目进展到什么阶段了？客户为什么同意让我们讲?"对方回答："因为竞争对手讲过了，我们再不讲可能就没机会了!"

我感觉不太妙，接着问："这次要讲什么方案?"对方说："就是我们的行业全面解决方案。"我问："那客户具体需求是什么？他们更关注什么?"对方说："他们很关注我们有没有这行业的经验。"我又问他："你觉得客户会买什么?"对方说："如果你讲得好，客户就全买。"

这回答让我无语。

如果客户最后没买呢，是不是因为我没讲好？如果你是我，你会去吗？再说，去了讲什么？客户关注什么？虽然通过给客户讲解行业几大问题拿到订单的做法屡试不爽，但客户是不是真的关心方案和价值呢？这个项目究竟到了什么阶段？董事长是什么态度？都有哪些人参与？他们都是什么态度？一切无从知晓。最后，我的回复是："最近太忙，实在挤不出时间。"

后来，听说这位总经理跟别人讲："那家伙太牛了，请他支持都不来。"与其让他说"那家伙来了，没起什么好作用"，还不如让他这么说。

更有甚者，曾经有位一线销售经理给我打电话："请你带着公司盖章的保证声明，以行业总监的名义，代表公司向客户做出保证，这样能表示我们对客户的重视！"如果项目做到这种程度，真不知道这位销售经理在做什么。在这种情况下，即使把公司的金字招牌和专家全押上，客户也未必会相信。销售做到这种程度，是一种悲哀。

复杂销售是一个流程，要经历一个相对长期的过程，有很多阶段性工作需要完成。复杂销售是一种结构，每个项目都有很多决策影响者的角色，他们关注不同问题、有着不同诉求、持有不同态度。在销售的不同阶段、面向不同的客户角色，要完成特定动作，与客户达成共识，获得客户认可和行动承诺，销售人员要做的每个动作都需要团队配合完成。动用资源，最关键的是要明确这个资源的任务是什么、要面向哪个角色、解决什么具体问题、达成什么目标、取得什么效果、获得客户什么行动承诺。

无法回答上面这些问题便调动或申请资源，说明销售人员没有分析清楚项目形势，不知道下步策略是什么。“做做试试吧”“反正先动起来”“做了总比不做好”，做一个这样的操盘手和指挥官，很可能会让很多精兵强将无功而返，甚至牺牲在战场上。

销售人员有哪些资源

销售人员是指挥官，每个项目就是一次战役，每次拜访就是一次战斗。但销售人员要消灭的不是客户，而是影响成交的种种不利因素。

销售人员既然是指挥官，就要有各种战斗的资源。除了分析形势、制定有效策略外，还要排兵布阵、调兵遣将，确保每次战斗的胜利。

那么，都有哪些资源可供调动呢？

第一，身边的专业顾问。

他们具备专业的行业和业务知识，能与客户就业务需求进行调研、分析，为客户制定合适的解决方案，回答客户在专业方面的问题。专业售前顾问参与项目也是重要的一个环节，与销售人员一样，他们对客户需求的探索、对客户反馈态度的了解、对客户关心的重点问题的回答，都会影响客户对我们的认知。

第二，行业专家。

行业专家应该对客户所在行业有深入的研究，有丰富的行业管理与产品应用经验，最好在某个特殊领域有所建树，能在管理思路、管理方法、管理制度上提出专业建议并赢得客户认可。当客户对某些专业问题有困惑时，专家可以为他们做出解答；当客户高层希望获得某方面的专业信息时，专家可以为他们提供信息。无一例外，专家不是以自己所掌握的专业知识为中心，而是以客户为中心，尊重客户实际情况，重视客户内心想法，善于探索和倾听，在此基础上为客户提供有用的、差异化的信息和建议。

第三，销售人员的上司。

销售人员的上司可能是所在分公司的总经理，也可能是所在事业部老大，也可能是销售团队负责人。他们有丰富的销售经验，能在关键时刻给予指导，也许手中还握有特殊的审批权，能将优惠条件给予最适合的客户。很多时候，这些上司出面与客户高层沟通，能站在一种高度上，就客户关注的重点问题做出团队承诺。在现实中，上司做的很多工作都是销售人员应该做却因为能力不足未做的。

第四，公司的高管。

公司的高管在业内大多有着显赫的声誉，他们能成为公司高管，在业务和管理上必有独到之处。我们可以申请高管与客户高管会面，借助高管来积极影响关键人，从而起到推进项目的作用。请高管过来更多时候代表公司的重视或承诺，用来排除客户某些方面的顾虑。

第五，合作伙伴。

这是销售中很活跃的一部分人，他们或与客户有较好关系，或与我们的产品方案有关联，或者在项目中承担一定的任务或角色，或者是集成商、经销商或代理商。他们对客户的影响在某种情况下会起到积极作用。合作伙伴也是销售中风险较大的一个群体，他们不直接受销售人员的管理与控制，有较强的独立性。所以，何时用合作伙伴、用哪家合作伙伴、怎么用合作伙伴都是很重要的问题。

第六，样板客户。

样板的力量是无穷的，同行业的典型样板对正在选择供应商的客户会起到积极作用。客户通过参观考察样板客户，可以了解同类产品在同行企业的使用情况、业务问题解决的真实情况，并验证供应商的方案和实施服务的能力。如果样板客户的代表能做出积极公正的推荐，将大大推进销售进程。但是参观样板客户也是风险很大的事，客户参观之前需求是否明确、参观是否针对具体问题，这些都需要我们做细致的工作。参观样板客户不是为了向客户证明我们可以，而是针对客户关心的具体问题与“过来人”交流，验证方案和产品。所以，样板客户参观更多是安排在“方案确认”阶段后期，而不是刚接触就和客户说：“我们做过的，你可以去看！”

除了上述常用资源外，还有几种资源可能会被忽略。

首先，是销售人员自己。

很多销售人员没有把自己当成一种资源，其实他的时间和精力何尝不是一种资源？这种资源也是有限的、由他们自己调配使用的。同样的时间和精力，投入在哪个项目上，投放在哪个人上，都是资源的使用和协调。

在培训中，我们曾经给各种资源开出价码，比如公司高管出面一次 3 000 元，机构总经理出面一次 1 000 元，顾问出面一次 500 元。我问："销售人员出面一次应该定多少钱？"有的说 500 元，有的说 1 000 元，有的说 2 000 元。我问：现在大多数销售人员会管理自己的时间和精力吗？他们做事投入产出比高吗？大家无语。于是，我给大家讲了一个小故事。

某公司一位销售人员很厉害，把大量时间用来做项目分析和有效准备，他平均每天拜访 1～2 个客户，而公司其他销售人员平均每天拜访客户 4～6 个。半年下来，那位销售人员完成了业绩的 195%，而公司总体才完成 95%。经理对他说："你看你现在每天才拜访 1～2 个客户，如果你像其他人一样多拜访几家，你的业绩会怎么样呢？"那位销售人员说："如果每个销售人员都像我一样每天拜访 1～2 个客户，公司的业绩又会怎么样呢？"

这个案例告诉我们，没有分析形势和制定策略，任何行动都是盲动，没准备的拜访不如不去。

所以，销售人员本人也是一种资源，如何用好自己这个资源，是很多销售人员要考虑的事情。

其次，客户中的支持者也是资源。

坚定支持的拥护者、积极推进并影响他人的内部人员、能提供信息的内线、客户的认同与信任，这些都是我们的资源。这些资源是赢的基础，没有这些"绿旗"，我们很难拿下一个项目。

我曾经问过一些销售人员："你针对这个角色做了如此多工作，目的是什么？"绝大多数人的回答是："让他支持我！"我问："支持你了又怎么样？"大家的回答是："到时候投我们的票！"其实，这种想法可能是对资源的浪费。我们精心发展的拥护者、内部支持者，在整个盘面中是我们的“绿旗”，而“绿旗”除了标识我们已经得到这一票之外，还应该能帮助我们削弱不利，对那些“雷”发挥一些作用。

“绿旗”与“雷”之所以态度不同，可能有着深厚的背景和渊源，他们之间的博弈可能不仅体现在这个项目上。我们可以借助这种内部力量，通过“绿旗”获得更多信息，让他们影响更多人，也可以征求“绿旗”对“雷”的看法，或者征求我们应对“雷”的行动建议。这种情况下，我们才能在复杂形势下发挥合纵连横的智慧。

最后，有时候竞争对手也是一种资源。

草原上有狮子，羚羊跑得才更快。只有竞争，才能让客户有更大的比较和选择空间，才能时刻提醒自己要谨小慎微，我们才能不断进步。在一些项目中，有竞争对手的参与会推进项目进程，甚至竞争对手会帮着我们做很多本应该由我们做的工作。在很多招标的项目里，必须有三家以上招标才有效，只有一两家无法赢得这个项目，所以必须要调用“竞争对手”这个资源。能把竞争对手视为资源的销售人员，要具备严谨的规划和控制能力，具备高手应有的敏感甚至直觉，因为这种资源一旦使用不慎就再没翻身机会了。

抓一把好牌是运气，打好手中的牌是水平。出色的销售人员，必须熟悉手里有哪些资源、什么样的资源在什么时候对哪个角色使用。这是操盘者应具备的最关键、最基本的能力。

怎么申请内部资源

很多销售人员抱怨：“向总部申请专家，可专家怎么就不来呢？支持项目难道不是他们的职责吗？”也有人说：“为什么总部专家资源总是支持那家公司，就是不来我们这儿呢？”还有人说：“事到临头我真不知道找谁合适，让领导安排吧！”总之，说到资源，销售人员有很多共同语言。

书到用时方恨少，资源也是一样。

项目到了这个阶段，找谁帮忙呢？这是很多销售人员在申请资源时考虑最多的问题。

我做销售初期，很多项目要靠集团专家来支持。每做一个项目，我就会结识一批业内顾问和专家。每次合作之后，我都会把这个资源的特点、优势、爱好等悄悄记下来。时间一长，就形成了这个行业的顾问专家资源库。后来有项目时，我打开这个资源库，看哪个顾问或专家什么时候支持过哪个项目，他们做了什么得到了客户认可，哪些工作有所欠缺，很快就可以锁定一位比较适合的顾问。

尝到了资源库的甜头，我开始主动关注公司资源变化情况，也向同事打听各个专家的情况。我负责行业销售时，行业专家资源库成了必不可少的部分。我不仅把行业协会专家、样板客户高管列入资源库，还把全国各分公司中有相关经验的一线顾问全部纳入资源库。当再调度或协调专家顾问时，我就能在很短的时间内准确找到最合适的人选。

作为一名销售人员，熟悉各类资源在组织中的分布情况非常重要，这需要在实践中不断观察、用心积累。

为什么同样是申请专家支持，专家去了那个项目，不来我们的项目呢？就这个问题我问过很多总部专家，他们说："销售人员都没见过客户，就让我陪他去陌生拜访，说是心里没底让我陪着去。连去干什么都说不清，我才不去呢。""我去支持的项目丢了，他们说是因为我方案讲得不行，没打动客户；项目成功了，对外讲都是他们操作到位，我支持过的事提也不提，跟我没任何关系了。"还有的专家说："有次我去支持项目，那个销售人员跟朋友们去玩，让我自己吃盒饭，太不懂事了！"我也做过支持，也有过类似经历和感觉。

很多销售人员把资源对他的支持视为理所当然，认为就应该来支持，来了就应该做好。他们把自己定位为"内部客户"，认为应该享受内部客户待遇。他们可能还会抱怨："我们整天看客户脸色还少吗？难道内部的人就不能看我们脸色？别忘了，他们的工资都是我们挣回来的！"

有位专家说："我就是不想去那个地方支持，见到他们我就不爽，能不去就不去。但凡有另一个地方的申请报上来，我马上就会拒绝这个。"

为什么这个专家不愿意来支持？提到这个问题，我不由想起那个经典之问："鸡为什么过马路？"来支持的资源也是人，他们是否对"来支持"这件事也有动机呢？他们是怎么想的？支持各地项目确实是他们的职责，支持销售人员是公司的任务，支持过程相当于创造企业价值，也就是业务结果。那他们有没有自己的"赢"呢？我们有时候考虑客户太多了，反而没考虑那些资源也有自己的“赢”。

有一次我们做一家知名企业的项目。这家企业的管理在业内很典型，是国家教材中的案例。当我们需要进驻现场调研时，几个顾问都没时间。这时候，有位顾问给我打电话：“听说你们要去那家企业调研，能不能让我一起去啊？”后来，我了解到，这名顾问正在做这方面的研究，而他对这家企业慕名已久，非常希望能与客户直接交流，以便完善他的研究——这是顾问的个人“赢”。所以这位顾问主动提出支持。

我曾经支持过全国很多地方，确实有很多分公司的总经理和销售团队给人感觉非常好。有的在申请时会做细致准备，见什么人、做什么事、做到什么程度，都会提前详细说明；有的则不然。一位专家说：“他们一直让我去，等我去了问项目情况，他们就是不说，把我拉上车就出发了。走到客户门口，我才知道要见的客户叫什么名字。”

还有很多销售人员很在意资源的感受，经常关切地问：“酒店住得怎么样？”“早餐吃好了吗？”“车里的温度怎么样？”一位顾问曾对我讲：“有时候我去外地支持业务，返程时他们还送些土特产。那都是十几块、几十块钱的东西，虽说不值钱，但被尊重的感觉让人温暖。如果他们下次有什么需要，我会及时响应，不是图那点儿东西，关键人家把咱当人看！”

有时候，支持的项目做成了，销售人员会给支持过的人写封邮件表示感谢或当众表示顾问功不可没；失败了主动承担责任，不把责任推到前来支持的顾问身上。有的顾问说：“去支持那儿的项目？算了吧，他们什么准备工作也不做，直接带我们去见一个很难沟通的领导。那个领导根本就是竞争对手的支持者，竟然把我推上去蹚雷！最可恶的是，事后说我不专业、方案没竞争力，打动不了领导，所以没拿下那单子！”

这些案例中，资源是否来支持都是基于个人的“赢”。有人把项目成功视为最大荣耀，他们的“赢”就是项目成功带来的兴奋与成就感，或者是对自己所在部门的贡献（部门业绩做得好，自己也有面子、有发展）。

最怕的事情就是有些专家和顾问有这种心态——“反正是公司的事，成与不成跟我有什么关系！”如果碰到这种看不到自己的“赢”的专家和顾问，销售人员就要小心了。

所以，了解资源在组织内的分布情况，了解每个专家的特长和他们不同时期的“赢”，是申请资源的“奇妙兵符”。

我们和专家之间信任的建立，是靠日积月累的接触换来的。在资源有限的情况下，我们申请的专家不可能随叫随到，有过良好合作历史、与专家熟悉的销售人员总能得到优先安排。

近水楼台先得月，向阳花木早逢春。

如何有效运用资源

说起用资源，我想起一个故事。

有位销售人员碰到了一位非常难沟通的客户高管。这位高管平时非常忙，基本没时间见那位销售人员，偶尔见面也不愿多说一句话，在他看来时间非常宝贵，有更多重要且紧急的事要处理。销售人员所在公司的总经理每周销售例会都过问项目情况，却总没什么进展。总经理一直催问，销售人员实在没办法，只好请总经理出面去见客户。

见面后，销售人员给两人互相做了介绍，就缩在沙发角里看着他的老大如何表演。

结果有两种情况。

一种情况，老大和那位高管相谈甚欢，相见恨晚。结束后，销售人员必然要忽悠老大："老将出马，一个顶俩。老大，您真行!""您真是宝刀未老!""姜还是老的辣啊!"一通赞美之后，销售人员紧跟着一句："老大，下次碰到这种情况，还得找您!"

另一种情况，老大也和销售人员一样，碰了一鼻子灰。回来后，销售人员要安慰老大："老大，没事，胜败乃兵家常事。""老虎也有打盹的时候，这算不了什么。"安慰之后，紧跟着一句："老大，我早就说了，这个客户很变态，您还不信！您看，您自己出马也搞不定吧。以后销售例会，别催我那么紧了!"

这样的故事在我们身边时有发生，结果就是销售人员越来越难管理，总经理越来越忙，辛辛苦苦帮手下销售打单，还总是不落好。

问题出在哪儿呢?

"狼来了"的故事，我们从小就听过。在我们的销售过程中，有些销售人员几乎每天都在上演"狼来了"的故事。有家客户的主管只是说了句： "这工作对我们很重要，企业早该购买这系统了……我觉得领导也会这么认为。"销售人员就像捧回圣旨一样，立即向公司申请资源支持，也不管客户对这个项目的态度如何、客户的真正需求是什么。公司领导非常重视，立即安排顾问或专家支持。结果，资源到客户现场，除了给客户做普及教育之外，“根本没有狼”。如此三番五次，当销售人员再喊“狼来了”的时候，领导和资源半信半疑，甚至不相信了。

动用资源前，连销售人员自己都搞不清楚项目情况到底怎么样、客户究竟什么态度。出于各种原因，销售人员面对这颗未知的“雷”，直接把资源推出去，指望依靠他们的高水平发挥直接搞定。这种做法，等于把自己项目的主导权交给了一个并不了解情况的陌生人，而承担这个后果的是销售人员自己。

销售人员是项目的总导演、总指挥，这点毋庸置疑。在申请资源之前，销售人员必须对项目有全面、清晰的认识。为什么要申请资源，支持目的是什么，要达到什么效果，这些问题必须清楚。

除了销售人员自己想清楚，销售人员和资源之间的充分沟通与互信也很关键。

有位销售人员给我讲了一个真实故事。

那次，他操作一个大单，一家集团企业希望采购软件实现信息共享，从而提高工作效率。经过沟通，客户同意这位销售人员安排专家与集团多家下属企业进行一次集中交流，这次机会非常难得。

销售人员费尽千辛万苦找了一位专家。这位专家在公司内有一定的知名度，在业界也具有一定的权威。销售人员在申请邮件中把项目具体情况、参加人员、沟通中的注意事项等都一一做了清晰描述，还对专家表示了诚挚谢意。

就在去客户现场的车上，销售人员对专家说：“老师，我给您的邮件，您有什么指导意见吗?”专家一愣说：“什么邮件？哦，就是这个项目的邮件吧？看了，看了。”销售人员心头一紧，接着说：“这次交流，不仅支持我们的集团副总会参加，还有很多下属单位领导，他们有些人是反对上系统的。所以……”专家说：“哦，这类企业如果不上系统，管理难度会非常大。放心，我做过好多这样的集团客户，客户对我们的理念和方案还是非常认同的……”销售人员说：“我的意思是说，咱们能不能少提一些控制方面的话题，多提一些减轻工作量、提高效率、对下属单位有帮助的内容呢?”专家说：“放心吧，该怎么讲，我心里有数!”

交流开始了。专家就是专家，对管理领域确实有研究，谈得很陶醉，忘乎所以。那是个圆形会议桌，销售人员坐在靠后的位置，这样就能观察到几乎所有在座人员的表情和体态。随着问题深入，销售人员担心的情况发生了。客户开始没兴趣了，甚至有人显得焦躁、心不在焉。支持销售人员的副总似乎有些问题，不住地朝销售人员的方向看，好像在询问：“到底怎么回事?”

销售人员有些着急，一个劲儿地给专家递眼色，可专家仍然陶醉在自己的演讲里，根本没注意到。在座有些人已经从不感兴趣到皱起眉头，甚至摆出一副随时准备挑战的架势。

销售人员后来和我讲，他心里那个急啊，直想蹦起来。可那位专家根本无视客户的反馈和销售人员的存在，依然按照自己的惯有思路和方法进行着。销售人员向我倒了一肚子苦水：“你说咱们做销售的，东求西拜好不容易申请来一位专家，谁知道来了给我搞成这样！要知道这样，还不如不让他来。可话说回来，不请专家来，这种场面又能怎么着呢？”我问他：“你不是把项目情况都告诉他了吗？之前应该和他强调注意什么啊！”

销售人员说：“你还不知道？他们自己感觉身经百战，比这大得多的项目做过不知多少个，高管见了不知有多少。再说咱就是一个小销售员，他能听进咱的意见吗？”我笑了笑说：“想让资源相信你也是门学问，我们确实要学会用资源、用对资源！”

很多高层、专家、顾问都有自己的风格和方法，并不是所有情况下使用同样的资源都有效。作为操盘者，销售人员应该因势利导，知道用什么资源应对什么客户、解决什么问题。

比如一个 G 型客户，他期望能变得越来越好，希望获得有价值的建议。这时候，申请行业经验丰富、理论基础扎实的人助阵可能比较合适。对于 T 型客户，他面临明确具体的问题，专家要能聚焦客户问题，对具体问题提供有针对性的解决方案。对于 EK 型客户，他并没什么新期望，现状也不是很差，需要专家有比较强的探索引导能力，帮助他建立新期望或发掘现实中的潜在问题。对于 OC 型客户，专家要以低姿态与之交流，满足客户释放自满的需求并能有效提出问题、引导客户正视现实，而不是以专业知识或经验强行给客户泼冷水。

所以，专家和销售人员的沟通与互信是申请运用资源的基础。申请的资源重视客户实际情况，重视销售人员的意见，重视自己应该承担的具体任务，这样才能达到预定目标。

无论如何，把一位听不进客户声音的顾问或专家放进来，把一位不愿倾听销售人员的背景分析和建议的专家推向客户，多数情况下无法控制沟通进程和效果，那真的要碰运气了。

要点小结

资源运用策略

- 资源的运用有明确的目标
- 针对具体的要解决的问题
- 熟悉资源在组织中的分布情况
- 销售人员应该建立并维护自己的资源池
- 资源不求最好而重在适用性
- 资源对客户态度的知会与重视
- 销售人员与资源的沟通和互信
- 关注资源的“赢”

实战演练

请针对之前所选项目，制定面向客户角色的行动计划，包括行动类型、所需资源等情况。

序号	面向客户	行动类型	动用资源	资源特征	注意事项

请检查上表，并回答以下问题：

1. 你的行动计划是否面向了特定角色？行动目标和预期效果是否明确？

2. 你的行动计划是否考虑了角色的反馈态度？有哪些需要与资源提前沟通？

赢单口诀

如何有效用资源

资源充沛枪弹足，资源调用靠水平。

细想谁能帮助我，用心积累资源生。

资源经营须用心，养兵千日一时顶。

高管专家与顾问，客户对手皆可用。

想清目的匹配用，互信沟通目标明。

考虑资源个人赢，及时感恩情谊生。

第十章

第九问：面对竞争怎么办？

如果过度关注竞争甚至攻击竞争对手，忽略客户的态度，那么你已经处于竞争的下风。

关注客户还是对手

各家公司的产品、服务越来越趋同，很少有哪家公司的产品或服务是独一无二的，单纯以技术优势和产品特性赢单越来越难。以前我们或许是领域专家，引导客户就能签单；现在不同了，互联网时代客户越来越专业，拥有的信息越来越多，同业厂商和我们的差异越来越小。销售人员每天都在日益激烈的竞争中艰难前行。

我们应该如何面对竞争呢？

2004年雅典奥运会，刘翔获得110米栏冠军，国人为之振奋。当时，他有没有竞争对手？当然有。对手不是所谓的“最大的竞争对手——自己”，而是那个叫阿兰·约翰逊的人。在决定能否进入半决赛的预赛中，那个很有实力的家伙发生了一件意想不到的事——摔倒了！

摔倒的原因可能很多，但有一个不可忽视：约翰逊爆发力和上栏一流，而刘翔栏间节奏是最大优势。在栏间竞争最激烈的时候，约翰逊的节奏受到了刘翔的影响，导致步调错乱而摔倒。

在很多大项目销售中，我们也经常自觉或不自觉地被竞争对手的节奏带乱而跌倒。

很多销售人员说：“对手已经给客户讲了方案，我们得赶紧安排。”“对手去拜访客户高层了，我们再不去就麻烦了。”“对手的董事长和客户董事长见面了，我们也得去，否则就落后了。”

有时候，我们无法与客户共同确定进程，也找不到参照物，只好把竞争对手所做的事视为自己要做的事，希望每一步都不输给对手。然而，跟着竞争对手的节奏跑，其实已经失去了项目的主导权，已经处于落后地位了。不能再跟着对手节奏盲目疯跑了！停下来！必须及时停下来，重新制定有效策略。

某位老师讲过一个故事：澳大利亚的草原上有个悬崖，每年都会有大量绵羊从这里前赴后继“英勇”地跳下去。大家对此非常困惑，究竟是怎么回事？

后来有研究发现，草原上每到青草鲜美的季节，那些羊都会为抢到鲜美的青草而往前挤，挤在前面的羊就能吃到嫩草，在后面的羊则只能吃前面的羊啃过的草。挤来挤去，这些羊为了吃到嫩草，向前移动的速度越来越快，结果成了绵羊们的奔跑比赛。每到这个季节，总有成群的羊在草原上高速奔跑，以至于它们忘了为什么要奔跑，即使前面有万丈悬崖也义无反顾。

我们有时候也会这样，和竞争对手比功能、比实力、比价格、比技巧，对手做了什么我们也要做。最终结果就是像那些羊一样选择“跳崖自杀”，忘了自己为什么销售。

不仅如此，就算战胜了对手，也不一定能赢得客户。很多厂商在销售过程中，经常拿出“对手产品功能缺陷清单”“对手失败案例集”等进攻性材料，认为这能使对手在客户心目中的形象一落千丈。结果怎么样呢？

多年以前，我和爱人到家具城买沙发。转了几家，我们心目中已经对两三套有意向了，但还想再比较比较，争取买到性价比高又喜欢的。我们又进入一家店，售货员大姐介绍她们的沙发外观怎么好、材料怎么好。我们在里面转来转去，其中有一套和相中的那套有些相似，我便问："大姐，这套多少钱?"大姐说："这个啊，可以便宜一些，给你最低价!"爱人低声嘀咕了一句："这套好像和刚才那套差不多。"大姐听到，说："你们看的哪家的啊?"我们说："前面那排××品牌的。"大姐说："那家啊，他们的家具都是在垃圾场旁边生产的。"听了这话，我们立即转身走了。

我们不一定买原来看中的，但一定不买这个大姐的。

这就是攻击对手的后果。

复杂销售的过程是和客户互相认同、共同解决问题、达到双赢的过程，就好像一个男孩追求一个女孩、两人将要组建家庭过日子一样。追这女孩的可能不止有一个男孩。这几个男孩之间就形成了竞争关系。如果某个男孩在女孩面前恶意攻击对手，女孩可能会厌恶这种做法。女孩心目中的老公形象是什么样的以及男孩们是不是了解并符合这个标准，才是决定他们能否成功的重要因素。

客户"心目中的形象"就是客户的愿景，是客户源于自我动机而形成的标准和期望。过度关注甚至攻击对手，忽略客户的真实需求，其实已经把主动权甚至竞争规则的制定权交给了对手。

有些客户非常善于利用厂商之间的激烈竞争关系，这往往成为他们压价的有效工具。有个客户曾经告诉我：现在很多销售人员特别怕丢单，只要把他们的竞争对手找来，这家公司多数情况下会主动抛出很多优惠条件，催促我们签单。

这就导致了一种现象：很多客户为了压价，请来多家厂商互相厮杀，客户“坐山观虎斗”。等到大家斗得差不多了，客户便从山上下来，把订单交给那家价格最低或他最中意的厂商。在这种情况下，很多厂商为了得到订单不择手段地参与竞争，许下很多超出产品功能和自己能力的承诺。

客户也在花样百出的竞争中迷失了自己采购的真正原因，而以承诺或价格作为评判标准，转移了对自身要解决的问题的注意力。结果是，客户利用厂商之间的竞争关系战胜了厂商；而购买之后，客户会发现情况并不像当时承诺的那样，认为自己受骗了，便寻找机会报复厂商。其实，这是一笔双输的交易。

关注客户需求，关注客户对对手的态度和反馈，远比关注对手做了什么更有效。

竞争对手根深蒂固

我们经常碰到这种情况：当接触项目时，对手已经做了大量工作，客户高层和大部分负责人基本被竞争对手“搞定”，或者客户已经使用竞争对手的产品多年，效果还不错。总之，竞争对手在这个项目中根基稳固，感觉我们根本就没机会。

多年前，我曾遇到过这样一家客户，他们准备在原有系统上扩建一套新的管理系统，功能不仅覆盖原有的财务部门，还要包括供应和销售部门。客户原先使用对手产品。因为有多年合作关系，对手与客户高层领导、信息主管、财务主管的关系都很好。

我们去拜访信息主管时，他虽然很客气地接待了我们，但能感觉到他是敬而远之，根本就不想与我们有深入的沟通。在我们看来，他礼貌接待很可能是为后期招标多一家厂商做准备，既不想让我们知道太多，也不想让我们离开。

在这种情况下，我们更没办法直接接触客户高层，动用关系通过第三方介绍也不合适。如果没有底层的决策支撑，即使有再硬的关系，高层也没办法强行决定选择哪家供应商，况且我们又没有适合的第三方。

我们与客户正面接触了很长时间，没有丝毫进展。而对手和客户的关系看上去越来越近：安排顾问调研、安排专家交流，一切都有条不紊地进行着。对手的销售人员每次都能趾高气扬地进入那道门，而我们依然要经过三审六查才可以进去。并且对手也非常重视客户，他们的销售人员经常红光满面地去拜访客户高层，也经常和信息主管、财务主管跷着二郎腿一起抽烟。

做了很多工作却没什么效果，但我们始终没放弃。每次约信息主管，他都有很多事情要处理，或者见个三五分钟，或者干脆不见。约财务主管，他总是很忙，我们只能在财务大厅等。

客户的财务大厅最外面是资金科，大理石隔断外面有一个很大的空间，放了很多椅子，供前来办理资金业务的客商临时休息。半米多宽的大理石隔断就是双方办理手续的地方。再往里，依次是会计科、材料科、成本科。

有一次，我们坐在大厅的休息椅上等着见财务主管时，对手的销售人员来了。他昂首挺胸，拎着黑皮包，迅速推开玻璃门，直接走向最里面的财务主管办公室。每走两步，他就挥手喊一句“王科长好”“宋科长又忙呢”“李科长”……然后不等对方回复，脚下速度丝毫未减，直接奔向里面。我们站起身看了看那些被称呼的科长，他们或“哦”了一声，或抬头瞧了一眼，或头也没抬继续忙自己手头的事。他们埋头鼓捣的计算机屏幕上，运行着对手的软件。

看到这一幕，我们心想或许能找到一些机会。从此以后，除了正常拜访部门主管之外，我们每次又增加了新的任务，就是想办法接近那些科长，当然不是向他们销售产品，而是找机会同他们拉近距离。他们对从主管办公室出来的人没有太强的防备心理，不久，有些科长就能约出来聊了。

通过和这些科长的交流，我们得到了很多有价值的信息。比如，软件并没有解决他们最关注也是最头痛的复杂核算问题，有些财务报告不能直接生成，需要输出到 EXCEL 进行手动加工，为此大家经常加班。这些信息对我们很有帮助。

不仅如此，后来吃饭时，我们还请他们约上供应和销售部门的一些科长。逐渐地，我们和财务、采购、销售这些部门的科长能进行比较深入的沟通，通过他们掌握了正面调研所无法了解的很多“小故事”，这些大多是部门之间沟通不畅、缺乏有效监管导致的。

在选型期间，信息主管、财务主管都很积极，主管副总也比较关心，唯独不见经营主管参与。无论是调研还是方案汇报，经营主管总是委托两个科长代为参加。我们感觉这里有玄机，或许可以争取这位经营主管的支持，就利用所掌握的业务情况，精心准备了一份简报，拜访了那位主管。主管对我们提交的报告很感兴趣，但表示不想过多参与。

经营主管负责的采购和销售业务将在系统中运行，他一定有自己的想法和要求。如何让他说出认知和期望，以便我们有针对性地解决他关心的问题，成了争取这个项目的关键切入点。在后期工作中，除了兼顾财务主管和信息主管之外，我们把经营主管作为了重点。

经营主管认为，购买这个系统是因为管理层想加强对采购和销售业务的控制，是对他所管辖业务的监控和制约，这一点远远超过对业务效率的提升，所以他一直对这项目不感兴趣，甚至有些反对。我们了解到他这一想法后，清晰地告诉他我们是如何实现财务与业务对接、如何在系统中对各部门权限进行设定，甚至在流程调研和咨询过程中我们也告诉他将如何消除他的顾虑。他也认识到这个项目是公司的决策，上也得上，不上也得上，由不得他，与其放手不管、被动接受，还不如找一家谈得来的公司合作。

转机是我们那次的方案汇报。

在方案汇报中，我们利用得到的各种信息，对企业存在的管理瓶颈和难点做了细致深入的分析，并对系统建设提出了具体建议和方案。公司董事长和主管领导，以及那几位业务主管都参加了。从现场的反馈来看，他们对我们的方案比较认同，特别是经营主管又提出了自己的看法，他的观点与我们前期和他的交流有直接的关系。

自从那次汇报之后，局面不再像刚开始那样被动。我们借势又拜访了高层领导，与财务和信息主管进行了比较深入的沟通，逐渐赢得了其中一部分人的认同。在如此艰难的情况下把局面打开，就像在鸡蛋上找到一条缝。我们十分珍惜来之不易的机会。经过后期精心运作，我们赢下了那个项目。

在这个案例里，刚开始竞争对手占尽优势。但从另一个角度来看，对手越是有优势，越容易感觉安全，甚至因为得意而忽略某些因素。而鸡蛋上那条缝，可能就在对手忽略的地方。

复杂销售是个长期过程，如果对手过于关注“时间”，希望在占有优势的情况下尽快推进并签单，那么他们很有可能忽略了组织上的“空间”，无法在短期内获得所有人支持。而用“时间”争取“空间”，恰恰是销售老手的常用手段。

复杂销售涉及客户内部多人决策，这些人的意见有时候很难统一。对手即使做得再好也很难赢得所有人支持，那些被忽略或被压抑的人中很可能就有我们的潜在支持者。这个项目中，我们恰恰就在竞争对手最有优势的财务底层使用者中找到了机会。

当竞争对手占尽优势时，不能用报低价搅局等“毁灭法”来破坏项目，那样做的结果可能就是，在客户看来我们是一家极不负责任的供应商，我们会永远失去和这个客户合作的机会。我们能做的，依然是想尽办法帮助客户。

从销售的角度来看，在竞争对手根基稳固的项目里，争取在客户组织里与更多人员接触，总能找到鸡蛋上的那条裂缝。

陶醉是危险的开始

我曾经也有投入大量时间精心运作、感觉十拿九稳的项目，在最后一刻因为某个不经意的小过失而满盘皆输的经历。起先，我们享受成功战胜对手、占尽优势的局面，结果却要承受丢掉项目的痛苦。这样的故事每天都在上演，销售就是这样，有太多未知，充满了刺激与魅力。

占尽优势时，如何把胜利保持到最后呢？

香港某投资集团收购了内地一家知名传统国有企业。这种企业的内部关系向来很复杂。我们参与项目时，国内外其他几家竞争对手也参与了。刚开始，我们接触的是信息中心主任、企管部长和财务部长。

与客户初次见面是在一栋老办公楼的一间狭小的办公室里，那是财务部长的办公室。见面时间不长，部长就把部里几名骨干叫下来和我们一起沟通。我们做了一些准备，面对这些骨干也提出了一些有针对性的问题。客户感觉我们提的问题很专业，切中了他们的要害，所以比较谈得来。拜访客户时能提出有效的问题，比直接介绍自己的产品方案更能树立专业形象。

虽然我们没讲什么，但那次沟通比较成功，财务部长也很愉快。他们知道我们有专业背景，也有同类企业实施经验，希望我们能与企业进行一次技术交流，介绍一下相关经验，并对一些问题进行探讨。财务部长表示会请在香港的财务总监过来一起参加。

那次会面之后，财务部长送我们出办公楼，大家边走边聊。我问："听部长口音不是本地人，您是哪里人啊？"部长说："你说对了，我不是本地人，是东北人。"我说："哦？到这儿工作可真是不容易，家属过来了吗？"部长说："没有，就我一个人，我经常回去。"我说："那您大老远到这家企业来负责财务，可真不简单啊！"财务部长接着和我说了一句很有价值的话："我是代表港方的。"

这是个很强的信号：我们要赢得这个项目，"站队"就显得很重要。恰恰此行赢得了这位财务部长的好感，势必对后期推进项目起到很大作用。随后，我们与部长保持了密切联系。考虑到信息中心主任和企管部长在收购之前就在那家企业，我们安排了其他同事拜访，并保持联系。

接下来的技术交流如约而至。根据前期了解到的情况，结合行业经验，我们为客户介绍了一个全面规划方案。香港来的财务总监对方案很认同，并且提出了几点建设性意见。这位总监有什么疑问时，财务部长都能主动站出来帮我们解释。

意料之外的事情还是发生了。

信息中心主任一直强调技术先进性，几次提出生产数据的直接采集必须同步进行，否则系统中的数据会不及时。他多次强调这是非常关键的问题，并提出另一家供应商能很好地解决这个问题。坐在旁边的企管部长也从企业管理的角度，说系统会给组织管理和业务流程带来很大变化，供应商必须在现有流程上优化。每当那两位主管说话时，财务部长都默不作声，一副懒得理睬的样子。

作为来交流的供应商，我们必须重视客户所有问题。因为其他同事也拜访交流过，我们通过同事的拜访交流了解到信息部门有那样的考虑，对此问题已有准备，便针对他们提出的数据采集、流程优化等问题一一作答。客户对我们的回答比较认同。

接下来，另外几家厂商也分别进行了方案交流。据说情况和我们有些类似，三位部长依然各持己见。客户感觉我们的方案比其他厂商更专业一些，但是因为内部分歧，客户无法把项目推向下一步。

我们在随后的拜访沟通中了解到这个情况，给客户提了一个建议。我们说："每家企业都有自己的实际情况，项目目标要明确并且可行。建议你们先进行管理咨询，明确项目范围和目标，然后再确定系统应用方案。"这项提议得到了财务总监和财务部长的认同。可能是对系统目标有明确想法，也可能出于对我们的信任，财务总监和财务部长强力支持我们先进行管理咨询。财务部长对我们说："你们具有行业经验，相信你们可以做好。和你们沟通很愉快，让你们来做这事，我很放心。"这话不言自明，我们领会了部长的想法，部长也坚信我们能配合好他的工作。

在大家的共同努力下，企管和信息部门也没有反对这项提议，于是我们就着手签订咨询合同。

咨询合同是和另一位副总谈的，他是信息中心和企管部的主管领导，也是当地人。合同签署很顺利，不仅把我们建议的范围和价格都列入了合同，还约定如果由我们提供后续的软件和实施服务，将予以一定优惠，价格不会高出前期总体投资概算。

签订这份合同，相当于双方已经"订婚"了，如果没有特别大的问题，双方会携手奔向美好未来！

意想不到的事情发生了。但仔细一想，这事又在情理之中。

在公司组建咨询团队后，我们与咨询团队进行了细致的内部交接，把企业组织结构、前期接触的客户主要角色、各角色之间的微妙关系，特别是港方与企业内部之间的博弈全部告知了咨询团队，还特别强调了前期的支持者是财务部长，要特别留心。即便如此，在咨询团队进厂一个月的时间里，局面还是有了微妙变化。

客户方项目经理是企管部长，信息中心主任负责协调。咨询团队与他们一起到各部门调研，一起与各部门负责人沟通，餐饮住宿也由他们一手安排。大家在一起很融洽，白天形影不离，晚上还一起到外面喝喝小酒、唱唱小歌，一派团结景象。那位和我们签合同的副总也偶尔露面，“与民同乐”。

在这个过程中，咨询团队认为客户如此配合，并且客户高管如此重视，签下这个项目主体内容肯定没问题。他们忘记了交接时提到的问题，忽略了港方力量。咨询团队把曾经力挺我们的财务部长作为一名普通角色对待，很多具体需求也没有深入听取他的意见，对他提出的以成本为中心的观点也有偏废，而遵从了企管和信息部门的以生产为中心的意见。

就在调研即将结束时，财务部长给我们打来电话：“你在北京吗？我正好路过北京。”客户经理说：“哦，部长，您到北京啦？不巧我在外面出差。有什么事情吗？”部长说：“你在外地啊，那算了。本来想和你见面聊聊。”客户经理说：“没您就没我们这项目，我们一定好好感谢您！”部长呵呵笑了两声，挂断了电话。

财务部长似乎感觉有些不爽：咨询项目和前期想象得不一样了，甚至有些变味。他想和我们好好聊聊，或许是希望看看如何纠正和弥补；而我们认为他路过北京，可能只是叙叙旧而已。那是第一次忽略曾经鼎力支持我们的关键角色，当时谁都没意识到。

一个月后，咨询结束了，一尺多高的咨询报告摆在客户面前。咨询团队意气风发地向客户汇报了咨询成果，听取一部分客户的建议，把项目预算直接做到了将近千万元，原先咨询合同约定的 300 万元规划投资预算被弃之不顾。可能是咨询团队觉得和客户关系太好了；咨询都是我们做的，项目实施还能找别人吗？

在咨询过程中，咨询团队和企业副总、企管部长、信息中心主任等本地派建立了良好关系。有港方的支持，我们参与了前期咨询和招标标准制定，我们多次拜访过企业“一把手”，自信于这个项目铁定是我们的！咨询团队还把“系统功能说明书”作为招标文件的组织部分，准备即将到来的招标。

那次招标，我们都去了现场。当晚下飞机刚到酒店，咨询团队和销售团队就分别给客户打电话。咨询团队负责与副总、企管部长、信息中心主任等联系，销售团队负责与财务部长联系。其他人的联系都很顺利，得到的消息也都比较让人放心，只有财务部长的电话占线或无人接听。

电话好不容易接通了。客户经理说：“部长，我们到了。一切都还顺利吧？”财务部长直接说：“哦，到啦，你们的工作还有点儿问题啊。”客户经理说：“是吗？那请您一定多支持啊！”财务部长在电话那头说：“哦。你们好好表现吧。”说完便挂断了电话。

那句“有点儿问题”并没有引起我们的警觉。其实，从那时开始，我们就感觉财务部长开始有些疏远我们，只不过大家觉得局面如此之好，不会有事。

前来投标的供应商有三家。讲完标之后，副总和企管部长、信息中心主任与我们联系很通畅，甚至向我们透露了很多内部消息，可是财务部长与我们的联系不知怎么就中断了。听说后来客户内部分歧比较大，虽然有副总和多个中层支持我们，但最终结果是——我们丢掉了那个项目！

后来，我们内部有人说是香港那边直接指定了供应商，也有人说财务部长和竞争对手早就认识，说他一开始就是支持对手的，他是套取我们的咨询方案交给对手来实现，从而弥补他们产品的不足。

现在看来这些可能都是托词。失利原因是多方面的：我们对咨询团队过于信任，放手把所有问题都交给咨询团队，在咨询过程中没有更多关注和跟进；咨询团队销售意识淡薄、忽略了客户内部之间的博弈；我们曾两次得知财务部长“想和我们见面聊聊”“工作还是有点儿问题”，但我们考虑局面全在掌握之中，并且前期是他力挺确定咨询项目合作的，我们确信他不至于反过头来支持对手。

但事实就是那样。对于财务部长来说，相对于得到供应商的信任与全力配合、帮助自己加强控制、在代表港方与本地派的博弈中胜出，否定自己的决策就显得无足轻重了。最后，财务部长成了对手坚定的支持者。

成也萧何，败也萧何！

很多销售人员有过这种经历：已经支持我们的人最后却支持了竞争对手，占尽优势的项目最后却出乎意料地丢了。细细回想，我们认为客户已经很支持自己了，优势那么明显，在后续运作和跟进过程中就把那些“绿旗”视为自己的地盘，根本没有关注这些“绿旗”的感受和变化。这种大意和忽略的结果就是让这些“绿旗”变成了“雷”。所以说，占尽优势也不能高枕无忧，应该时刻关注那些优势的动态，关注客户的新需求和新变化，时刻警惕变化带来的影响，确保这些优势一直是我们的“绿旗”。

在复杂销售中，占尽优势的项目更应该精心经营，哪怕这家客户已经使用了我们的产品、方案，已经是我们的长期客户。相较于新项目和新商机，这些投入了时间和精力苦心经营而来的项目，更应该好好珍惜。

“战战兢兢，如临深渊，如履薄冰”才是赢得长期销售成功、实现客户长期经营的做法。

尽量避免大幅杀价

价格永远是销售竞争中的敏感因素。不同厂商因为产品、服务不同，竞争策略不同，在同一个项目中都会报出不同的价格。而这种不同的价格就成为影响客户决策的主要因素之一。

在日益激烈的市场竞争中，很多供应商不负责任地报低价来争取订单，先把客户“拉上船”，在合同签订后的实施服务过程中，再借各种名目收取客户费用。客户也因为“上了船”不得已追加投入，但心里着实憋了一肚子火。这种欺骗和伤害客户的做法最终结果就是失去这家客户。此类案例举不胜举。

如果不以低价参与竞争，当客户把预算和报价看得很重要时，就增加了销售胜出的难度。宁可承担丢单风险也不愿意改变产品服务内容，更不愿意欺骗客户，坚持原则不降价，这需要具有非凡的魄力和信心。

曾经有家民营企业和我们谈合作，希望使用我们的系统管理业务。经过调研和分析后，我们的方案得到了客户高度认可，不过预算也超出了客户心理预期。当时制定的投资预算为 70 万元，客户觉得他们企业和同行相比管理相对简单一些，别人花那么多，他们不一定用得了那么多。几轮谈判之后，我们没降多少，于是客户找到另一家同业竞争对手，把他们拉进来报价。

竞争对手被要求在没有安排调研和方案汇报的情况下直接报价，大致明白客户目的就是比价，竟然直接抛出 25 万元的低价。

从价格角度来说，如果对方报价五六十万元，就有些麻烦了。虽然前期有大量调研和深入沟通，客户对我们也有倾向，但从报价来讲，我们必须找出更多理由来说明为什么要比对手高出一二十万元。

当得知这个 25 万元的报价时，我们就知道对手已经出局了。接下来的工作就比较轻松了，我们再一次详细解释了报价构成，特别说明了我们相比对手的独特优势（这些优势能帮客户解决他们最关心的问题，带来更大的价值和投资回报）。而 25 万元的价格就连付给顾问的人力成本都未必够。

所以，大幅杀价往往无效。

很多项目的报价都是很谨慎小心的，要经过严谨的计算，充分考虑客户所需产品数量和质量、实施服务人员数量、客户操作人员能力现状、后续服务等多方面因素。价格一经确定报出，后续降价空间会很小。这既是对公司负责任，也是对客户负责任。

如果你报价比较高，大幅降价会让客户感觉报价水分太大，反而心里没底，要么怀疑你之前承诺的内容或质量是不是能保障、会不会偷工减料或偷梁换柱，要么感觉你不实在，他会想“你想干嘛?”之前的报价是不是想“蒙我一把”? 蒙住你就赚了，蒙不住你再降价确保单子不丢? 客户是感性的，这些会让客户产生情绪，从而影响销售的成功。

我们报价高，要让客户看到我们的不同之处，要物有所值。如果必须降价，则要提前设计好让步策略，有舍必有得，做好“舍得”交换策略，以适当的理由进行适当让步。当然，这个价格应该是合理的，而不是敲诈客户。

如果客户过于强调价格因素而忽略了成本，那么很可能是客户还没清楚认识到这项工作的复杂程度，可能我们还没有了解清楚客户的动机和需求，没有共同找到解决问题的方式方法，没有就愿景和效果达成共识。这时候，轻易降价以求成交，对后续交付和客户满意度来讲都是极大挑战，甚至会导致双方合作的失败。

如果客户说“报价太高”，我们不能说“如果你们资金紧张，可以选择便宜的公司”“你们没钱，可以不买”这样的话，因为这显然是对客户说：“如果你们没钱，就不要买我们的产品。我们只卖给有钱人！”这话会严重伤害客户自尊，杀伤力是巨大的。

如何应对客户邀标

招标必须几家厂商投标才有效。我们经常帮客户出主意“邀请”其他公司来参与投标，也经常会被“邀请”。

我们曾经收到一份传真，是某家企业发来的一份邀标通知书。上面详细说明了项目情况、标的范围等，还附着厚厚一沓需求说明书。

销售人员拿着这份邀标书找到我，问：“老大，去不去投？”我问他：“你的意见呢？”他说：“这企业我听说过，但没联系过。现在招标，项目看来是真的。”我问：“那又怎么样？”他说：“既然是个真实项目，我们应该去参加一下吧？”我说：“你把策略分析表填一下吧！”

销售人员填完策略分析表，发现除了客户名称和标书中给出的项目范围之外，其他信息都是未知，都标上了“雷”，甚至除了投标联系人以外，再也找不到一个认识的人，更别说能支持我们的“旗”了。销售人员又想了很多办法，也没找到哪个第三方能接触到客户或者高层。其实，我们很清楚，竞争对手已经布好了天罗地网，只不过多请几家供应商去陪标。即使我们有再好的方案，即使我们的方案完全满足投标要求，也只不过听从安排陪他们演戏而已。

面对全是“雷”的分析表，销售人员说：“我们要不要去投？”

我说："前面全是地雷阵，你想去蹚一蹚吗?"销售人员说："这毕竟是个真实项目啊，眼看着竞争对手签走，多可惜啊。再说了，这么大项目出现在我的地盘上，我都不知道，这不是我的失职吗?"

我说："你在高速上以 120 迈速度飞奔，前面遇到了一个模模糊糊的出口，你是不理它直着冲过去，还是向着出口冲下去？最好的选择是什么呢?"

销售人员明白了我的意思。于是，我们给客户回复了一封函，是这样写的：

尊敬的××公司：

贵公司发给我公司的邀标通知书已收到，非常感谢贵公司的信任。

收到此标书后，我公司召集了有丰富行业咨询经验的专家和顾问，仔细研读了贵公司的标书。我们感觉贵公司为此项目投入了大量时间和精力，规划很有前瞻性且非常合理，对很多关键需求的描述也很清楚，深为敬佩！

同时，结合在该行业的咨询实施经验，我们发现有几处需求并不十分理解，对贵公司提出的几处关键流程也有些疑问。如果在没有全面清晰了解贵公司需求的情况下，我们贸然为贵公司提出解决方案并参与投标，是对贵公司的不负责任。这与我们以客户为中心、为客户创造价值的宗旨是相违背的。

我们非常希望有机会参与贵公司的项目建设，过程中也有更多机会向贵公司学习，并结合我们在行业内的经验为贵公司提供更好的服务。

如果贵公司希望我公司参与此项目建设，希望能够安排一周时间，我们将制订严谨的工作计划，对需求进行深入调研和确认，以便能够为贵公司提供更有针对性、更有价值的解决方案。

如果贵公司由于时间或其他原因无法安排，我们也能理解。考虑前述原因，恕我们无法参与此次投标，期待后续有合作机会。

祝贵公司信息化建设进展顺利，取得圆满成功！

顺致！商祺

××××公司（公章）

××××年××月××日

如果我们不顾一切加班加点写方案、做标书，然后直接去投标，赢单概率有多大呢？

我们的选择是“停下来”，在没有任何优势、四面全是“雷”的时候让进程停下来，争取更多了解和深入接触的机会，用时间换取空间。

如果没有充分了解，就不要去投标，否则就会进入雷区，处处是未知。如果不去，应该礼貌回复，让客户感觉到被尊重。如果我们弃而不理，客户会怎么看呢？或许我们会丧失一个未来的合作机会。

人类需要被认可和尊重。当能够尊重客户、尊重不相识的人，甚至尊重竞争对手时，我们将会赢得订单以外的更多东西。

要点小结

竞争对手根基稳固

- 在客户机构里与更多的人接触
- 不要窃取生意，而是帮助客户

我们的地位稳固

- 随时关注变化
- 警惕变化带来的影响

我们的价格很高

- 让价值与价格对等
- 大幅杀价是无效的

客户邀请你参与竞标

- 没有充分了解，就不要去投标
- 如果不去，礼貌地回复，让客户感觉到被尊重

实战演练

请针对之前所选项目，回顾既定策略与行动计划，检查竞争态势与应对策略。

序号	可能的风险或竞争	涉及客户角色	竞争态势	应对策略

请结合检查上表检查你的策略：

1. 对于总体策略，是采取正面主动推进，还是采取侧面改变规则？

2. 在客户组织中，哪些是你赢得的阵地，你将如何巩固？哪些是你的风险区，你将如何应对或改变？

3. 哪些具体行动计划是在落实这些策略？

赢单口诀

面对竞争怎么办

牢记是谁在采购？结果不是对手定。
竞争不仅指对手，延缓弃买钱挪用。
对手行动要关注，切忌盲目跟着动，
先问 Coach 知态度，有的放矢目标明。
竞争对手莫贬低，鹬蚌相争利渔翁。
对手领先莫丧气，多找新人寻裂缝。
我若领先莫大意，警惕变化新面孔。
大幅降价实无效，价值价格相对等。
毛选开篇观点明，孰敌孰友先分清，
策略核心要统战，少树敌人多结盟。
行动步骤有序排，前进别忘后方营，
时刻巩固根据地，固强制弱记心中。
客户满意是王道，缘于结果个人赢，
探索呈现达共识，《信任五环》信任生！

第五篇>>>

回归本质

第十一章

探寻销售的规律

只有想明白“为什么”的人，才能解决一切“怎样”的问题。

销售是艺术吗？

遵循音符音阶的规律能够谱出美妙的音乐，遵循笔锋线条结构的运用规律成就了中国书法艺术之美……绘画、雕塑、歌唱、表演等艺术，哪个不是建立在规律之上？

圣人仰观天文，俯察地理，中取人事，以成八卦，八卦演绎而成囊括世间万事万物的大规律，所以东方人讲道。东方人向来善于从实践中总结经验，无论二十四节气、民谚俗语，还是博大精深的中医药理论，都充分体现了华夏民族的无穷智慧。从“道”字本身来看，“之”字旁就是弯弯曲曲一条路，“首”的上面是阴爻“——”和阳爻“—”，代表事物变化规律，下面是自己的“白”。“道”字的寓意就是人在“行万里路”的过程中，“自己”去认识和感受事物的“规律”，只有自己经历和感觉到的规律才可以称为“道”。

道可道，非常道。宇宙间万事万物的本原和规律都可以说出来，但我们所说出来的不是规律本身，而是掺杂了我们的经验和感受的认知，是用我们的语言表达出来的“规律”。就好像每个从事销售和销售研究的人都在探寻销售的规律，而每个人的观点和看法都不尽相同一样。

西方人重逻辑推理，讲科学。科学会对被研究对象进行无限放大与无限缩小，在这个过程中找到接近100％的完美理论。它是运用范畴、定理、定律等思维形式反映现实世界各种现象的本质和规律的知识体系。西方人相对更相信科学的力量，总希望通过研究探索到真正的规律，追求精确和标准化。

西方人追求的“完美理论”和“标准化”，用“道可道，非常道”的理论来解释，我们发现它并非真理本身，因为它没有逃脱“人类的认识”这个局限。即使如此，很多东西对我们仍有非常重要的指导作用。

无论东方还是西方，大家都非常关注对规律的探寻。当东方人感受到西方科学技术的高速发展之后，中国重工业奠基人——清朝的张之洞在《劝学篇·设学》中提出“中学为体，西学为用”，此说对东方文化与西方科学的融合做了最佳诠释。

销售是人类的社会活动，虽然抽象，却也是物质世界的一种现象，既然是现象就会有规律可循。所以，销售是艺术，也是有规律的科学。

销售的规律是什么呢？

作为刚刚入门的小学生，我不敢轻言销售规律所在。但通过回顾十余年经历并梳理相关问题，我发现在日常销售过程之中蕴藏着一些规律。

探寻“赢单九问”所描述的销售规律，要先弄清楚什么是策略。

策略是谋略吗？是阴谋吗？

策略是根据形势的发展而制定的行动方针和斗争方法，是可以实现目标的方案集合。面临某种形势时有多种方法，我们要选择最佳策略、利用最有效资源去完成最应该完成的工作。很多销售人员缺少对当下形势的分析与判断，看到项目以后直接行动，结果发现做得越多错得越多。

什么是形势?

“形”是显而易见的，是客观存在的，比如客户组织结构、客户参与角色、客户业务流程等。“势”是主观的、易变的、带有偶然性质的，比如每个关键人的想法和动态，客户中复杂的内部关系和政治博弈，这些都是潜在的，很难捕捉。所以说，观“形”易，知“势”难。

在复杂项目中，制定策略的基础是当下形势。形势包括项目总体形势、客户组织结构和决策影响力、组织中每个人的反馈与态度、个人动机和想法等。很多销售人员往往只是面向“形”行动，为了销售而销售，为了完成动作而完成动作，忽略了客户的处境和内心想法。只对“形”不对“势”，往往会误打误撞，事倍功半。

策略销售关注的是客户，从客户动机到个人“赢”，再到如何赢得客户信任，以客户认知和客户利益为中心，而不是以产品方案为中心。方案销售更侧重于客户业务需求、方案带来的业务结果和企业价值，这是实现客户长期经营的基础和土壤。而个人“赢”和业务结果有效融合，正是策略销售与解决方案销售最佳的互补。

策略销售与销售漏斗

销售漏斗是管理项目和客户资源的有效工具。

销售漏斗根据项目进程划分了不同阶段，这些阶段因所在行业和企业不同，划分标准和叫法也不一样。无论哪种叫法，销售漏斗都是从目标和潜在的销售机会或客户外部环境的变化开始，经过客户需求探索，确认双赢的合作意向，经历解决方案的共同认可、商务谈判和成交等阶段，贯穿销售全过程。

销售漏斗是管理销售进程的有效工具，我们的销售会历经各个阶段，完成该阶段的动作，达到该阶段的标准，获得客户在本阶段的认同或承诺，从而进入下一个阶段，直至成交。

那么，策略销售和销售漏斗是什么关系呢？

我们在利用销售漏斗做销售预测时，经常对漏斗不同阶段赋予不同百分比，从而标注相关阶段成交的概率。比如，意向阶段是10%，立项阶段是30%，方案阶段是50%，商务阶段是70%。假如有个项目预算为100万元，项目进展到方案阶段时是50%的概率，即预测收入为50万元；如果到了商务阶段，是70%的概率，则预测收入为70万元。这是一般销售漏斗的预测方法，是基于纵向时间进程的预测。

问题来了。

当某个项目进入商务阶段时成交概率是70%，销售人员预测会有70万元的收入。但这时候如果有三家公司参与竞争，每家的预测收入都是70万元，那么这个项目在三家漏斗里的预计产出就是210万元；而无论哪家公司中标，客户最终成交额都只有100万元，也就是说必然有其他两家公司会从预测的70万元变成现实的0！

我们不能赢下所有的单，不是所有的漏斗项目都是我们的。比如项目进入方案阶段，漏斗预测概率是50%，可赢单概率一定是

50％吗？客户丢过来一打厚厚的需求和招标说明书要我们给出解决方案，我们和关键人没任何接触，赢单概率还是50％吗？即使方案已经赢得经营部长认可，而总经理与竞争对手在茶馆里相谈甚欢，赢单概率还是50％吗？

销售是一项复杂任务，不像流水线上生产的产品，可以根据步骤和进程确定完工率。

到了某个特定阶段，项目仍有各种各样的风险，根据“阶段”定义预测概率无法囊括这些风险。这时候，需要在漏斗阶段的横面上再标注一个横向的项目“风险值”；最左边是经过策略分析占有一定优势的项目；中间是与对手旗鼓相当的项目；最右边是基本没什么优势、很可能会属于对手的项目。所以，在进行销售预测管理时，不能单纯看项目处于上下哪个阶段，还要看这个阶段中左右温度的高低，这类似于安全系数。

有了策略销售，在漏斗的每个切面都要根据当时的形势进行分析，确定已知与未知、优势与劣势，从而形成项目温度，即在0度到100度之间的某个数值，这个温度就是在该阶段赢单的百分比。

如此看来，当某个项目在漏斗的方案阶段时，预测收入为50万元是不准确的。如果根据策略销售分析发现项目温度只为45度，即在此阶段的胜率只有45％，那么销售预测收入为50万元的45％，即22.5万元，这个预测相对客观。如果该项目没接触过EB，没拿下TB，只有UB对我们的方案是“＋2”感兴趣，很可能这个项目的温度只有20度，也就是预测收入为50万元的20％，即10万元。

这种方法与漏斗管理结合起来，可以避免因为某个项目成单或丢单，销售预测有大幅度起伏，从而在一定程度上解决销售预测不准的问题。

通过策略销售的形势分析与策略定制，明确项目总体应对策略、向每个关键人的角色定位和态度分析，制定面向每个客户角色的策略和行动计划，行动计划的有效执行会把项目推进到下个阶段。

从这个角度来看，销售漏斗关注整个销售过程，是一个长期、不断变化的进程；而策略销售关注某个时点的局势和状态，是静态的，是漏斗的一个切面。策略销售让我们随时停下来分析形势，制定有效策略，顺利把项目向前推进，直至成交。

策略销售与销售漏斗，一静一动，一阴一阳。

什么是专业化销售

说到专业化，很多人会想到西装革履、满腹经纶，熟悉产品、掌握业务，引导客户需求、给客户提供专业建议。

究竟什么是专业化销售呢？

至圣先师孔子说：“诵诗三百，授之以政，不达；使于四方，不能专对。虽多，亦奚以为？”这句话的意思是，即使把《诗经》中的三百多首诗都读过了，如果把政事交给他而他不能通达，派他外出办事他又不能做出专业的答对，读诗虽多又有何用？很多所谓的专业销售人员学习了很多产品知识，但到客户现场听不懂客户的话，甚至不听客户在说什么，根本不能基于客户思维逻辑进行沟通交流，学习再多专业知识又能怎么样呢？

日本管理学大师大前研一在他的《专业主义》中对专家有如此定义："专家要控制感情并靠理性而行动。他们不仅具备较强的专业知识和技能以及伦理观念，而且无一例外地以顾客为第一位，具有永不厌倦的好奇心和进取心，严格遵守纪律。以上条件全部具备的人才，我才把他们称为专家。"

在这个定义中，我们可以看到专家的几个要求和特征。

第一，专家能够控制感情，靠理性行动，而不是想当然。专家遇到一个项目能理性思考，谨慎分析规划，而不是根据自己的经验想当然冲上去。客户支持或反对时，专家不能基于个人好恶而取舍，要能冷静思考，严谨分析客户为什么支持、为什么反对，他们的业务结果是什么、个人"赢"是什么。

第二，专家具备丰富的专业知识和较强的专业技能，这是做销售的基础和根本。如果没有专业知识和技能，就没有办法为客户提供有价值的解决方案，也就不能赢得客户的长期认可。

第三，也是最重要的是，专家无一例外地以客户为第一位，始终以客户为中心，关注客户认知。有些销售人员对客户讲"你们的思想太落伍了""你们的模式太陈旧了"，认为自己掌握着最先进的理念，总想把自己的认知强加于客户，完全忽略了客户的认知和感受。

第四，专家具有永不厌倦的好奇心和进取心。销售这项职业是一条没有尽头的路，也是一条布满荆棘的路，困难重重。只有拥有好奇心和进取心，激励自己不断探索前进，才能成为一名优秀的销售人员。

专业化销售是一种照顾客户感受、想客户所想、以技巧和知识作为基础、达到“以道驭术”的境界的销售。知识和技巧的应用，都以“为客户着想”为宗旨，真正把销售的成功建立在客户成功的基础上。唯有如此，才会成为真正的专业化销售人员，也才能依靠专业化而生存。

成功销售的必备素质

很多朋友问：“我适合做销售吗？”

面对这样的问题，我无法回答。

回头想一想，把自己“销售”给一家公司从而得到一份工作，把自己“销售”给一个女人让她嫁给你，把自己“销售”给上级从而获得人人渴望的位子，把自己的想法“销售”给家人从而赢得他们的支持，这不都是在做销售吗？人生何处不销售？

销售门槛不高，人人都可以做，但想要做一个成功的销售人员很难。成功销售的定义很多，比如完成公司业绩、挣到大把的钱、轻松自由、潇洒自在等，但这都是冰山一角。从知识和能力结构来看，自我管理、专业知识、有效的技能技巧、周详的分析策划、客户经营规划等能力是销售高手的必备素质。

第一，自我管理。

销售是一种人与人打交道、高手之间博弈的艺术，考验着一个人的综合能力。复杂销售处处充满了挑战，往往因一招不慎招致满盘皆输。销售人员失败多于成功，深夜默默舔愈自己的伤口后，第二天早晨又要满怀激情地投入下一场战斗。

世事艰难，江湖险恶，销售人员在花花世界中以什么“发心”工作，能不能保持“正直诚恳”的为人处世原则，决定了他在销售路上能走多远。过度追求名利，用尽各种技巧，只看短期利益，弃客户与公司利益于不顾，甚至借机中饱私囊，不能以爱人之心服务客户，不能以“己所不欲，勿施于人”的“恕”道从事销售，这样的人注定只会成为销售之路上的一名匆匆过客。

成功的销售人员应该能自我调整心态，始终积极向上但不盲目乐观。项目赢了，分析成功之处，能看到别人的贡献和价值；项目丢了，能总结经验、吸取教训，下次不在同一个地方摔倒。能把事情看开看透的销售人员面对困难才能应付自如。

沟通是销售人员的基本能力。沟通不是口若悬河、喋喋不休，而是有效提问和倾听，站在客户角度关注对方的想法和感受。我们应该知道如何有效利用自己的时间，如何在有限时间里做最有价值、最有效果的事。所以，销售人员应该具备时间管理能力。

很多行业发展日新月异，特别是移动互联网、先进制造行业，包括当前很多传统企业的转型，无论是销售所需的知识技能，还是服务客户的模式，无时无刻不在发生着巨大变化。变是世界唯一的不变。能否适应各种突如其来的变化，是决定一名销售人员能否生存下来、持续成为高手的关键。

第二，有用的知识。

销售人员应该具备专业知识。专业知识包括行业知识、客户业务知识、客户应用场景知识、产品知识及公司相关知识。这些知识是与客户沟通和相互理解的基础。销售人员只有掌握了这些知识，才能听懂客户的话、理解客户的处境、体会客户的感受，才能将产品与客户诉求结合起来，才能将独特优势变成客户价值。

我们应该具备为客户提供咨询和方案的能力。基于客户企业及业务特点，销售人员要能够有效把握客户需求，结合客户需求和所掌握的专业知识，为客户提供专业咨询建议和解决方案。很多专业知识正是在销售人员的调研分析和方案制作过程中逐渐完善的。

销售人员应该是杂家。除了专业知识，很多成功的销售人员在某些领域有着较深的研究，如历史、地理、文学、体育、经济等。这不仅能陶冶自己的情操，提升个人修养，还能在需要时找到客户感兴趣的话题，拉近与客户的距离。所以，很多销售人员有阅读的习惯，每天晚上不看书就无法入睡。

第三，有效的销售技巧。

有效的技巧是销售人员理应掌握的基本功。即使有再好的销售机会，制定了再好的策略，销售人员也都要与客户面对面来完成销售，具备一定的技巧是推进销售进程的关键。

在有效的销售技巧中，专业沟通技巧是关键。沟通的本质是能“问明白、听明白、想明白、说明白、做明白”。基于沟通技巧，销售人员才能掌握建立和维护客户关系、调研和方案呈现、客户疑虑排除、商务谈判与成交等一系列技能技巧。

第四，周详的分析策划能力。

周详的分析策划能力也就是“形势分析与策略制定”能力。根据当前形势、客户内部结构、每个人的态度和反馈制定有效策略，是销售高手的核心能力。

形势分析和策略制定需要能有效收集各种有用的信息，将这些信息按严谨、合理的思维逻辑进行分析，进行战略性的思考与部署，制定有效的策略，形成有效的行动计划，并能协调适当的资源完成这项计划。销售人员是战役的指挥官，运筹帷幄之中，决胜于千里之外。

“知止而后有定，定而后能静，静而后能安，安而后能虑，虑而后能得。”

只有想明白“为什么”的人，才能解决一切“怎样”的问题。

<<< 跋

源于实践的销售之道

◎ 销售这点事

这本书源自用友大学营销学院开发的一门精品课程——“策略营销”。回想起来，这门课程的开发过程用呕心沥血形容丝毫不为过。曾经有多少次头脑风暴，曾经有多少场喋喋争论，曾经有多少人指点批判，曾经有多少个通宵苦熬，曾经有多少稿反复删改……都已经变成美好的回忆。好在天道酬勤，历时 4 个多月，我们的课程终于出炉，并在短短 5 周内轮训了 900 多名销售人员。学员们如潮水般的好评更是对我们创作组最大的激励。创作组每周都根据现场授课的情况进行课件的更新，反复修改，终于定稿。这门课程的开发借鉴了国际和国内最先进的营销理念，融入了用友软件 40 多名一线销售精英在销售过程中的最佳实践，蕴含了多名资深讲师的精粹和经典案例，梳理出大项目销售成功的关键逻辑。一张沙盘、一份 PPT、一套完善的策略对比分析工具，三位一体，以案例贯穿始终，用场景模拟对抗，抛问题引导讨论，据演绎随时点评。学生深度参与，乐在其中；讲师犹如导游，跟着享受。这样的课程听起来解渴，讲起来过瘾。

是金子总会发光的，精品的课程不该寂寞。课程中熠熠生辉的精髓驱使我们产生了结集成书的想法。于是，用友大学营销学院院长夏凯先生执笔，以他风趣幽默的文笔把这门课程的精华呈现给各位读者。虽然这本书的作者署名是夏凯和我，但其实这本书是集体智慧的结晶。在此，特别感谢课程开发组成员的不懈努力，包括用友大学的逄增刚、李学勇、叶根平等，培训教育事业部的马德富、杜锐和何董培，分支机构管理部的李勇兵和陈文，一线分公司的陈玉刚、吴平、王文斌等几十位总经理和销售总监。

我试图对本书的主要观点做一个总结，以此为跋。

在市场经济越来越发达、社会分工越来越精细、全球竞争日趋激烈的今天，销售无处不在。形象点说，销售这个职业最像蜜蜂，主观上采蜜是为了自己，客观上是为植物传粉，当了媒婆。按理说，销售是个很伟大的职业，但遗憾的是，销售人员的口碑和形象远没有蜜蜂那么好，甚至很多人对销售这个职业不齿。大多数女性不愿意嫁给销售男，主要理由有：油嘴滑舌不可靠、收入不稳定、经常出差不顾家，归结起来就是一句话——做销售的不靠谱。社会大众，包括销售人员自己，对销售这个职业都有很大的误解。我个人认为，销售是世界上门槛最低、境界最高的职业，随便什么人都可以做销售，但是要做好销售却是蛮难的一件事。可以说，有人做了一辈子销售还是门外汉，有人在销售上屡屡栽跟头却始终不明白为什么。销售这潭水到底有多深？哪些道理是必须了解而又长期被人误解的呢？销售人员做事究竟能不能靠谱？诸多销售技巧背后的“道”又在哪里？

◎ 销售之道，忠恕而已

曾子说："夫子之道，忠恕而已矣。"（《论语·里仁》）什么是忠？推其所欲，以及于人。什么是恕？己所不欲，勿施于人。做销售又何尝不是如此呢？"忠"在销售中可以理解为忠于自己内心的感受。一个订单能不能成交、何时成交，答案其实就在销售人员自己的心里，感觉是骗不了人的。临门一脚的项目一拖再拖，煮熟的鸭子眼看着飞了，这种情况是最让销售人员尴尬和害怕的。遗憾的是，此类事情屡屡发生。销售人员讲起这种事多半会捶胸顿足，往往会找一些天灾人祸之类的客观理由，以推卸自己的责任。这类现象的发生，多半是因为我们对自己的感觉不忠诚。因为项目关系重大，谁也不愿意提前出局，谁也输不起，所以我们过早就进入心理防御状态，听不进去对自己不利的消息。当我们对项目情况不清楚，又从内心里抵触对自己不利的消息时，往往就假设局面对自己有利，并把假设当成结论，心安理得地相信这些假设；在项目呈现出风险时，编造谎言欺骗自己说此类风险不会发生，不能实事求是地看问题。墨菲定律讲了，担心出问题的地方一定会出问题。项目出现问题的地方往往就是我们把假设当成结论的悬疑环节。其实，我们自己的内心早已有了预感，只不过是没有勇气面对，自欺欺人而已。对自己内心的感受不忠，没有勇气直面坏消息以至于错失最佳的补救机会，是很多项目遭遇失败的重要原因。所以，有句话说得好：早知道的坏消息就是好消息。

"如心"为恕，恕就是要揣度、体谅他人的心思。对我们来讲，就是要知道客户的心思，知道客户要什么才决定我们卖什么，赢得客户的心才能赢得客户的订单。这个道理非常浅显，然而我们却不愿意花心思去琢磨客户内心的想法，而是热衷于拜访客户，滔滔不绝地介绍自己的公司、产品、服务，并且天真地以为客户会主动把自己的需求和我们的产品进行匹配，做出购买决策。鸡为什么过马路只有鸡自己知道，你去商场买衣服也是因为你在逛商场前是有点想法的。客户能找你自然也是希望用你的产品、服务解决他的某些难题，这些难题就是客户的概念。搞清楚客户内心的概念，我们的动作才会更具针对性；搞清客户概念之前便盲目地介绍自己的产品是幼稚和徒劳的。从常理来看，客户产生了购买念头之后，就会考察和比较，从多个可选方案中选优。有些销售人员却在客户产生购买念头之初，一味宣扬自己的产品，试图把客户的视野限制在自己的产品上。人人都爱采购，但是讨厌被推销，讨厌别人的意愿强加到自己身上，更愿意按自己的意愿来做决策。

那么，怎样才能知道客户内心的概念呢？一般说来，购买复杂产品的时候，客户不能清晰表达自己内心的概念，并不完全清楚自己究竟需要什么。所以，了解客户概念的方法就是问客户问题，通过提问促使客户思考和表达，一点一点理清客户要达到的目的。在复杂项目中，客户也是一个团队，每个人的概念也不尽相同，对项目的理解也不尽一致。所以，不仅要搞清每个角色的概念，更重要的是要找到大家公认的对项目的概念。了解了这些，才会有更清晰、更明确的销售目标——单一销售目标（SSO）。目标决定行动。目标改变，行动必须改变。在项目销售目标不明确的情况下，做什么工作都可能是错的。明了客户心中的概念，尽早明确单一销售目标，是销售人员的首要任务，是后续销售行动的前提。

我们要做到“忠恕”，方法只有一个，即问问题，白天问客户的想法，晚上问自己的感受。问得越多，对项目的情况把握得就越清楚，行动的针对性就越强，胜算就越大。

◎ 谋定后动，知止有得

古人云，凡事预则立，不预则废。孙子曰：“夫未战而庙算胜者，得算多也；未战而庙算不胜者，得算少也。多算胜，少算不胜，而况于无算乎！”（《孙子兵法·始计篇》）多数销售人员给人的印象是匆匆忙忙地穿梭于性格各异的客户中间，周旋于头绪纷杂的项目之间，忙忙碌碌。我向来认为一个人总是把自己的日常生活安排得很满是很危险的，而很多销售人员似乎觉得只有不断拜访客户内心才踏实，而项目的整体状况如何、下一步的行动策略是什么，他们很少考虑。这就像一个人在路上开车，为了赶路，他不停地踩油门，车跑得越快他内心越喜悦。然而，开得越猛，越容易忽视诸如目的地在哪里、从哪个出口出去这样的问题，一不小心就走错了路。所以，孔子说：“无欲速，无见小利。欲速则不达，见小利则大事不成。”做销售最大的忌讳就是像无头苍蝇似的没有逻辑、不成体系地瞎忙。要结束平庸，首先要改掉瞎忙的习惯！

销售人员就是司机，开车不能一味踩油门，还要看路，每时每刻都要知道自己在哪里、要去哪里，给自己准确定位。大项目销售通常是我们的团队与竞争对手的团队做全方位的竞争，以争取客户团队的支持。在这个过程中，我们在努力，竞争对手也在努力，客户方内部角色也在博弈。这三种力量的不断变化，决定了我们的位置也是不断变化的。如果用温度来形容项目的火候的话，那么，这三种力量能使温度迅速从90度降低到20度。所以，销售人员应时刻清楚自己到了什么位置，掌握项目的形势——动态变化下的有利因素和不利因素。这些信息包括：客户急迫程度、项目的阶段、竞争对手状况、自己的优势和劣势等。只有掌握了这些信息，才能对项目有一个全面的把握，才能有效制定下一阶段的行动策略。

我们一定要养成停下来分析项目的习惯，每过一段时间回顾一下项目，看看存在哪些风险，哪些重要信息还不确定或遗漏了，哪些关键人员还没有接触过，哪些人明显反对我们，项目中又出现了哪些新面孔，关键人物的位置是否发生变化，项目决策周期和程序有没有新的变化。这些不确定的信息就是项目的疑点，也是下一周期要设法解决的难题。一个个难题被破解，项目温度会升高；相反，难题的积累会使项目的确定性、项目温度降低。同时，通过分析项目也可以得知自己的优势，比如明显的差异化优势、某客户明确的支持等。巩固自己的优势并巧妙利用优势来化解劣势也是下一阶段的重点工作。只有在全面系统把握项目状态的基础上才能提出全面的、有针对性的策略，这也是下一阶段行动的指南。有了行动指南，每一次的行动才会目标清晰、针对性强。比如销售人员知道自己每一次拜访的目的——是化解劣势还是巩固优势，要保证每次行动都在策略的逻辑框架之下，每次行动都有明确的目标和检查标准，战略和战术也就完美地结合了。这就叫谋定后动，知止有得。

◎ 各谋其事，各司其职

既然复杂销售是我方团队全力争取客户方决策团队支持的过程，那么销售人员一开始就要关心客户方团队的角色分工。一般来说，复杂销售项目中可以根据职责和分工把决策影响者分为四类：最终决策者（EB），即对项目拥有最后决定权的人，他最关心的是项目解决方案的投入产出比和对企业的影响；应用选型者（UB），即项目的最终用户，他最关注的是产品方案能给他们的工作带来多大便利、对工作有什么样的影响；技术选型者（TB），即在技术或标准方面把关的人，职责是替客户把关，选出符合要求的产品方案，他们往往不会关心产品全面的功能，但会在某一领域给出权威的评价；教练（Coach），也有人称其为内线，他作为销售的指导者，可以给业务员提供有关项目的信息，反馈决策影响者的态度，甚至参与策略的制定，关注的是销售能否成功。EB、TB、UB 都有可能成为教练。

客户方的决策影响者因扮演的角色不同，关心的问题不同，所起的作用也不同。他们各谋其事，各司其职。有权的人可能不想买，想买的人又可能没权；把关的人不着急，着急的人不把关。如果再掺杂点私利，问题会更加复杂。别卖给无法购买的人！销售人员准确识别客户方决策影响者扮演的角色、发掘出全部的决策影响者至关重要。

◎ 察其所由，观其所以

同一个项目，不同的人购买的意愿不同，动机也不同。使用者购买意愿可能比较强烈；采购经理则可能不温不火，慢条斯理；最终决策者可能认为根本不需要购买。所以，购买是需要理由的，人们更喜欢用自己的理由去购买。为什么呢？客户的思维是管状的，每个人都只关心自己的业务，专心解决自己工作中遇到的问题。一个解决方案对他的业务有什么促进作用、对解决他工作中的问题有什么贡献，是影响他购买意愿的主要因素。使用者可能认为解决方案很有价值，能解决自己的工作难题，所以积极购买；采购者觉得挑选供应商是工作负担，能不买就不买，能应付就应付；最终决策者则在看不到明显收益的情况下，不急着花钱。由此就有了 G、T、EK、OC 之类的反馈形态，这是不同采购角色对项目本身的态度。

客户对项目本身的态度和对某家供应商的态度是两码事。就算客户要购买，他对不同供应商的态度又不相同。客户更喜欢从那些诚恳、适合并且能帮助他们的供应商那里购买产品。态度是非常感性的东西，人们通常连自己为什么对某件事情持某种态度都感到莫名其妙。得到认同、拥有权力、受到尊重、获得赞扬是人类与生俱来的心理诉求，而不同性格的人心理诉求又不尽相同，谁能满足他们的心理诉求，他们就支持谁。因此，察其所由，观其所以，销售人员不仅要知道客户对项目的态度，也要了解客户对自己的支持程度，并且努力使每一个采购角色朝支持自己的方向转变。

◎ 知所先后，则近道矣

复杂销售就像是客户、我们与竞争对手三方在打牌。一把牌能否打赢，毫无疑问跟出牌的顺序关系很大。先出什么，后出什么，不仅要根据自己手中的牌做计划，更重要的是要预测其他玩家手中的牌和打法。所以，《大学》中讲："物有本末，事有终始，知所先后，则近道矣。"

在项目不同时期，UB、TB、EB 对项目的参与程度不同。比如，在项目发起之初，UB 跟你拍胸脯说你的产品很好，一定要买，你可能会估计形势一片大好；而实际情况往往是项目还没有报批，决策者和采购部还不知晓，你所预期的快速成交根本不可能。再比如，采购部要你写方案，催得很急，你匆忙提交方案，以为客户方很快就会做决定；而事实往往是采购部只是索要这个方案给总经理交差。

不仅如此，购买者在购买的不同阶段，关心的问题也不相同。在项目的前期，客户更关心他们的需求，实现业务目标存在哪些问题，能否解决问题、如何解决问题；在项目的中期，客户更关注方案的可行性、可实现的愿景；到了后期，客户对价格和风险比较敏感。

做项目好比煲汤，什么时候用慢火，什么时候用快火，什么时候加什么佐料，都是很有讲究的。腌黄瓜和黄瓜蘸盐都是以黄瓜和盐为原料，但味道却不同。原材料一样，工艺路线不一样，其结果会相差甚远。项目中，每个阶段都有几个重要的动作，错过了最佳时机，到后来就很难弥补；把后面的动作提前做了，往往起不到作用。项目一开始，销售人员就拉着售前顾问拜访客户高层，给他讲技术、讲自己的优势，客户高层根本就心不在焉；项目快丢了，销售人员才想起拉着高层去拜会客户方的高层，也显得唐突和功利。

只有在合适的时间做合适的事，取得合适的效果，才能保证最后的胜利。

◎ 势有必至，理有固然

有一句话说，销售从来都是人卖给人，不存在人卖给组织或者组织卖给组织的情况。再大的项目，再怎么集体决策，再怎么民主表决，最终决策拍板的还是个人！还有一句话说，所有的购买都是感性决策的，决策后再找价值和逻辑使决策看上去很合理。这就引出一个话题：购买的动机。

表面上看，企业购买某某设备或软件是为了提升生产效率、降低成本、增加利润等，但实际上每一位参与者内心都有自己的小算盘。如果我们把项目实施对公司的价值称为结果，那么对个人的价值就称为“赢”。如果说结果是冰山上的部分，那么“赢”就是冰山下的部分。结果容易看到，“赢”却需要认真洞察。当年，红色政权提出“打土豪，分田地”的口号。打土豪是革命需要，是结果；分田地则满足了个人的需要，是“赢”。因为个人看到了分田地的“赢”，所以个人打土豪就更加卖力。事实上，在组织中推广任何制度和进行改革，参与者会首先需要从中找自己的“赢”，找到了就积极拥护，没找到则往往会消极抵抗。

同样，在一个项目中，满足客户所要的结果是基本条件，满足不了就只能出局，而尽量满足每一个参与者的“赢”是制胜的根本。所以，做销售就要拉票，争取大多数参与者的支持，力求占上风。

很多时候，客户把自己伪装得很好，一般人或不熟悉的人不容易发现他的“赢”；还有的时候，客户的两种“赢”冲突，销售人员要掂量哪一种“赢”对客户更重要。项目最后往往是各种势力较量和各个角色的“赢”妥协的结果。根据最后的结果去反推每一个角色的“赢”，就会觉得销售其实很有意思，没有什么神秘的，再意外的结果都能用参与者的“赢”来解释。这就是所谓的“势有必至，理有固然”。

◎ 忧其所虑，务其所需

销售中如何争取关键角色的支持？这是每一个销售人员做梦都想解决的问题。我们认为，这个问题很难有答案，理想的办法是尽量把工作做得全面，避免出现这样的问题。前面提到过，客户的思维是管状的，他只考虑自己的业务和问题，之所以愿意推掉其他的安排来接见你，不是想听你推销自己的产品、宣传自己的公司，而是他的业务存在着现实的问题，希望能借助外力来解决问题或实现想法。

如果在项目的初期，我们设法了解客户心中的概念，在中期又设法了解客户的“赢”，那么我们就算是钻进客户思维的“管子”中去了，剩下的工作就是跟客户一起开发一个能够解决他当前问题的方案。这个方案是销售人员跟客户共同开发的，覆盖了客户的概念，兼顾了客户的“赢”，客户自然会认同，也只有客户认同的解决方案才是真正的解决方案。这种做法有人称之为与客户合作经营。

有些客户难对付，往往是因为销售人员没有找到他们的概念和“赢”。在激烈的市场竞争中，如果你没有找到客户的概念和“赢”，就是给竞争对手创造机会。如果竞争对手找到了客户的概念和“赢”，客户甚至会站出来反对你。对于那些介入较晚的项目，客户很有可能跟某个竞争对手已达成默契。销售人员常用的办法就是喋喋不休地介绍自己产品和解决方案的优势。问题是，你介绍的优势只是你眼中的优势，而不是客户的认知，只有客户认同的优势才是优势。面对这种格局，销售人员最好做到“要想与众不同，必先与众趋同”，即先让客户认识到你也能达到竞争对手的水平，然后再寻找差异。

曾国藩说过：“欲成天下之大事，须夺天下之人心。”供应商跟客户联合开发解决方案，虽然解决方案上印着供应商的 LOGO，但客户会认为是借用供应商的瓶，装了他解决问题的酒。于是，哪怕是 CEO 也能成为你的 Coach。在项目交付阶段，客户也会很配合，因为在他看来，这个项目是借用外力达成自己的某种目标的。

◎ 就地取材，善假于物

绝大多数人认同这样一个观点：在复杂销售中，销售人员是整个项目的导演，其余人是演员，听从导演的调遣。因此，销售人员应该把握整个项目的格局，了解整个项目的动态，合理部署资源，最大限度地争取客户方关键角色的支持，对项目的成败负全责。适当的时候调用合适的资源达到既定的目的，是销售人员的主要工作之一。

首先，调用资源的时机要合适。比如，项目刚开始时的重点工作是了解客户的概念，这时调用售前顾问讲方案就不太合适；同样，在项目刚开始时就拉自己的总经理向客户高层表示重视也是时机不对。当然，在项目的后期，客户的想法已经成熟，再去安排顾问调研恐怕作用也不大；如果前期没做好铺垫，临决策时再拉高层会晤，也会显得突兀。

其次，调用资源要合理。销售人员经常会因项目需要调用售前顾问、技术专家甚至高管去拜会客户方关键角色。一次失败的会谈，让双方都会有挫败感，有时候会影响项目格局，这需要销售人员具有一定的智慧。不同的专家适合解决不同的问题，没有针对性地调用专家的结果有两种：一是专家不能解决客户的问题，反倒让客户认为贵公司的专家不过如此；二是专家淋漓尽致地发挥了一番，而客户觉得没有谈到自己的关注点上。另外，销售人员甚至要考虑所调用专家和客户关键人物的社交风格是否吻合。

最后，客户内部的资源调动。这就是指利用客户方支持我们的人影响那些反对者或中立者，使之改变态度，支持我们。关键时候，什么资源都没有客户内部资源管用，关键是要用得巧妙。有人会说：支持者支持我已经很不容易了，怎么还敢奢望他帮我做其他人的工作？我怎么好意思开口让他帮我做其他工作呢？如果你有上述疑虑，正好说明支持你的人立场并不是很坚定，他还是感觉在帮你的忙，你还没有达到与客户合作经营的境界。反之，如果达到这种境界，客户会帮助你扫平障碍，并且不认为是帮你的忙，因为你们是合作经营，目标一致。所以，有时候让客户帮忙是检验与其合作是否达到某种境界的标准。

总之，善于利用资源是当今社会取得商业成功的关键，销售尤甚。所以，荀子讲："君子生非异也，善假于物也。"

◎ 信而后立，义然后取

如果销售人员能够做到以上几点，真正获得客户的信任，项目成交应该是水到渠成、瓜熟蒂落的事情。客户之所以愿意跟你签单，给你首付款，归根结底一句话：信任你。如果你前期能够和客户的概念产生共鸣，中期能够很好地体察并兼顾到客户的"赢"，又能够和客户一起合作经营，一路上筑起好心人的篱笆，最终的签单是逻辑的必然。

如果承认信任是客户愿意签单的根本原因，那么，一切对付客户的所谓谋略和技巧都是苍白无力的，就算见效一时，也终究不能赢得客户的长期信赖。古人讲"人无信不立"，就是这个道理。相反，在客户没有足够信任你，还有很多顾虑的时候，你提出签约的要求，客户就会有压力。所以，有一句话叫作：不要在客户没准备的情况下试图签约。

还有一个问题，就是面对竞争对手怎么办？很多销售人员过分关注竞争对手：竞争对手干什么，他们也干什么；竞争对手具备什么条件，他们也要具备什么条件。其实，这个“也”字，就把自己置身于竞争对手之后了，过分关注竞争对手就等于承认自己不如竞争对手。正确的做法是，深入挖掘客户心目中的概念。须知，只有客户认知的优势才是你的优势，只有客户认知的差异才是你与竞争对手的差异，而客户认知的差异往往就源于和他心目中的概念共鸣合拍的特性。客户可能因为某一产品千分之一的差异化功能而做出购买的决策，销售人员就是要知道产品的哪千分之一的特性和客户的概念合拍。说到这里，话题又回到策略销售的开头：销售之道，忠恕而已。由此看来，赢单九问是一个首尾相接的闭环系统。

《论语》中讲：“夫子时然后言，人不厌其言；乐然后笑，人不厌其笑；义然后取，人不厌其取。”优秀的销售人员说话、办事总是那么妥帖，总会让客户很舒服，其中最重要的因素就在于其能很好地掌握与客户交流的方式和说话的时机。

田俊国

图书在版编目（CIP）数据

赢单九问：策略销售实战秘籍/夏凯，田俊国著．--北京 ：中国人民大学出版社，2020.10
ISBN 978-7-300-13954-8

Ⅰ.①赢… Ⅱ.①夏… ②田… Ⅲ.①销售-通俗读物 Ⅳ.①F713.3-49

中国版本图书馆CIP数据核字（2020）第157445号

赢单九问
策略销售实战秘籍
夏 凯 田俊国 著
Yingdan Jiuwen

出版发行	中国人民大学出版社		
社　　址	北京中关村大街31号	**邮政编码**	100080
电　　话	010－62511242（总编室）		010－62511770（质管部）
	010－82501766（邮购部）		010－62514148（门市部）
	010－62515195（发行公司）		010－62515275（盗版举报）
网　　址	http://www.crup.com.cn		
经　　销	新华书店		
印　　刷	天津中印联印务有限公司		
规　　格	160mm×235mm　16开本	**版　　次**	2020年10月第1版
印　　张	25.25	**印　　次**	2024年8月第4次印刷
字　　数	266 000	**定　　价**	69.00元